新时代大学生职业素质教育创新实践规划教材

大学美育教程

郑筱筠　黄妮妮　马仲吉　主编

苏州大学出版社
Soochow University Press

图书在版编目(CIP)数据

大学美育教程/郑筱筠,黄妮妮,马仲吉主编.—苏州:苏州大学出版社,2021.7(2022.1 重印)
新时代大学生职业素质教育创新实践规划教材
ISBN 978-7-5672-3586-1

Ⅰ.①大… Ⅱ.①郑… ②黄… ③马… Ⅲ.美育-高等学校-教材 Ⅳ.①G40-014

中国版本图书馆 CIP 数据核字(2021)第 122606 号

大学美育教程
DAXUE MEIYU JIAOCHENG
郑筱筠 黄妮妮 马仲吉 主编
责任编辑 施小占

苏州大学出版社出版发行
(地址:苏州市干将东路 200 号 邮编:215021)
常州市武进第三印刷有限公司印装
(地址:常州市武进区湟里镇村前街 邮编:213154)

开本 787 mm×1 092mm 1/16 印张 14.25 字数 296 千字
2021 年 7 月第 1 版 2022 年 1 月第 2 次印刷
ISBN 978-7-5672-3586-1 定价:58.00 元

苏州大学出版社营销部 电话:0512-67481020
苏州大学出版社网址 http://www.sudapress.com
苏州大学出版社邮箱 sdcbs@suda.edu.cn

前言

随着中国高等教育事业的迅猛发展，高校美育被提上了议事日程。从美育被写入教育法规，到提倡德、智、体、美、劳五育并举，美育已经成为高等教育中立德树人的重要抓手。在全球化语境中，美育在各国都被纳入教育的重要目标之一。

党的十八大以来，我国高校美育工作取得可喜进展，美育的育人导向更加凸显，结构布局不断优化，课程建设稳步推进，美育活动丰富多彩，资源保障持续向好。但是，高校美育工作与当前教育改革发展的要求还不相适应，与构建德、智、体、美、劳全面培养的育人体系还不相适应，与满足广大青年学生对优质丰富美育资源的期盼还不相适应。高校美育是学校美育体系的重要环节，是高等教育的重要组成部分，直接关系到培养什么人、怎样培养人、为谁培养人的根本问题，是构建德、智、体、美、劳全面培养的教育体系，形成更高水平的人才培养体系的重要基础。因此，《教育部关于切实加强新时代高等学校美育工作的意见》（以下简称《意见》）提出了坚持正确方向、坚持面向全体、坚持改革创新的三项基本原则，同时提出了“到 2022 年，高校美育取得突破性进展，美育教育教学改革成效显著，师资队伍建设和场馆设施明显加强，推进机制和评价体系日益完善，高校学生的审美和人文素养显著提升。到 2035 年，形成多样化高质量具有中国特色的社会主义现代化高等学校美育体系”的总体目标。《意见》的出台体现了国家对于高校人才的培养需求，使德、智、体、美、劳全面培养教育体系中的“美”得到凸显；《意见》推出的一系列举措，对于培养高校学生特别是非艺术类专业学生美的心灵，提升其欣赏美、创造美的能力，具有积极的指导意义；同时，《意见》满足了时代的需要，对于提升国民文化素养、推动社会良性发展具有现实意义。

通常认为，有效的美育课堂教学应该具有以下基本特性：

（1）美育教学行为要具有时代性。美育教师的教学行为应该随着时代的发展而变化，根据新时代大学美育教学的新要求，对传统教学行为的成效和价值进行重新思考和定位，对落后的甚至是无效的美育课程教学行为进行改造。

（2）美育教学过程要具有可感性。大学美育的过程主要是依据大学生的审美心理特点和内在规律，运用人类共同积累的审美经验，引导大学生通过一系列符合自然美、社会美、艺术美的审美活动，培养自身感受美、鉴赏美、创造美的能力和审美意识情趣的过程。在整个美育教学活动中，作为审美主体的大学生必须同审美客体直接接触，或者以艺术作品为中介来间接感知审美客体，激起好恶情感，产生审美价值判断：美在哪里？为什么美？美的价值何在？实践证明，有效的美育教学行为必然具有强烈的“表演性”，在促进学生审美认知发展的同时，使学生获得情感的满足，产生审美兴趣和情绪体验，进而深入思考，逐步提高对审美对象的辨析力和鉴赏力。

（3）学生学习行为要具有有效性。有效的教学课堂对学生形成有效的学习行为具有直接的示范作用。美育教学必须特别关照审美主体的差异性，依据学生的个性特征、知识结构、审美倾向和实践水平的不同，选择多种实施内容和手段，因势利导，因材施教。对于有艺术潜能的学生，美育教师应积极引导，创造条件让他们发挥智慧和天赋。需要特别指出的是，目前高校普遍实施的大班制、讲座式美育教学形式，尽管传输知识的效率提高了，还解决了师资不足的问题，但教师无法兼顾到学生个体间不同的吸收和理解能力，容易造成“填鸭式”教学，抑制学生主动学习的热情和反思性的探索，从而降低学生学习行为的持续性和有效性。

（4）美育教学活动要具有创造性。自由创造是美育教学的灵魂。实施美育课堂教学不能简单地让学生消极、被动地接受教师的审美理论观点，而应引导他们在鉴赏美、表现美的过程中充分发挥想象力和创造力，鼓励学生以自己喜欢的方式大胆展现审美意向，学习审美技能技巧，结合大学日常学习、劳动、实践活动任务，尝试创造美的成果。

鉴于此，为更好地落实“大学美育”课程的教学工作，提升教学效果，我们组织了长期从事大学美育教学的一线教师编写了本书，以期以美学基础理论为指导，通过自然审美、社会审美、艺术审美等审美实践的研讨和介绍，拓宽学生的学习视野，为其终身审美铺路、引航。本书可作为大学美育的必修课和选修课教材，也可作为广大青年自我完善的自学读物。

本书由昭通卫生职业学院郑筱筠、黄妮妮、马仲吉担任主编。在本书的编写中，编者力求科学性、前瞻性和先进性，在国内诸多前辈学者和同行专家研究的基础上，参阅、借鉴和引用了众多专家、学者的学术论述、著作和相关文献，在此一并表示感谢！大学美育的实践与理论一直在不断发展中，书中若有不妥之处，真诚希望给予谅解和指正！

编　者

目录

Contents

第一章　美育概述

第二章　认识美

第三章　感受美

第一章 美育概述

蔡元培在《普通教育与职业教育》中说:“所谓健全的人格，内分四育，即体育、智育、德育、美育。”美育以陶冶我们的情操为目的，从而使我们具有美的理想、美的情操、美的品格、美的素养，具有欣赏美和创造美的能力。那么，什么是美育？其发展历史是怎样的？现代美育的基本任务有哪些？有何特点？它与德育、智育、体育三者的关系怎样？本章将对这些问题做简要介绍。

第一节 美育的内涵

一、美育的定义

什么是美育？简单地说，美育就是指用美的事物对受教育者进行教育，使其身心育而美之，成为全面和谐发展的人的教育。具体地说，美育是指在美学基础理论的指导下，通过自然审美、社会审美、艺术审美等审美实践活动，树立人们正确的审美观念，培养健康的审美情趣，提高其感受美、鉴赏美、创造美的能力，陶冶情操，提升精神境界，完善人格塑造，从而培育全面和谐发展的人的教育。

二、美育的意义

教育是培养人的社会活动，其根本任务是“育人”。美育，作为教育的一个重要组成部分，在培养“全面发展的人”方面，起着其他学科无法替代的作用。德国古典美学家席勒曾在他的《美育书简》中断言：从感觉的受动状态到思维和意志的能动状态的转变，只有通过审美自由的中间状态才能完成。席勒认为，人的发展要从“感性的人”（自然人）提升成为“理性的人”（精神的人），必须经过审美这个中间途径，首先成为审美的人。美育的意义就在于培养人的正确的审美观念，提高人的审美能力，升华人的精神境界，塑造完善的人格，使其成为全面发展的“和谐的人”。随着社会的发展，人们的物质生活水平在不断得到改善和提高的同时，激烈的竞争也给人们的精神生活带来了诸如道德失范、情感失调、心理失衡等不容忽视的问题，解决这些问题是当今人文学科的重要课题，更是作为人文学科之一的美育的着力点，因为，美育不仅是人类认识世界、改造世界的重要手段，也是实现人类自身美化、完善人格塑造的重要途径。

三、对美育认识的误区

（一）美育不同于艺术教育

有人把艺术教育当成美育的同义语，认为“艺术教育即美育”，其实不然。尽管两者在特点、功能等方面有相通之处，但仍有区别。艺术教育是以艺术为中心，并且围绕艺术而开展的教育。艺术教育由艺术知识教育、艺术创作教育与艺术欣赏教育三方面构成，它培养与发展的是人的艺术理论修养、艺术创作能力与艺术欣赏能力。美育与艺术教育之间的关系是：美育通过审美方式感化人，艺术是实施美育的主要方式，而审美本身也是艺术教育的基本功能。但是美育与艺术教育之间也存在着区别：美育不仅仅通过艺术教育进行，也通过自然、社会教育等达到审美教育的目的，美育的范围比艺术教育的范围更宽；艺术教育也不仅仅为着审美教育，还为了培养专门的艺术人才。把美育仅限于艺术教育，不但不能更好地发挥艺术教育的作用，也混淆了艺术美与审美的区别。艺术美是社会美与自然美的集中体现，一个人不懂得生活，不懂得做人，就不可能深刻理解艺术美。审美是人的一种精神活动，也是人的一种生存方式，与人的整个生活与教养是分不开的。所以，美育不能等同于艺术教育。

（二）美育不仅仅是陶冶情感的教育

毋庸讳言，情感教育在美育中占有重要地位，但陶冶情感仅是美育的功能之一，把美育仅理解为陶冶情感的教育是不全面的。美育不仅要陶冶情感，而且要通过审美实践活动达到培养全面和谐发展的人的目的。把美育仅仅理解成是陶冶情感的教育，不能完全反映美育的本质特征。

（三）美育不是美学知识的普及教育

美学是研究人的审美活动及其一般规律的科学；美育是在美学基础理论的指导下，开展审美实践活动，培养全面和谐发展的人。美育和美学之间的关系是：美育需要美学理论指导，是美学的落脚点和归宿；美学是美育开展审美实践活动的理论依据，美学理论的价值就在于指导人们的审美实践，使人们能够按照美的规律改造客观世界和美化自己的身心。因此，如果将美育只看作一般美学知识的普及教育，就失去了美学理论的研究意义，同时也降低了美育的意义，偏离了美育的宗旨，达不到美育育人的目的。

四、对美育的正确认识

（一）美育的本质在于全面地培养人

美育是按照“美的规律”塑造理想人格的教育，因此，美育的本质在于全面地培养人。人的全面发展是马克思主义的最高人格理想和价值目标，对当今中国来说，也就是要培养“有理想、有道德、有文化、有纪律”的社会主义事业建设者与接班人，使科学精神与人文精神在个人身上和谐统一。人的全面发展与完善人格塑造是辩证的统一。没有人的全面发展，就谈不上完善人格塑造，人的全面发展是完善人格塑造的前提与基础；同时，完善人格塑造，又会有力地促进人的全面发展，因为完善人格塑造本身就体现着人的全面发展的要求和愿望。而且，完善的人格在社会生活中起着示范作用，从而促进社会文明的进步。美育在教育中的作用，就在于它不仅可以净化人的情感，提高人的思维能力，而且可以促进人的心理结构的调节，将道德、知识等转化为人的一种精神素质，形成完善的人格。

当今人类社会，随着经济的发展和科技的进步，人们在享受现代物质文明的同时，也越来越关注精神世界的充实。开展美育，以高雅的情趣美化自己的生活，适应了当前和谐社会建设。美育是整个社会教育的重要组成部分，对加快精神文明建设，构建和谐社会具有重要意义。

（二）美育是人类实现自我发展的重要途径之一

美育作为一种教育活动，是全面教育的一个组成部分，是人类实现自我发展需要的重要途径之一。美育与其他教育活动一样，其根本目的都是在于培养人，使人在精神上获得解放与自由，把人从物质世界的束缚中解脱出来，上升到精神的理想境界，培养其对美的热爱，从而进入一种顺应自然与天地同体的和谐境界。美育通过感情调整身心，使人的心灵进入与宇宙生命节律一致的自由状态，使人能够充分发挥出自身的本质力量，使自己内在的人格和外在的形象都充实、光辉，从而感到生活的乐趣，提高生活的情趣，培养对生活的崇高目标，使他们既有理智又有情感，既有物质生活又有精神生活，既有工作能力而又善于生活和娱乐。

（三）美育是培养全面和谐发展的人的教育

美育在培养人的敏锐的审美能力、高尚的审美情趣、完善的现代人格，正确处理当今社会人与人、人与社会、人与自然的关系，全面提高人的基本素质，促进人的全面和谐发展等方面，具有其他学科无法替代的优势。相对其他学科教育而言，美育是培养全面和谐发展的人的教育。

第二节　美育的任务及特点

一、美育的任务

（一）帮助学生树立正确的审美观念

审美观是指在审美实践活动中审美主体从审美的角度对审美客体进行评价、判断而形成的态度、看法等的总称。审美观是世界观的一个组成部分，是一种社会意识，是社会存在的反映。审美观来源于审美实践，又反作用于审美实践和创美活动，在人的审美实践和创美活动中起着指导作用，因此，树立正确的审美观念是美育的首要任务。就一般意义而言，爱美之心人皆有之，爱美是人的天性，但一个人的审美观和审美能力并非天生就有，而是社会实践和后天学习的产物。一个人如果生下来就与世隔绝，是没有美丑观念的，更谈不上什么审美能力。人是社会的产物，受社会发展水平和生活环境的制约，不同的时代、不同的阶段、不同的民族和个人，由于条件所限，环境所致，文化不同，教养差别，经历各异，会有不同的审美观念。以自然美为例，同样是秋天，唐代诗人刘禹锡是“自古逢秋悲寂寥，我言秋日胜春朝。晴空一鹤排云上，便引诗情到碧霄”。在他的眼里，秋天是充满诗情画意的季节。而在宋代文学家欧阳修的眼中，秋天是“其色惨淡，烟霏云敛”“其意萧条，山川寂寥”“渥然丹者为槁木，黟然黑者为星星”，一派萧条、凄凉之景。而现代作家峻青《秋色赋》中表现的秋天则是繁荣昌盛、硕果累累的季节。艺术美也是如此，米洛斯的维纳斯是人类文化遗产中一颗光彩夺目的明珠，她蕴含的那种耐人寻味的无限诗意，以及难以捉摸的含蓄的美，在今天已为大家共赏，但也有人把维纳斯雕塑当作黄色淫秽的艺术品或把它当作资产阶级生活方式的象征而加以排斥。社会美更是如此，对于那些助人为乐、拾金不昧的高尚行为，大部分人予以称赞，而少数人却认为是死心眼。这些现象便与审美观有密切关系。只有树立了正确的审美观念，人们才可能确立科学、客观的审美标准，养成健康的审美习惯，树立崇高的审美理想，自觉按照“美的规律”去创造美的生活，否则就会美丑不分，甚至以丑为美。因此，大学美育的任务，就是要帮助大学生树立正确的审美观念，让其能够以健康的审美情趣去从事各种各样的审美活动。

当然，树立正确的审美观念是一个长期的过程。审美观受制于生产方式等社会存在，并受到社会各种意识形态的影响。尤其是在改革开放的今天，社会生活发生了巨大变化，社会主义市场经济的发展、大众文化传播的繁荣及大众文化形态的兴起，给新时期审美观念和社会文化价值观念带来了新的变化，创造出许多新的价值思想，如重视物质功利、重视个性、鼓励竞争、坚持开放、追求创新、追求感性的丰富和理性的完善、追求对生活意义的占有和体验、追求精神美化与物质生活的共同进步。这些新的审美观念及审美观念的巨大变化，不仅促使我们努力探求生活体验和心灵境界等涉及人生价值的许多深层问题，也给新时期重塑新的审美观念带来了契机。当前，大学生审美参与意识的日渐强烈，为树立正确的审美观念提供了有利条件。而正确的审美观念的形成则一方面可通过长期的审美实践，由审美感知、审美想象、审美情感等积淀、升华而成；另一方面则可通过接受审美教育、学习美育理论知识而获得。

（二）培养学生较强的审美能力

1. 培养敏锐的美的感受能力

审美的感受能力是指审美者凭借自己的感觉器官感受美，并获得美感的能力，它是整个审美能力中最初始、最基本的能力。尽管在整个审美活动过程中，审美感受只是其中的第一步，却是非常重要的一步，一切审美活动都是以主体对美的感受作为起点的，没有这一步，也就没有整个审美活动的全过程。因此，审美感受能力的培养，对于提高人的审美素质、开展正常的审美活动具有重要的意义，因为它是审美鉴赏能力、审美表达能力和审美创造能力得以萌生和发展的前提与基础。任何审美活动，主体对审美对象的感性状态的感知及对主体内在感情的体验和认识，都是通过感官对外部自然形式和艺术形式的把握完成的。尽管人类的审美感受力与人的生理结构、机制和功能分不开，但人类的审美感受能力主要是后天形成的。每个人的生理基础大致相同，但由于种种原因，各人的审美感受能力很不一样。一般来说，作为社会活动主体的人都是具有一定的审美感受能力的。他们面对丰富多彩的现实世界，既会从认知和实用的角度去理解它、判断它，也会从审美的角度去感受它、欣赏它。我们可以这样说，在当今的现实世界中，没有一点审美感受能力的人几乎是没有的。但是，人的审美感受能力确实也有高低强弱之分。比如，对于周围所呈现的各种各样的美，有的人反应比较迟钝，感觉不到其中的美，但有的人比较敏锐，很快就可以陶醉在美的境界之中；有的人感受比较呆板，视野狭小，缺少必要的想象力，但有的人却能精骛八极，心游万仞，由此及彼，展开丰富的想象活动；有的人感受比较肤浅，只能领略对象的色彩、声音及形态等方面的外在因素的美，但有的人却不仅能通过眼睛、耳朵等外在感官，而且还能调动整个身心去感受领悟对象的美。

法国雕塑家罗丹指出："美是到处都有的。对于我们的眼睛，不是缺少美，而是缺少发现。"审美感受的范围很广，它包括简单的、初级的形式和内容，如对一般的声音、颜色等的感知，人们从中获得感官的快适；也包括复杂的、高级的形式和内容，如芭蕾舞、交响乐、抽象派的绘画、意识流的小说等，人们从中获得精神的满足。无论是前者还是后者，都包含着情感与认识的双重因素。因而，充分地感受美的能力是建立在发达的感官能力、正确的认识能力和情趣体验的基础上的，它并不是天生的，而是人类在长期的社会实践过程中形成和发展起来的。如果审美者缺少对美的敏锐的感受能力，他就不可能将丰富多彩的美的因素极其迅速地输入大脑中去，也就不可能获得丰富多彩的审美感受。由于审美感受的种种差异，就使得有的人只能从好听、好看上去感受对象，只能欣赏一些大众化、普及化的东西，不能够欣赏比较大型的、复杂的、蕴含着深广社会历史内容的东西。造成审美感受能力缺陷的原因当然是多方面的，但其中最主要的有两点：一是缺少审美实践。平时，这些人往往较多地忙于其他务实求知活动，对美的接触相对较少，这就使得他们的审美感受能力由于缺少必要的锻炼和开发而显得不太敏锐。二是缺少必要的文化素养。在这些人中，很多人还不太熟悉审美欣赏的基本要领，也不太了解文化发展的基本情况，这就影响了他们去欣赏、品味精英文化的机会。因而有必要积极引导人们去发现、感受现实世界的美，增强人们的审美感受能力。鉴于此，大学美育最基本的任务之一，就是要引导大学生自觉地加强对审美感觉器官的训练，培养和提高其对各种美的事物的感受能力，使之具有一双能聆听音乐的耳朵和一双能感受美的眼睛。

2. 提高美的鉴别和欣赏能力

审美感受只是审美过程的第一步，一个人要想深入美的境界中去，欣赏、品味、领悟美的事物的内涵，获得精神上、情感上的愉悦和满足，就得具有一定的美的鉴赏能力。美的鉴赏能力包括对美的事物的鉴别和欣赏。在审美活动中，鉴别和欣赏两者是密不可分的，之所以要鉴别，是因为在现实生活中，除了有真、善、美以外，还有真、善、美的对立面假、恶、丑。社会的进步，是人们对美的追求的结果，然而，人类在创新、创美的社会实践中，既创造了真、善、美，同时也会带来假、恶、丑。新的事物层出不穷，但新的未必是美的，由于人们的价值取向会发生偏误，价值关系会产生断裂甚至颠倒，有时往往会混淆真、善、美和假、恶、丑。不能识别假、恶、丑，也就不能切实地认知真、善、美；不鞭挞假、恶、丑，也就不能彰显真、善、美。只有十分天真的人才会认为能够彻底消灭假、恶、丑，若是压根儿没了假、恶、丑，也就无所谓真、善、美了。可以说真、善、美和假、恶、丑是互相依存的，假、恶、丑总在侵袭着真、善、美，真、善、美则总是在克服假、恶、丑的过程中前进的，美和丑是相比较而存在、相斗争而发展的。美育要关注现实生活、关注社会，通过普及推广审美教育帮助大家学会辨别真、善、美与假、恶、丑，使人们真正懂得什么是美、什么是丑、为什么美、为什么丑，从而采取正确的审美态度，面对广阔的审美领域，和自然、社会及他人和谐相处。

因此，提高美的鉴别和欣赏能力，首先要注意提高人们对事物美丑的辨析能力，通过美和丑的对比、鉴别和评判，提高审美鉴赏能力。当然，提高美的鉴别和欣赏能力，不是一蹴而就的事，虽说爱美之心，人皆有之，但是，人们的审美鉴赏力是有差异的。具有较高的审美鉴赏能力的人，能辨别事物的美丑，区别不同的审美对象，通过对美的事物的品味、玩赏，发现蕴藏在对象内部的深刻意蕴。有的人由于缺少必要的审美鉴赏能力，结果在获得初步的审美感受以后，常常就停留在审美对象的画得像不像、色彩好不好看、声音好不好听等形式层面上止步不前，无法进入审美对象的情感层和意蕴层，也就谈不上中国传统美学中的所谓气韵、意境、风骨、神韵等，当然，也就不可能进一步得到情感上的满足和精神上的升华，而不能更深层地去领略对象的美。一般来说，文化素养、艺术修养、思想水平愈高，知识面愈广，生活阅历愈多，审美经验愈丰富的人，审美鉴赏能力就愈强，也就愈能在审美、创美活动中发挥自己的主观能动性。

当然，我们在培养美的鉴别和欣赏能力时，一方面要强调发展审美个性、尊重个人的审美选择和审美爱好；另一方面又要加强引导，培养具有符合时代要求、民族要求的审美意识。个人的审美鉴赏尺度会受到时代的、民族的普遍要求和规范的制约，不能以尊重个人爱好为借口，掩盖落后、低级甚至反动的审美趣味和审美标准，应当使审美鉴赏尺度与时代的要求、民族的风采相协调。

要培养美的鉴别和欣赏能力，就要做生活的有心人，多走向社会，多深入生活，多接触优秀的文学艺术作品，仔细观察，纵横比较，用心揣摩，日积月累，耳濡目染，美的鉴别和欣赏能力自然会逐步得到提高。

3. 提高美的表现和创造能力

人们认识世界的目的在于能动地改造世界，同样，人们感受美、鉴赏美的目的是为了表现美、创造美。实践告诉我们，一个人表现美、创造美的能力的发展和提高，有利于其审美感受能力、审美鉴赏能力的巩固、深化和拓展。因此，美育的又一重要任务，就是要通过审美实践活动，进一步培养和提高人们按照“美的规律”表现美、创造美的能力，运用自己的双手，自觉地美化自身的形象和我们所处的世界，从而创造出具有高度精神文明和物质文明的美好生活。

美的领域是十分宽阔的，美的层次也是各不相同的，因此，一个人的美的表现和创造能力可以体现在各种不同的领域和水平上。比如说有的人善于表演、弹奏、歌唱，也有的人能够写诗、作画、谱曲，能够进行各种设计，制作各种美的精品。应当说这些艺术美的创造是一种高层次的创造，从事这种创造要具有相当高的水平。创造这些艺术美的人才非常可贵，培养这种具有高水平的审美创造能力的艺术人才当然也是美育应该担负的使命，但是，没有必要使人人都成为这样的艺术家，美育也不可能把所有人都培养成这样的艺术家。美的创造领域是多方面的，除了艺术以外，还可以表现在服饰打扮、环境美化、产品造型、社会交往、文化活动等方面，在我们的日常生活、实践活动中，在人与人之间的各种交往中，都存在着一个如何按照美的规律来表现美、创造美的问题。同样，在水平方面也是多层次的。美育的任务就是要遵循普及和提高相结合的辩证规律，根据不同的情况逐步提高全民族的审美创造能力。对于具体的个人来说，虽然他不是歌唱家，但是可以在唱歌这方面略有所长；虽然他不是设计师，但是可以在诸如会场布置、居室装潢、墙报美化等方面有不错的见解和举动。人的能力是有大小之分的，审美方面也是如此。只要一个人有美的自觉意识，能主动把美带到自己的工作、生活中去，带到自己的服饰打扮和言行举止中去，想方设法来美化自己的产品，美化自己的生活环境和自己的仪表、仪态，就是一种美的表现、美的创造，也是一个人的审美创造能力的具体展示。

美育要培养和提高人们表现美、创造美的能力，首先就要激发人们的表现欲、创造欲和想象力，引导人们热爱美、欣赏美、追求理想境界，唤起人们不安于现状、敢于探索、勇于创新的创造冲动和想象能力，使人们渴望去改造周围的客观世界和自身的主观世界，在对未来美好前景的想象中，去表现和创造理想的生活和美。其次要使人们初步懂得从事美的表现和创造所必需的知识，并初步掌握表现和创造美的技能和技巧。只有掌握表现美、创造美的技能和技巧，才能按照“美的规律”表现和创造出内容和形式完美统一的作品。同时，还要使人们注意培养艺术个性，尊重艺术个性，形成各自风格。在审美教育中，不仅应培养审美感受、审美理解，更应尊重个人的独创精神。

（三）陶冶高尚的人格情操

马克思说过，“社会的进步是人类追求美的结晶”，“人也按照美的规律来塑造”。美是人类生活及社会进步中一个永恒的主题。美育作为人类“按照美的规律”进行自我完善的方式，同时也是一个发展的概念。早在古代，我们的先哲就提出了“六艺之教”的教育思想。孔子也提出了“诗教”“乐教”的问题。西方从古希腊时期就提倡进行所谓的“缪斯教育”，即通过综合性的文学艺术来陶冶人的精神世界。无论是在中国还是在西方，传统的美育更多的是作为培养道德品格的载体而存在的，它要求通过道德情感的培养来规范个性情感。通过审美、艺术等活动来达到对人格的陶冶，是使人成为一个符合社会需求的真正的人的根本途径。18 世纪末，西方由于私有制和社会分工及异化劳动，使劳动者成为剥削者的奴隶，成为创造财富的工具，并由此压抑了人的生产志趣和才能。面对这种情况，德国哲学家席勒写了《美育书简》，正式提出了“美育”的概念，并论述了美育对社会的巨大作用。席勒认为，解决由资本主义制度造成的人格分裂，走向人格的完整和自由，就要依靠美育。马克思、恩格斯也认为，劳动产品和艺术品都有美育的作用，能培养出了解艺术、欣赏美的公民，能发展和丰富人的个性才能。近代著名的教育家蔡元培，作为中国近代美育思想的集大成者，特别强调美育在国民教育中的地位和作用。他说：“美育者，应用美学之理论于教育，以陶养感情为目的者也。”“美育之目的，在陶冶活泼敏锐之性灵，养成高尚纯洁之人格。”① 他认为美育能陶冶人的情操，提高人的素质，因而积极倡导美育。

---

① 蔡元培：《教育大辞书》（上册），商务印书馆，1928 年版，第 742 页。

社会发展至今天，我国由于还没有达到西方那样高度发达的后工业文明，在迈向现代化的过程中，一方面饱受前现代化过程中的种种痛苦，另一方面也受到西方后工业文明中的技术至上、工具理性、价值消亡、人格平面的影响，部分人道德失落、心理失衡。在现代物欲膨胀的社会环境中，传统的安贫乐道、清心寡欲的生活方式随着理想主义分裂之后，人性中潜藏着的欲望便开始呈现，而人性中最基本的东西，如价值观念，便从道德至上转向世俗化，人们的道德价值观念与理想境界正遭受到空前的挑战。社会的发展要求现代人具有完美的人格，从而更加关注自身的生存质量，关注生命本体的自由发展。担当这一任务，美育责无旁贷。因此，美育在当代人格构建中的一个重要任务，便是帮助人们克服过度物欲化社会中的人生价值观念的偏离。在这种形势下，美育的实施要以陶冶情操、培养感情为特征，以生动形象为手段，通过富有趣味个性的形式，潜移默化地促进人的全面发展，形成人的“理想人格”。用这样的方式来培养现代和未来社会的人，使他们诚实、善良，对社会有责任感，热爱自然及人类，是实施审美教育的最终目的。归根结底，在信息社会的今天，实际要求的是人类通过美育来恢复对社会、对自然、对人类自身的情感关爱，实现对自身的生存方式及生存状况的集中关照，最终确立人与自然、人与社会、人与自我的和谐关系。苏联杰出的教育家克鲁普斯卡娅曾指出：“没有美育就不可能有个性的充分发展。”可见，美育对于人格的健全具有不可替代的作用。

无论是从历史还是现实的角度，我们都可看到美育对人格形成与发展的影响。我们的教育方针是培养德、智、体、美、劳全面发展的社会主义建设者和接班人。在这五项中，德育是规范性的教育，它使人获得自觉的道德认识，并影响人的意识的、理性的状态。从中国当代教育史看，德育是“礼”与“序”的教育，而美育则可以激励、净化人的道德认识，影响人的情感、气质、性格的变化。在树立人们正确的世界观、人生观、价值观上，美育是一种不可缺少的良好方式。它通过引起人的情感共鸣和潜移默化的方式，让人心悦诚服地接受良好的道德情操、精神品质和意识观念，帮助人们用美丑的评价去赞扬美好的事物与心灵，蔑视与鞭笞丑陋与粗野的行为，从而促进人类文明的发展。通过美育，人们可以把抽象的道德认识寓于审美关系和审美形象中。比如，美丽的自然景观、人文景观、优美动听的乐曲等，都能让人在美感的体验和享受中，使自己的道德情操得到升华，同时提高思想觉悟。阅读欣赏优秀名著《红楼梦》，可以增进对封建社会的政治、经济、文化、法律、道德、宗教的认识，形成对封建社会现象的评价，增强分辨是非的能力。又如，那些风格各异、造型别致的雕塑作品，爱国主义图片，社会意识和行为中良好的榜样示范，等等，无不给人以美的认知和享受。这些美育手段，能深化人们的道德认识，净化人的心灵，使人的理性与感性沟通，并协调发展，从而塑造出健全的人格。早在两千多年前，孔子就十分重视美育的情感体验及社会功利，他认为审美活动的目的，是在审美鉴赏的心理愉悦中达到对“礼”的领会，从而陶冶性情，使人从善。所以，他提出“兴于诗，立于礼，成于乐”的美育思想，把学习“诗三百”看作丰富知识、愉悦情感和振奋精神的有效方法，认为礼能让人立足于社会，音乐的陶冶使人的学业最终得以完成。同样，捷克著名的教育家夸美纽斯也极其重视绘画、音乐对最终完善自我、健全人格的作用。由此可见，在推进素质教育的今天，大力开展美育，通过美育实践活动陶冶受教育者的情操，使之成为全面发展的具有完美人格的人，是美育的重要任务。

社会要求现代大学生要以健康高尚的人格面对今天的学习、生活和竞争，所谓“健康高尚的人格”，是指一个统一的、和谐的、具有协调能力、富有创造性和丰富情感内涵的自我有机体，它的塑造显然与审美教育密切相关，因为只有人的感性和理性同时得到和谐发展，才能陶冶出健康高尚的人格情操。正是从这个意义上，审美教育切入了健康高尚的人格的陶冶、塑造工作，这主要是因为，与德育和智育相比，美育具有一种感性品格，它偏重于人的感知与情感，是针对人的感知和情感而进行的。而在人格教育中，在健康人格的造就中，正如上面所说的，显然不能缺少感性的维度，也就是说不能缺少美育的维度。美育的这一品格，很多美学家都曾经指出过。德国美学家席勒就曾明确地说：“有促进健康的教育，有促进认识的教育，有促进道德的教育，还有鉴赏力和美的教育，这最后一种教育的目的在于，培养我们的感性和精神力量的整体达到尽可能的和谐。在紧张的人身上恢复和谐，在松弛的人身上恢复能力，并以此方式按照人的本性使局限状态返回到绝对状态，使人成为自身完美的整体。”① 康德说，美是道德的象征。王国维说，美育可调和人的感性，使人的感性发达，以达完美之域。这就是说，美育是培养人的情感的，是求心灵美善的，能使人达到完美的境界。美育作为一种特殊的教育手段，它通过生动、具体、可感的美的形象，激发和净化人的感情，以美启真，以美导善，潜移默化地起作用。正是美育的这一品格，使美育成为健康、高尚人格塑造中必不可少的手段。至此，我们完全有理由得出这样一个结论：在健康高尚的人格情操的塑造中，离不开审美教育。特别是在我国现代化建设的进程中，美育对现代人格的塑造具有更加重要的意义。

综上所述，美育的任务各方面是密切联系的。树立正确的审美观念是美育的前提，培养敏锐的美的感受能力是美育的基础，提高美的鉴别和欣赏能力是美育的发展，培养和提高表现美、创造美的能力是美育的拓展，而陶冶高尚的人格情操，提升精神境界，完善人格塑造，艺术地对待生活，实现个体与社会、人类与自然的和谐发展，才是美育的最终目的和最高境界。

二、美育的特点

任何一门学科都有其特定的教学内容、教学目标及相应的教学方法，它们共同构成了该学科的特点。只有牢牢把握这些特点，才能在教学实践中取得理想效果。美育，

---

① 席勒：《美育书简》，徐恒醇译，中国文联出版公司，1984 年版，第 108 页。

作为美学与教育学交叉和渗透的学科，它是以寓教于乐的方式，通过现实美（包括自然美和社会美）和艺术美的陶情喻理，对受教育者进行陶情冶性、提高精神境界、塑造完善人格的一种教育，因此，它具有以下五个方面的特点。

（一）形象性

美育的形象性是指在美育过程中始终伴随着生动可感的形象，始终伴随着对生命形象的体验。美育的形象性不仅意味着伴随着感性形象，还意味着对形象的情感意蕴的体验与悟解，情感的唤起、持续、深化与表现都离不开感性形象的产生与运动。美育的形象性让受教育者在情感的感染、熏陶和体验中实现道德的善。

美育和智育、德育不同。智育主要是运用概念、判断和推理，它离不开抽象、概括；德育主要是传播伦理道德观念，它注重于理性的阐述；美育则是把具体可感的形象呈现于教育对象面前，通过形象启迪受教育者，显之以象，晓之以理，触动人的情感以达到教育的目的。美育的这一特点是由美和美感的特点决定的。各种不同类型的美，都是以具体的可感的形象的方式表现出来的，离开了具体的形象美就无所依托。车尔尼雪夫斯基说，形象在美的领域占据着统治地位。而形象的主要功能之一，便是它的启悟作用。它不仅能把自身形象显示的本质内涵展现出来，而且还能将其深奥的、曲折幽微的、用抽象的逻辑语言说不清道不明的、可意会不可言传的东西呈现出来。《周易·系辞》云："书不尽言，言不尽义。然则圣人之意岂可不见乎？子曰：'圣人立象以尽义，设卦以尽情伪。'"意即当有些意思不易用语言表达清楚时，可以借助于"象"把它展示出来，让人们去"意会"它。《左传》记载的古人"铸鼎象物，使民知神奸"，就是对形象启悟功能的具体运用。在艺术作品里，表达男欢女爱之情用一个"眉眼传递"的画面，有时比用千言万语"说"得更明白。两位挚友久别重逢，彼此情绪激动的握手动作，可以抵得上无穷无尽的语言倾诉。鲁迅在其短篇名著《祝福》中，用"顺着眼""直着眼""只有那眼珠间或一轮，还能说明她是一个活物"的洗练的形象描绘，把祥林嫂生命历程中不同阶段内心无边的痛苦展现得淋漓尽致。蒙娜丽莎那美丽、安详而神秘的微笑，给人以无可表述的美的享受。米开朗琪罗的大卫像，充分体现出一种顽强、坚定和正义的精神气质，以至于后人把它作为保家卫国的精神象征。米洛斯的维纳斯雕像，更是以卓越的雕刻技巧、完美的艺术形象、高度的诗意和巨大的魅力，使形象具有一种崇高的内在精神美感。千百年来，美育正是以其形象性带给人们精神上的愉悦，教会人们怎样去感受美，怎样从丰富的美的形态中去把握、表现并创造出新的美。它以耐人寻味的诗意和难以捉摸的含蓄美而给人以无限的启迪。可见，在素质教育中，美育作为形象直观教育，赋予了学生创造思维的空间。它通过诗情画意引起的想象、内情和外景交融的意境，让学生思接千载，视通万里，引发出浓厚的学习兴趣，由此触发学生的创造灵感，使之把握创造的契机，丰富和活跃自己的想象力，最终实现开发智力、进一步发展创新思维的目的。形象直观性是美的一个根本特性，离开了形象就没有审美可言，在一片抽象的王国里是很难谈及美的。美育之所以具有形象性的特点，就在于美感对象本身具有形象性，无论是列夫·托尔斯泰笔下的安娜·卡列尼娜，还是莎士比亚塑造的汉姆雷特，抑或是罗丹雕塑的《思想者》，都是生动有力、性格丰富的艺术形象，美育过程也就是这些生动的形象感染我们、打动我们的精神过程。真正的艺术形象，对人们的精神具有巨大的感染力和感召力。

正因为形象具有很强的感召、启悟功能，所以我们常常可以在一些理论著作中看到，作者运用形象描绘去揭示深刻的道理，我们从这些形象描绘中所受到的感召和启悟，远远超过从相应的理论论述中受到的更深刻、更全面，而且印象突出，因为美育所面对的是“活的形象”。以形感人、以情动人是美育的最显著特点。正是美育的这一特点，使得这种教育形式适合于各种年龄、各个阶层和各种文化水平的对象。

（二）情感性

美育具有形象性，属于形象化教育，而人属于情感动物，任何形象一旦为人所接触，便容易激发起各种各样的情绪反应。古人云：感人心者，莫先乎情。美育具有情感性的特点是指美育以感性的非概念形式激发人的审美情感，使人们通过亲身的情绪体验，获得心理的满足、情感的共鸣，由此而实现一种新的人格状态。著名演员陈强在延安上演的《白毛女》话剧中扮演黄世仁，演出非常成功，台下的口号声、抽泣声响成一片，许多人要冲上台打“黄世仁”，剧团领导费了好大的劲才说服观众：这是演戏，不是真的。陈强刚松了一口气，没想到戏散以后，有的观众心里还是憋了一口气，欲等到“黄世仁”出来的时候，把他痛打一顿。

情感是人对于客观事物是否符合人的需要而产生的态度的体验。客观事物的复杂性，使情感本身也具有了较广泛的含义。根据心理学原理，情感又可分为理智感、道德感和审美情感。理智感在探索事物的客观规律过程中体现出来，道德感在人的伦理活动、意志信仰活动中表现出来，审美情感则体现于人的审美活动中。这三大情感的培养任务，并不是由美育独家承担的，而是由它与德育、智育共同承担的。德育培养和发展道德感，以提高是非辨别能力和向善力；智育培养和发展理智感，以增强对知识真理的兴趣和求知欲。严格地说，道德感、理智感的培养，也属于情感教育的范畴，但它们并不能由美育来涵盖或取代。美育可以与德育、智育、体育相交叉，但美育并不包罗万象，它有自己相对确定的范围和领域，它的焦点集中在审美情感的发展上。作为情感教育的美育，就是审美情感教育。美育借助于艺术美、自然美、社会美等各种美的形象，通过培养人的审美能力即情感判断力，陶冶人的高尚情感，达到使人的个性获得全面发展的目标。美育的这种情感教育本质及其目标，便使得它自身与德育、智育、体育产生了明显的区别。德、智、体三育的教育过程是他律的、理性的、严肃的、直接功利性的，美育过程则是自律的、感性的、愉快的，目的是非直接功利性的；德育偏重于社会外在规范，智育侧重于客观自然规律，体育专注于人的肢体强健，而美育则表现为情感、精神的自由、愉快、个性化及非直接实用性等特征。

在人类的三大社会情感中，道德感、理智感最后都要归结到审美感。审美感是人类情感的最高表现。按照马斯洛的“需要层级理论”，人的基本需要是逐级上升的。审美需要是人的最高需要，是自我实现的根本标志。由审美需要的满足带来的审美感是个体情绪体验的最佳状态，即马斯洛所说的“高峰体验”状态。因此，我们必须充分重视审美情感教育在完善和发展人自身方面的重要作用，它虽然不是塑造完善人格的充分条件，但是它能激励这种充分条件，促进道德意志的培养和智力开发。

审美情感并不是与生俱有的，它是审美教育的结果。审美教育的根本任务，就是培养和发展个体的审美情感，把人类的一般情感锻造成审美情感，以造就完善的审美人格和创造个性。人类没有无缘无故的情感，情感总是由一定的客观对象引起的。个体情感的品质和强度，往往取决于客观对象的性质和价值。审美关系以美的事物、美的形象呈现在主体面前，作用于主体的情感，则能引发主体积极的内心体验和态度，使之满腔热情地去对待生活、热爱生活，自觉地追求一切美好的东西。正是在这个意义上，我们说审美关系是一种情感关系。审美过程是人的情感理性化的过程，在这个过程中，人的心灵得到陶冶和熏陶，人的自由直观、自由感受能力得到提高，形成完美的审美心理结构，成为全面发展的人。审美关系的这一特征，能造就个体积极向上的情感品质。

（三）愉悦性

美育的愉悦性是指在美育活动中，受教者常常处在一种喜悦的心理状态与精神状态，产生强烈的情感体验，获得极大的审美享受。这种愉悦性是感染人、启发人、吸引人去参与审美、参与美育的重要因素。上文提到的美育的情感特征，实质上是一种具有愉悦性的情感，是人们对自然美、艺术美、社会美的主观感受、体验、理解、评价后所获得的精神享受。《毛诗序》曾这样评价过作为美育之一的音乐教育：情动于中，而形于言，言之不足，故嗟叹之，嗟叹之不足，故咏歌之。可见，好的音乐作品作为内心情感高度浓缩后的语言、思想的升华，能传达出真挚的亲情、爱情、友情等思想感情。

美育运用生动具体的美的形象材料，诉诸人的情感，以激发情感的活动来实现教育目的，而审美总是令人愉快的活动，因而美育具有愉快教育的特征。古希腊的亚里士多德在他的《政治学》一书中明确指出，音乐的第一个目的是教育，而“音乐是一种最愉快的东西”，能够使人“心畅神怡”，既使人受到教育，又使人心灵受到净化，获得精神享受。席勒则更直接地把美和美育用“游戏”一词来代替，认为通过“游戏”（美育）人们的心灵可得到净化，闲暇时得到娱乐，不知不觉地从他们的娱乐中排除任性、轻浮和粗野，再慢慢地从他们的行动乃至意向中逐步清除这些毛病，最后达到性格高尚化的目的。

美育的愉悦性既是指审美主体对审美对象的情感体验，同时也是指审美主体心灵的净化。美育愉悦蕴含于审美愉悦之中，只不过审美愉悦往往是针对审美对象的情感体验而言，而美育愉悦往往是针对主体心灵的陶冶而言的。美育的愉悦性是一种心理愉悦与精神愉悦，可分为悦耳悦目、悦心悦意、悦志悦神三个层次。所谓悦耳悦目，是指以耳、目两感官为主，包括其他审美感官所感知到的愉快。例如，当我们畅游美丽的三峡，或聆听民乐合奏《喜洋洋》时，都会立刻感受到审美的愉悦。这种审美愉悦看似感官的愉快，以至于有人把它归结为生理快感，这是由于它的产生具有生理基础。其实，当人的眼睛欣赏线条与色彩，耳朵欣赏声响、节奏与旋律时，已渗透了想象、情感、理解等心理因素。悦心悦意是指审美主体通过感觉、知觉的审美愉悦，领会到审美意象中某些深刻意蕴，获得一种诸心理功能和谐所产生的美感享受。如果说悦耳悦目主要是人的审美感知愉悦，仍然带有某些感官快感，突出表现的是感性特点的话，那么，悦心悦意则主要表现为人的诸心理功能的审美愉悦，更多的是人的审美心理愉悦，突出表现的是人的心理功能的和谐运动。而悦志悦神是指审美主体在精神境界所产生的愉悦，它是审美主体在审美活动最高层次上获得的一种精神满足，是因人生理想的实现而产生的愉悦。

愉悦作为一种情感，是客观刺激与审美主体的情感相互作用的结果，达·芬奇在他的《笔记》中说："爱好者受到所爱好的对象吸引，正如感官受到所感觉的对象吸引，两者结合，就变成一体。如果结合的双方和谐一致，结果就是喜悦、愉快和心满意足。"这就告诉我们，无论是自然事物的美、社会事物的美，还是艺术作品的美，都需要审美主体去直接面对，才能使其产生强烈的美感。如果对象不具有这种生动的具体可感性，审美感知愉悦就难以发生。一旦主体发现了具有具体可感性的对象，尽管并无理由来论证，甚至可能说不出什么道理，但会立刻从对象的形式中感受到某种愉悦，于是瞬间就产生了审美感知愉悦。美育和其他知识教育、政治法律或思想道德教育不一样，它既不是强制性的，也不是说教性的，而是自由启发式的。美育是在精神享受和审美想象中进行的，因而还带有激发想象与创造力的特点。德国美学家黑格尔认为审美带有令人解放的性质。为什么呢？这是因为审美过程的精神活动是自由活泼的，是一种感觉的愉悦和想象创造，由此启迪人们的心灵，引起精神上的升华。它不像法制教育那样带有强制性，即强制人们服从法律条文的规定，也不像道德教育那样带有约束性，即以道德原则、道德规范来约束人们的行动，同时也不像哲学理性思考那样精神处于严峻思虑之中。美育丝毫不能强迫。强迫引起的必然是对强迫者的反感。对美的事物的喜爱要靠美本身的魅力去唤起，而美的事物本身又恰恰具有这种诱人的特性。我们在欣赏拉菲尔的《西斯廷圣母》、安格尔的《泉》或罗丹的《青铜时代》时，都是在一种精神自由愉悦的方式中进行的。我们在聆听约翰·施特劳斯的《蓝色多瑙河》或观看芭蕾舞剧《天鹅湖》时，音乐形象和舞蹈形象的美都会使人自然而然地产生一种惬意的情感体验和精神上的享受，从而使人的心灵得到净化，情感得到升华，美育正是在这种惬意的情感体验和精神享受中实现的，所以，美育的过程是轻松愉快的。美育的愉悦性特征，体现在教育过程中就是"寓教于乐"。无论是社会美、自然美、艺术美，还是其他教育形式中的美育因素，首先都是必须能给受教育者以美的享受，然后才能激起他们的情感力量，达到美育的目的。教育形式应是轻松愉快的，使受教育者在对美的欣赏中自由地发挥想象力，在娱乐中接受教育。

美育具有愉悦性的特点渗透在人们生活的许多角落，人所接触的每一件美的事物都在无形地对人进行审美教育：心灵的、行为的、语言的、人体的、服饰的、环境的、科技的、艺术的等，皆是美育的范畴。它通过对感性形式的直观，来领会其中的意蕴，从而修身养性，提高人的身心健康素质，完善人的个性品质。

（四）潜移性

美育的情感性和愉悦性，让人在美育的实践过程中感到自由、舒畅。古人常常用风来比喻美育，认为美育像风那样无影无踪，又像风那样有力而不可抗拒，这说的就是美育的潜移默化的过程。所谓“随风潜入夜，润物细无声”，在不知不觉中接受教育，就是美育潜移性的形象说明。

为什么美育是潜移默化的呢？因为美育以情感人，寓情于理。人们在欣赏美的时候，直接的效果是情感的体验，但是在情感的体验中就暗含着理性的认识，不论是对美的热爱还是对丑的憎恶，都不是无缘无故的，而是基于一定的理解，尽管我们在欣赏美的时候似乎是不假思索的，但是在这种“直感”的形式中已经包含着平时所积累的对事物的理解。所以，认识审美活动的情理结合、理在情中的特点，有助于我们认识潜移默化过程的形成原因。

美育是潜移默化的教育，它的效果是深刻而久远的，它在人的一生中长期发挥作用。梁启超在《论小说与群治之关系》中曾谈道：“人之读一小说也，不知不觉之间，……今日变一二焉，明日变一二焉；刹那刹那，相断相续；久之而此小说之境界，遂入其灵台而据之，成为一特别之原质之种子。有此种子故，他日又更有所触所受者，旦旦而熏之，种子愈盛，而又以之熏他人，故此种子遂可以遍世界。”其实，不仅小说如此，其他的艺术，在利用美的形象进行审美教育时都是一个逐步熏陶、潜移默化的过程，是一个“随风潜入夜，润物细无声”的过程。在这个过程中，情感就会渗透于人的潜意识之中，形成一种较稳定的完美的心理结构和心理定向，从而对人的精神生活产生重大而深远的影响。

美育的教育目的并不是以赤裸裸的方式来表达的，而是隐藏在活动里，贯穿在过程中，有时结合在其他教育方式内。美育所发挥的是“潜移默化”的功效，它像“随风潜入夜”的“春雨”一样滋润受教育者的心灵，影响其情感世界。美育的潜移性要求其注重的是熏陶、浸染，在不知不觉中影响人，诸如注意营造美育实践的氛围，建立以活动为中心、以育人为目标的体系。美育的潜移性要求学校的美育活动应当是经常的、长期的，以使学生不断接触审美作品，从而真正起到潜移默化的效果。

美育之所以具有潜移性的特点，是因为其教育过程是感性的，是一种感化。美育没有任何形式上的规定和束缚，它只是让人自然而然、不知不觉地接受教育。它不需要像知识灌输一样，像道德说教一样，像行政命令一样，像法律制裁一样，从外面强加于人，而是像空气一样包围着受教育者，让他在不知不觉中自觉自愿地去感受、体会，从而心甘情愿接受教育。如春风一样，徐徐吹拂，并不着意表现什么，却能让万物感受得到，从而小草渐渐变绿，花儿次第开放，继而不知什么时候已春色满园。因此，美育就是这样以感性的方式让受教育者身在其中陶陶然、融融然，不知不觉转移了自己的心理气质，改变了自己的精神面貌，成为身心健康、人格完善的人。

美育潜移性的特点决定了美育的教学效果不是立竿见影的，而是长期渐变的。因此，无论是教育者还是受教育者，其急功近利的想法都是不当的，这就提醒我们要给美育以相对宽松的环境，扩大其外延，丰富其内涵，即像梁启超先生所说的那样，在空间上要给以“熏”的广度，时间上要注意“浸”的长度，情感上要掌握“刺”的强度。做到了这几点，就能“提”升人生境界，促进人的全面和谐自由发展。

（五）实践性

所谓美育的实践性，指美育是注重实践的教育。人类是在实践中创造了美，也是在实践中获得了美感，离开了实践，就没有美，也没有美感。美的存在，美感的获得，是美育的前提。要提高受教育者的审美能力，培养其健康的、高尚的审美趣味、审美理想，如果离开社会实践，尤其是审美实践，那是不可想象的。因此，要实现美育的目的，就离不开审美实践。美育的目的，主要是培养和提高受教育者的审美能力、审美理想，陶养感情，美化自身。而要达到这一目的，仅仅诉诸理智，使人从理智上认识美是不够的，更重要的是诉诸情感，使受教育者通过对美的感受、体验等心理活动，在情感上受到感染。这就要求受教育者非亲自参加审美实践不可。黑格尔指出，审美教育必须通过视觉和听觉，才有力量从人的心灵深处唤起反应和回响。车尔尼雪夫斯基也发表过类似的意见，认为“美感是和听觉、视觉不可分离地结合在一起的”。美育的实际过程一般是受教育者通过视觉或听觉从审美客体的具体形象上得到直观或直觉，引起愉悦之情，在潜移默化中使情操得到陶冶，心灵得到净化。因此，美育必须注重实践，让受教育者亲眼看，亲耳听，有亲身的体验。总之，美育主要是通过审美实践来进行的。因此，我们必须充分认识和重视美育的实践性，积极投身于美育实践，在美育实践活动中，亲身感受钱塘江潮水、黄果树瀑布等自然美带来的震撼，积极投身美化自身、助人为乐等社会美的创造，认真领略《命运》交响曲等艺术美给人的激动。在审美实践中感受美、体验美、领悟美，在审美实践中提高审美修养和审美能力，在审美实践中创造美和追求美，实现精神境界的提升，实现人格塑造的完善。

综上所述，美育以上的特点决定了它在素质教育中不可替代的独立地位。然而要真正将美育融入学校教育全过程还任重而道远，它需要我们以切实的科学态度、科学方法和科学韧性去对待它，竭尽全力地将它推向科学化的发展轨道。

第三节 中外美育思想的发展

一、西方美育思想的发展

西方历史上各种美育观念大多是围绕着对人尤其是对理想人的看法而展开的，呈现为人类不断自我建构与完善的丰富多样的过程。

古希腊是西方古代历史上在美育思想方面最富有成效的国家，其美育思想和实践2000多年来一直闪耀着夺目的光辉，成为后人美育实践可资参照的典范。以雅典为代表的古希腊文化不仅重视审美教育，而且强调美育中“美”与“德”的协调，雅典的所谓“缪斯教育”的“七艺”中就包括美育。进入中世纪之后，西方的美育思想浸透着神秘主义、来世主义、禁欲主义，成为宗教神学的附庸。到了近代，随着教育学、美学作为独立学科的建立，美育思想才形成相对独立的理论体系。下面对西方具有代表性的美学家及其美育思想做简要介绍。

（一）柏拉图的“心灵美化”说

柏拉图（公元前427—前348），西方古代大哲学家、客观唯心主义的奠基人和教育家。他认为艺术对人具有潜移默化的影响，将美育视为塑造特定人格的重要手段。在柏拉图看来，理想人应该是“爱智慧者，爱美者，诗神和爱神的顶礼者”，即“哲学家”。而要成为这样的智者，就需要从感性上培养个人对美的事物的观照与体验能力，从真正美的事物中聆听真理的存在，使得受教育者的感性最终服从于理性。这也就是他讲的“心灵美化”的内在含义。

在柏拉图所生活的时代，希腊曾多次受到波斯的侵略，雅典也被希腊的其他城邦侵略，统治阶级的政权已经日益式微，因此，柏拉图在他早期著作《理想国》中，描述和设计了一个等级森严的国家制度。

为了保卫国家，维护统治阶级的利益，柏拉图把训练“保卫者们”当作其建立理想国的一个首要的工作。他指出，刚开始应该对保卫者进行音乐和文学方面的教育，使其从小便接受音乐的陶冶，并整日沉浸在美的艺术作品中，从而使美融于心田；然后进行体育与身体的锻炼，培养其健康的体魄；紧接着还要学习各种科学和进行军事训练，以促进其理智的发展；再接着是学习哲学；最后才是从政，开始统治国家。只有这样，才能使其发展成为一个德、智、体、美、劳全面发展的合格的理想人，也即一个“正义”的人。

（二）亚里士多德的“净化”说

亚里士多德（公元前384—前322），古希腊著名的哲学家、科学家、教育家。他放弃了柏拉图视理智为人格结构中最高统治者的看法，提出理智和感性两种心理功能应全面发展，以达成和谐的人格的理论。亚里士多德关于美育对培养人格的影响主要体现在他的“净化”说中。“净化”说是他在论述悲剧和音乐时提出的。亚里士多德认为：悲剧人物是与大众一样的平常人，悲剧中悲剧人物模仿好人因过失而遭到厄运必然激起观众的哀怜和恐惧，引起他们对自我生活的回忆、体验和反思，最终导致这些情绪的“净化”。这一过程既是审美的过程，也是一种典型的教育过程。“净化”的古希腊词源本意为祛除罪过，亚里士多德最早借用这个术语来指文艺独特的精神作用和影响。悲剧使人“净化”，按照亚里士多德的意思，就是指悲剧引起人们的怜悯与恐惧，并使这种感情得到陶冶。它既可以使某些人过分强烈的情绪得以宣泄而重新达到平静，又能把麻木不仁的人的情感提到适当的程度。“净化”通过引起人的高度快感而使人达到生理、心理上的平衡，从而逐渐形成和谐的人格。除了出现在悲剧论中之外，亚里士多德的“净化”说还出现在他的音乐论中。亚里士多德认为，之所以必须学习音乐，是因为音乐具有三大功能：教育、“净化”、精神的消遣。

“净化”是亚里士多德美育中的重要机制，净化使情感达到适度，使人的心理保持健康。亚里士多德认为，在理性指导下学会节制，是当时做人的标准和文明的象征。由于长期的节制，人的情感等感性因素受到束缚，积淀在人的心灵深处，成为深厚的感情冲撞力，应该对这些过多的感性因素进行净化。悲剧能激起观众恐惧、怜悯等感情，悲剧激发的感情使人原来积淀的类似感情通过人的自我意识被重复激发而得以宣泄、陶冶，从而减轻它们的力量，使之达到“净化”。

（三）贺拉斯的“寓教于乐”说

贺拉斯（公元前65—公元8），罗马帝国初期奥古斯都时代的杰出诗人、文艺理论家。贺拉斯全面而深刻地认识到文艺的功用，主张道德教化功用与审美娱乐功用的统一，提出了著名的“寓教于乐”说，试图为当时文艺创作确立道德原则。首先，他认为诗歌对人类文明有开化功用。他说，古代诗人教导人们“划分公私，划分敬渎，禁止淫乱，制定夫妇礼法，建立邦国，铭法于木”。其次，他认为诗歌还具有传达神的意旨、指示生活道路、激励将士奔赴战场、给劳累的人们带来欢乐等功用。再次，他主张诗的道德教化功用和审美娱乐功用的统一。他说：“诗人的愿望应该是给人益处和乐趣，他写的东西应该给人以快感，同时对生活有帮助……寓教于乐，既劝谕读者，又使他喜爱，才能符合众望。”①

“寓教于乐”说揭示了文艺的道德教化功用和审美娱乐功用的关系，表面上是审美娱乐与道德教化并重，实际上是把审美娱乐看作文艺实现其道德教化目的之手段，更看重的是道德教化。贺拉斯的“寓教于乐”的原则，奠定了西方美育的基础。

（四）夸美纽斯的美育思想

夸美纽斯（1592—1670），17世纪捷克杰出的教育家、西方近代教育理论的奠基人之一。在夸美纽斯的著作中虽然还没有使用“美育”这一术语，甚至也见不到专门从

① 贺拉斯：《诗艺》，杨周翰译，人民文学出版社，1982年版，第155页。

理论上来论述美育的性质和作用的篇章，但是，美育却在夸美纽斯的整个教育体系中占据了重要的地位。夸美纽斯不仅较早地从教育理论的角度把美育思想渗透和融合在教育学的每个重要的组成部分中，而且在论述具体的教学方式和过程时，以及在他个人的教学实践中，更是经常强调美育对人的发展的意义，强调美育在教育工作中的特殊作用。夸美纽斯的教育体系贯穿着“自然适应性”原则，这个原则把人作为自然的一部分，要求人服从自然的普遍法则。按照这个遵循自然规律的原则，夸美纽斯认为，凡是需要知道的事物，都要通过事物本身来进行教学，应当尽可能地把事物本身或代替它的图像放在面前，让受教育者亲自去看、摸、听、闻。也正是根据这样的原则，夸美纽斯提出了他的泛智主义的教育思想，即主张“把一切知识交给一切人”，夸美纽斯认为美的本质是和善、利益、秩序、生活、感觉等。同时，夸美纽斯又一再强调，和谐便是完美。照他看来，整个世界如同一座大钟，其中有许多巧妙地排列着的转轮和零件，使钟的结构相互紧密地联系在一起，相互配合和带动，这样才能永恒运转，达到和谐。人也是这样，“人的本身不是别的，只是一种和谐而已”。而教育能使人的天性中或多或少的东西变得适宜和中和，达到和谐和完美。由此可见，在这里，夸美纽斯的教育思想是与他接受的西方传统的和谐的美学观直接相联系的。与自然适应性的原则相联系，艺术模仿自然的观点在夸美纽斯的教育理论中也占据了相当重要的地位。他在自己的著作中多次强调艺术是模仿自然的。他在阐释和论证直观教学的必要性时，列举了大量的美感教育和艺术教育的生动事例，并由此广泛地说明了美育的特殊功能和价值。夸美纽斯从美育的特点中，看到了它对受教育者特别是儿童的吸引力和感染力。夸美纽斯还着重指出，善于运用直观教育的方式，尤其是利用艺术手段去进行教育，就能培养和提高学生的创造能力。夸美纽斯要求学生通过艺术学习和练习，掌握综合分析的方法，学会依据熟悉的模型和规则来考查和比较不同的艺术家，从而洞悉他们“隐藏艺术的艺术”，以便创作出自己的作品。夸美纽斯的教育观念在世界教育史上占有很重要的位置。

（五）卢梭的美育思想

卢梭（1712—1778），法国杰出的思想家、文学家，启蒙运动最富民主倾向的代表人物。他提倡自然主义教育，强调教育应顺应人的自然天性，促进人的各种天性和素质的全面协调发展。卢梭的美育思想以培养完美人性为宗旨。他认为完美人性的核心就是人的自然情感，这种自然情感要在自然社会中才能培养。他认为感性和情感对人生有重要价值，因而感性教育、情感教育也应当成为教育的重要内容。他重视学习过程中的自由和乐趣，并因而注重教学中的方法和技巧。无论是从教育的目标、内容还是方法来看，卢梭的教育思想都渗透着审美的精神，贯穿着美育的原则。我们甚至可以说，卢梭倡导的自然主义教育从总体上讲就是一种审美教育。卢梭的教育理想是培养健全完美的人，这也是我们今天的教育仍在努力追求的目标。进行审美教育的途径多种多样，而卢梭特别重视借助自然美这一方式。卢梭认为，自然是美的最高典范，人工的艺术大多代表着堕落和腐化。自然美不仅可以驯化人的丰富敏锐的感受能力，而且可以陶冶人的性情，有助于人养成自然素朴的审美趣味。当自然素朴成为美的标准时，人就会放弃对金钱和物欲的追求，而成为自由的人、有道德的人。卢梭对艺术及其美育作用的否定无疑是偏激的，但他对自然的美育及德育功能的认识却有着真理性，稍后的康德和席勒都深受卢梭的影响和启发，从而对美学、美育产生浓厚的兴趣，从美学与教育学相结合的美育角度来研究人性的完美与社会的完善。

（六）席勒的美育思想

席勒（1759—1805），德国启蒙文学家。他在人类历史上第一次明确提出了“美育”的概念，并将其界定为“人性”的自由解放与发展。

席勒最重要的理论贡献在于围绕“美育”这个论题，以《美育书简》为中心，构筑了一个相对完备而新颖的美育理论体系。这个美育理论体系的核心是把美的问题放在自由的问题之前。席勒美育理论提出的哲学基础是由认识本体论到存在本体论的过渡。席勒认为审美是使人具有精神文化修养并真正禀赋人性的唯一途径。他认为，只有当人在充分意义上是人的时候，他才游戏；只有当人游戏的时候，他才是完整的人。也就是说，在他看来，审美实际上是人与周围世界发生的第一个自由的关系，也是人脱离动物，单纯对物质的追求走上超越实在的文化之路的标志。由此可见，席勒是从存在本体论的独特视角来阐释其美育理论的。关于美育的内涵，席勒将其界定为“自由”。他认为，在现实生活中存在着“力量的王国”和“法则的王国”。在“力量的王国”里，人与人以力相遇，其活动受到限制；在“法则的王国”中，人与人以法则的威严相对峙，其意志受到束缚。只有在审美的王国中，人与人才以自由游戏的方式相处；只有在审美的国度里才能实现性格的完整性；只有通过美育这种精神能力的协调提高才能产生幸福和完美的人。

席勒的美育理论将美学研究从抽象的理论带入现实生活，第一次提出了现代社会人性改造的重大课题，试图通过美育的途径实现人性的改造，并为此建构了完备而系统的美育理论体系，给后世以巨大的启迪与影响，因此他被称为“现代美育之父”。

二、中国美育思想的发展

（一）中国古代美育思想

1. 孔子的美育思想

真正奠定我国古代美育思想基础，并大力开展美育实践的人当属我国春秋时期的大教育家、思想家孔子（公元前551—前479）。孔子作为儒家学派的创始人，他所确定的“乐教”“诗教”“礼教”的传统对后世影响很大，从而奠定了我国古代教育中“礼乐相济”的思想基础。孔子的美育思想主要表现在三个方面。

（1）重视艺术美的感化

孔子十分重视“乐”和“艺”对人格的感化作用，认为“乐”和“艺”是古人修身必不可少的两门学问。他说："兴于诗，立于礼，成于乐。"（《论语·泰伯》）"成于乐"是什么意思呢？孔子所谓的"成于乐"，就是要通过对乐的学习来培育一个完全的人。因为"乐以治性，故能成性，成性亦修身也"（刘宝南《论语正义》）。孔子认为"乐"能改变人们的性情，感发人们的心灵。《论语·阳货》中说孔子到武城去，听到弹琴瑟、唱诗歌的声音，就微笑着说："杀鸡焉用牛刀。"这虽然是孔子同他的学生故意开的一个小小的玩笑，认为治理一个小小的武城，还用得着"乐"这种东西吗？但是，言外之意却说明孔子认为"乐"对君子和小人都具有感化作用。正因为孔子十分重视"乐"对人的感化作用，所以他非常注意自身的音乐修养，他善于弹琴、鼓瑟、击磬、唱歌，有很高的音乐欣赏能力和理论水平，不仅把"乐"列为他的教学内容之一，就是在他周游列国的危难之际，也仍然"讲诵弦歌不衰"（《史记·孔子世家》）。"与人歌而善，必使反之，而后和之。"（《论语·述而》）"在齐闻《韶》，三月不知肉味。"（《论语·述而》）正因为孔子对音乐有这样深的感受，所以才提出"成于乐"的观点，主张用艺术美对人格进行感化。

除了"成于乐"之外，孔子还提出了"游于艺"。所谓"游于艺"即普遍涉历、观赏各种艺事。在孔子看来，要想使自己成为一个完美的人，离不开"游于艺"。如果说"成于乐"主要强调的是乐对人的伦理上的感化，是乐与人的心理、伦理的交融的话，那么，"游于艺"重视的则是在普遍地涉历、观赏各种艺事的过程中掌握驾驭各种客观事物的规律，获得自由愉悦的感受，从而达到人格上的圆满完全，强调的是"艺"对于君子人格完美的重要作用。把本来是愉悦身心的"艺"转化为感化人性、完善人格的重要手段，这正是孔子美育思想的深刻之处。

（2）倡导自然美的陶冶

孔子说："智者乐水，仁者乐山。"（《论语·雍也》）孔子的话本来意思是由于人们的精神品质不同，他们对自然山水的喜爱也就不同。但是，如果我们进一步深究其内涵，就会发现这句话向我们提示的另外一层意思：一定的自然对象之所以引起人们的喜爱，是因为它具有和人的精神品质相似的内涵的缘故。孔子的这一观点，"实际上是在美学史上第一次揭示了人与自然在广泛的样态上有某种内在的同形同构从而可以互相感应交流的关系"①。正是基于这种关系，孔子提出了"智者乐水，仁者乐山"的观点，说出了"岁寒，然后知松柏之后凋也"（《论语·子罕》）之类的话，把自然美看作人的某种精神品质的表现和象征。这充分说明孔子对自然美具有陶冶情操、完善人格的美育功能的认识。除此之外，在《论语·先进》的"侍坐章"中，孔子也表达了类似的观点。当他的学生曾点谈自己的理想是"莫春者，春服既成，冠者五六人，童子六七人，浴乎沂，风乎舞雩，咏而归"时，孔子感叹说："吾与点也!"即我赞同曾点的主张啊！孔子何以赞同曾点的主张？因为曾点的理想是在春夏之交，和几位年

---

① 李泽厚，刘纲纪：《中国美学史》，中国社会科学出版社，1984 年版，第 145 页。

轻人，去沂河里游泳，到风景优美的舞雩台去吹风、欣赏自然美景，唱着歌回来。透过这段文字，我们不难发现，孔子之所以赞同“浴乎沂，风乎舞雩，咏而归”，是因为这表达了他对人生境界的一种追求。把对人生境界的一种追求，寓于快乐的欣赏自然美中，从而达到心灵的净化、情操的陶冶、人格的完善，这正是孔子育人的巧妙之处。

“智者乐水，仁者乐山”，“浴乎沂，风乎舞雩，咏而归”，向我们揭示了一个极为重要的事实，那就是在孔子的眼中，人所欣赏的自然，并不是同人无关的自然，而是同人的精神生活、人的内在情感紧密联系在一起的，这充分反映了孔子对自然美可以陶冶情操、完善人格、开阔胸襟的美育功能的认识。

（3）强调社会美的教化

孔子十分强调“德”的社会美的教化功能。他认为“为政以德，譬如北辰，居其所而众星共之”（《论语·为政》）。意思是说，用道德来治国理政，就好像北斗星那样，在一定的位置上，众多的星星都围绕着它。“德不孤，必有邻。”（《论语·里仁》）在孔子看来，有道德的人是不孤单的，一定会感化、影响周围的人，必然会有志同道合的人做他的伙伴，因为“君子之德风，小人之德草。草上之风，必偃”（《论语·颜渊》）。用今天的话来说，就是君子的德行就像风，小人的德行就像草，风吹草上，草一定会随风倒的。因此，他提倡“见贤思齐焉，见不贤而内自省也”（《论语·里仁》）。并且曾经借评价南宫适“君子哉若人！尚德若人”（《论语·宪问》），赞扬像南宫适那样崇尚仁德的君子。所以，当有人问他：“以德报怨，何如?”他的回答是“以直报怨，以德报德”（《论语·宪问》），主张用正直回报仇怨，用恩德来回报恩德。

孔子的这些关于仁德的观点，“并没有像一般西方思想家那样运用大量论据和严密的逻辑推理，……以建立完整的理论体系”①，而是以语录式的道德格言的直接形式表达了出来，强调了仁德的社会美的教化功能，这充分体现了孔子对社会美教化功能的深刻认识及重视。结合当时的历史，我们可以发现，孔子之所以强调社会美的教化，意在把当时西周社会强制性的行为准则“礼”通过社会美的教化，转化为人们内心的道德需求，提高为人们生活的自觉理念，从而使社会美德的实现不再是一个牺牲自我的痛苦过程，而是人们人格自我完善和人生价值自我实现的过程。历史事实证明，这种适合民族思维形式、根植于民族道德土壤的学说，经过千百年历史的积淀，已成为我们中华民族精神生活及民族性格的重要组成部分，成为人们自觉或不自觉地处理各种事务和调节各种关系的道德准则，具有强大的生命力，对于解决当今人们精神生活中诸如道德失范、情感失调、心理失衡等带来的不容忽视的问题具有重要意义。

2. 孟子的美育思想

孔子的思想核心是“仁”，孔子以后的学者孟子（约公元前372—前289）也接受

---

① 王晓毅：《孔子思想与现代文明》，中国广播电视出版社，1990年版，第59页。

了孔子“仁”的思想，并以此来思考和阐述自己的美育思想。孟子说，“仁言不如仁声之入人深也”（《孟子·尽心上》），“充实之谓美”（《孟子·尽心下》）。“美”是“充实”，就是只有把仁义礼智的道德原则扩充到人的容貌、形色、行为诸方面，才能成为美的人物。孟子不但重视个体人格的道德修养，而且十分强调个体的情感和意志的力量。孟子美育思想中的理想人格，是为自己坚信的真理而斗争、绝不向邪恶势力低头、绝不向艰难困苦屈服的人格，这种人格是在艰苦磨炼下才具备的。

3. 荀子的美育思想

继孟子之后的荀子（约公元前313—前238）认为，文艺具有巨大的感人力量，可以“大齐天下”“美政”“美俗”“美人”。他在著作《乐论》中说：“夫乐者，乐也，人情之所必不勉也，故人不能无乐”，“夫声乐之入人也深，其化人也速”。这些观点为塑造中华民族美的心理结构，起了极其重要的作用。在《劝学》中，他提出“君子”修养的说法：“君子知夫不全不粹之不足以为美也。”意思是，只有以“全粹”的标准来加强学习，掌握大量文化知识，不断提高品德修养，才能成为美的人物。

由于儒家思想在我国长达两千多年的封建社会中占有主导地位，因此，以孔子为代表所开创的美育思想，经孟子续其绪，荀子集其成，形成了思想独特、理论完整、影响巨大的古代儒家美育思想。

（二）中国近代美育思想

1. 王国维的美育思想

近代中国，第一次将美育置于教育学角度论述的是著名学者、思想家王国维（1877—1927）。首先，王国维将美育与德育、智育、体育相提并论，明确提出美育是培养完全之人物所不可缺少的一项重要内容。他论证道：“教育之事亦分为三部：智育、德育（即意志）、美育（即情育）是也……完全之教育，不可不备此三者。”其次，王国维对美育的性质和功能有精辟的论述。他认为，美育以调和“人的感情，使人的感情发达，以达完美之域”。因而他说，美育即情育是也。王国维还突出强调了美育的作用，认为美育的独特功能在于，美育是“德育与智育之手段”，说明了美育与德育和智育的联系。最后，王国维指出美育的主要手段是文学艺术，认为艺术“最神圣”“最尊贵”，可以像宗教那样深深地影响人们的精神世界。他说小学音乐课的目的，一可调和其感情，二可陶冶其意志，三可练习其聪明官及发声器。王国维充分肯定了美育对于人的思想感情和道德品格的陶冶作用，对美育的性质、目的、方法做了全面论述，这是很值得我们重视的。

2. 蔡元培的美育思想

辛亥革命后，明确地将美育列入教育方针，更全面、深刻地论述美育、提倡美育的是蔡元培（1868—1940）。他的美育思想主要有四方面内容：

第一，将美育纳入教育方针，这是中国教育史上的创举。蔡元培于1912年2月在《对于教育方针之意见》一文中，提出了包括美育在内的国民教育宗旨。后来，他又将自己的新式教育方针总结为德育、智育、体育、美育四个方面。他认为普通教育的宗旨，一是养成健全的人格，二是发展共和的精神。“所谓健全的人格，内分四育，即（一）体育，（二）智育，（三）德育，（四）美育。”① 他说，过去将美育包括在德育里，现在之所以把美育特别提出来，与体、智、德并为四育，是为了要特别警醒社会。

第二，阐述了美育的定义。他指出：美育者，应用美学理论于教育，以陶养感情为目的者也。

第三，提出了著名的“以美育代宗教说”。

第四，提出了实施美育的方案。方案的内容包括：① 美育起点——建立胎教院和育婴院。② 学校美育，分普通美育和专门美育。普通美育指幼稚园设舞蹈、唱歌、手工等课程，中小学设立音乐、图画、运动、文学等课程，其他学科，如数学、物理、化学、天文、地理、植物、动物等，也可利用其“含有美育之原素”进行美育。专门美育指各种专门的艺术学校，或文学艺术专业，受专门美育的，要承担社会美育的任务。③ 社会美育。有两个方面，一是设立美育机构，如美术馆、美术展览会、音乐会、剧院、景戏馆、历史博物馆、古生物陈列所、人类学博物馆、植物园、动物园等。二是美化环境，如道路、建筑、公园、名胜的布置和古迹的保存等。总之，美育应普及于全社会、全民，贯通于每个人的一生。

蔡元培作为教育家，又深通美学，他的美育思想，在深度和广度方面，超过了中国历史上任何一位学者。蔡元培的美育思想，无疑是我国美学史、教育史上的一份极其珍贵的文化遗产。

近代中国，赞成和提倡美育的，还有鲁迅、梁启超等人。他们虽然没有像王国维、蔡元培那样撰写倡导美育的专题论文，涉及美育的思想是零散的，但他们都是坚定的美育论者。梁启超在他的论著中特别强调了情感的陶冶作用，并提出把情感教育放在第一位，首次在中国提出了“趣味教育”的概念。鲁迅曾热忱支持蔡元培倡导美育。他在所写的《摩罗诗力说》中极力推崇“精神界之战士”的艺术“美伟强力”，认为可以影响人的性情和思想，其最终目的可以引达到社会的变革。1930 年前后鲁迅翻译的卢那察尔斯基的《艺术论》和普列汉诺夫的《没有地址的信》，不仅促进了马克思主义的美学思想在中国的传播，而且为后来人们从历史唯物主义角度去理解美育开拓了思路。

第四节　美育和德育、智育、体育的关系与区别

改革开放以来，我国学校的美育工作取得了很好的成绩。1999 年中共中央、国务

① 蔡元培：《蔡元培教育文选》，人民教育出版社，1980 年版，第 116 页。

院颁布的《关于深化教育改革　全面推进素质教育的决定》中指出："实施素质教育，必须把德育、智育、体育、美育等有机地统一在教育活动的各个环节中。"2020 年 10 月 15 日，中共中央办公厅、国务院办公厅印发《关于全面加强和改进新时代学校美育工作的意见》，明确要求要"把美育纳入各级各类学校人才培养全过程，贯穿学校教育各学段，培养德智体美劳全面发展的社会主义建设者和接班人"。但是，由于种种原因，美育至今仍是一些学校教育中相对薄弱的环节，这与有些教育工作者对美育的认识不足有关。有人认为，在德育、智育、体育中包含有美育的成分，美育可以不必另提，这可以说是一种很有代表性的错误观点。德育、智育、体育中当然包含美育的内容，因为德、智、体、美本来就是一个整体，它们相互联系、相互渗透、相互作用，但是，绝不能因为德育、智育、体育中包含有美育的成分，因而就可以不必另提美育。正像美育中也会包含有德育、智育、体育某些内容一样，但美育也不能代替德育、智育、体育，它们各有自己特定的内涵与功能。我国近代教育界的元老蔡元培先生说过，凡是学校所有的课程都没有与美育无关的。事实的确如此，美可以辅德、美可以促智、美可以健体，这是被无数次的教学实践所证实过的。美育以美育人，针对的是整个的人，而不是人的某一方面，而且，美育的途径是"寓教于乐"，这些都与其他教育有很大的不同。用"包含"来否定美育学科的独立性与重要性，这不仅在理论上站不住脚，而且在实践上更是有害的。因此，我们有必要搞清楚美育和德育、智育、体育的关系。

一、美育与德育的关系与区别

德育和美育，同是社会主义教育体系中的两个重要组成部分，但两者有联系又有区别。

（一）美育与德育的关系

德育旨在塑造受教育者的政治思想和道德品质，美育则主要培养受教育者的审美观点和审美能力。德育和美育之间又有着相互影响、相互渗透、相互作用的辩证关系，"德"是"美"的灵魂，"美"能促进"德"的养成。

一方面从个体角度看，道德状态是从审美状态发展而来的，道德修养是建立在审美的基础之上的。美育作为德育的必要前提，同时也内在地包含着德育的因素。美育使人的心灵达到和谐，通过在个体心灵中培养起一种明晰的形式秩序感，为道德意志和理智的发展打下必要的基础。美育对德育的实施起着积极的促进作用。借助于审美情感体验的机制，可以使人从内心真诚地、自发地实现道德的善，使得道德人格的塑造不仅仅限于理智与意志的范围，而且扩展到感觉和情感的领域。

另一方面，美育常常与德育联系在一起。德育形成正确的立场观点，提高思想政治水平，是正确的审美观形成的基础之一，而美育则是进行德育的有效手段。从伦理学观点看，美是一种善；从美学观点看，善是一种美。"善"的道德观念可以构成美的内容。康德认为，美是情感知识与道德的桥梁。在实施美育的过程中，道德观念是起着重要作用的。俄国文艺理论家别林斯基曾讲过，无论在哪种情况下，美都是从灵魂深处发出的，因为大自然的景象不可能具有绝对的美，美是隐藏在创造或者观察它们的那个人的灵魂里的。这说明，美的体验是人的主观和客观的统一。一个人如何理解、感受和体验美与丑、高尚与卑劣，在很大程度上取决于道德水平。同样，在道德教育实施的过程中，美育以生动具体的形象寓教于美，寓教于乐，从而不断影响感情，丰富感情，提高认识。这不仅促进了德育过程的体现，而且也使德育在美感基础上不断得到深化，形成道德观念。在德育中，关于社会主义、共产主义的崇高理想教育，关于爱国主义、国际主义和集体主义教育，关于“爱国守法、明礼诚信、团结友善、勤俭自强、敬业奉献”的公民道德规范的实施，都包含着美育的重要成分，体现着对人们进行社会生活美、心灵美、行为美的教育。

（二）美育和德育的区别

首先，就本质而言，德育是关于道德理性和道德能力的教育，美育是关于审美感受和审美能力的教育。

在一定的社会里，道德受当时的政治思想、价值观念和政治需要的制约，有其固定的标准和确定的内涵，所以德育就是要使学生对其在道德上认同，在行为上规范，进而使维护和弘扬这种道德精神成为人的自觉和能力。德育的意义在于结果，没有这个结果，一切过程都是徒劳，一切努力都归于失败。而美育则不然。美育的意义在于过程，因为美育的过程就是使学生走进美的境界，去寻求、去感悟、去陶醉的过程，有了这个过程，就实现了审美感受和审美能力的教育。至于学生在美的境界中走向哪里，走到哪里，从何处获得体验，获得了何种体验，并不十分重要，也不必有固定的指标。

其次，就特点而论，德育遵从规范，要人接受制约，循规蹈矩；美育崇尚自由，要人冲破一切精神枷锁，获得彻底解放。

这是因为一定社会的主流道德显示整个社会的主流意志，具有不以个人意志为转移的客观性，它讲究的是统一和规范，而任何统一和规范只能是对美的扼杀。美不受任何强制和约束。美的生命来自审美客体的奇特和审美主体的个性。美感不是一成不变的，而是因人而异、不断发展的，有着极强的主观性。美感可以瞬息即逝，也可以超越时空成为永恒。自然、社会、人生、艺术都可以成为审美对象。总之，美的内容极其丰富，而德育的内容相对单一稳定；美育使人返璞归真，使人走向自由幸福，德育则使人得到不断修正，肩负道义和责任。

再者，就目的来讲，德育有着不可也无须掩饰的功利性，而美育则是超功利的。

在阶级社会和存在阶级的社会主义社会，处于主导地位的道德都是统治阶级的道德，而学校教育就是以贯彻这种道德为使命，并为一定政治需要而实施的。作为德育施行者的教师，对其唯有护卫和传播之职，而绝无破坏或违背之权。而美育则不然。美育的本质是培育感受美、追求美的精神和能力，不带有一点实用主义的影子。美育不是要培养美学家或艺术家，也不是教人用美的尺度去核算出对象的实用价值。美育的成功恰恰显示在使人摆脱功利，达到超凡脱俗的境界，精神得到彻底的净化和滋养。

最后，就方法来说，德育以理服人，常借助榜样的力量，是理性的传播；而美育则靠诱发感悟，着力开发学生个性的潜能，是情感的呼唤。

这是因为道德是理性的，是头脑的产物，可以论证，可以说服，可以注入，可以与时变换；而审美则是感性的，是心灵的体验，是充满个性的感受，是审美主体与客体交流时情感的共鸣，美到极处常是说不清道不明的。美育所能做、所应做的，是调动各种手段去选择审美对象，创设审美氛围，提供审美角度，介绍审美方法，揭示审美对象的基本意蕴，等等，以期帮助学生走入美的境界，获得美的感受，产生追求美、创造美的激情和能力。

二、美育与智育的关系与区别

（一）美育与智育的关系

人的认知能力与审美能力的相互关联、相互促进决定了美育与智育之间存在着必然的联系。

1. 智育是美育的基础

智育作为美育的基础，体现在两个方面。首先，没有智育，也就无法进行美育。美育是离不开智育的。这是因为，一个人如果既不认识字，又不了解天文地理、风土人情，不了解历史，也没有一点自然科学的知识，就不可能进行审美；如果对美学、哲学、心理学、社会学和文学艺术，没有一点基本的知识，就很难弄懂关于美育的基本常识。如果一所学校智育抓得好，学生的知识基础牢，接受能力、理解能力比较强，美育也就有了坚实的基础，文学、音乐、绘画、书法等艺术的欣赏和创作活动也容易开展起来，并能取得较好的成果。其次，智力是构成一个人审美能力的重要因素之一。一个人的审美能力，是由多方面因素构成的，智力就是一个最重要的因素。一个智力很低的人，审美能力相对也会较差。

2. 美育对智育具有促进作用

首先，美育能培养学习兴趣，增长知识。在智育中，蕴含着深刻而又丰富的审美内容。例如，数学中的各种几何图形，各种抛物线、双曲线和波浪线；物理实验中的机械运动，闪亮的电火花；化学实验中美丽的火焰、试剂色彩的变化；语言文学中艺术形象的塑造，情景交融的描绘，鲜明、生动而富有节奏和意味的语言艺术；天文学家眼中的日月星辰；动物学家眼中的细胞；植物学家眼中的草木；等等，都具有美的魅力。浓厚的学习兴趣正是在这种特殊的美感中产生的。美不仅能培养人的学习兴趣，而且还能增长人的知识，开发人的智力。例如，观察自然，可以使观察者领略海市蜃楼的变幻、高山大瀑的壮美，从而获得关于天文、地理、历史等方面的知识；欣赏音乐，陶醉于优美的旋律，从而使想象力丰富和活跃起来；阅读名著，可以使阅读者懂得它的结构艺术美，了解到其反映的政治、经济、文化、教育、法律、道德、宗教、家庭、婚姻等多方面的知识。

其次，美育对于促进创造性思维能力的发展具有不可低估的作用。大物理学家爱因斯坦在科学研究中遇到困难时，常常是拉一段小提琴或弹奏一段钢琴，往往在演奏的过程中找到灵感。音乐与幻想促进了相对论的诞生。我国著名的科学家钱学森说他的创造发明一半要归功于他的妻子，因为他的许多创造灵感是在欣赏妻子弹奏曲子的时候产生的。其他形式的审美活动也同样会起这样的效果。我国古代流传着关于“千里眼”“顺风耳”“嫦娥奔月”之类的神话传说，这些都是前人对大自然的美妙幻想。但正是这些美妙的幻想，启发了后人去实现天文望远镜、无线电通信和登月宇宙飞船等的发明创造。可见，美育可以发展和培养敏锐的观察力、丰富的想象力、非凡的创造力。

（二）美育与智育的区别

1. 目的不同

智育是促进认识的教育，包括知识的积累和智力的发展。美育则是情感教育，旨在培养人的审美能力，以个体情感的表现和升华为主要目的。

2. 过程不同

智育的过程是知识的教学过程，是以概念-逻辑为特征的知识体系如公式、定理、概念、定义、法则及判断和推理过程等为教育内容。美育则主要是一个培养审美能力，使人的情感得到表现和升华的过程，主要以形式-情感为特征的审美对象为教育内容。

3. 性质不同

智育本质上是由外向内的输入，缺乏内在的自发性。美育则总是在适应着不同年龄水平上的情感生活需要，把知识的传授和能力的培养和与个体生命的发展内在地联系起来，满足了个体生命发展的要求。

4. 思维方式不同

美育离不开感性形象，而智育则以逻辑思维能力为核心。

三、美育与体育的关系与区别

如果说美育与德育的关系是美与善的结合，美育与智育的关系是美与真的结合，那么美育与体育的关系就是美与健的结合。体育的目的在于锻炼以提高人们的身体素质，增进人们的健康水平。在体育中，运动健儿们精湛的技巧、矫健的形体、勇敢善战的精神，无一不闪烁着美的光辉。

（一）美育与体育的关系

从本质上来看，体育是以增强体质、提高运动水平、丰富文化生活为目的的一种社会实践活动，是为人的体力与智力和谐发展、才能志趣和审美能力充分发展而服务的一种过程。体育能从形态和机能上完善人的身体，使其日益健美；体育运动能给人带来良好情绪，并产生美感。体育美学已成为美学的一个分支，体育与美育是一对孪生体，密不可分。

此外，体育需要美，体育作为一种较为复杂的社会文化现象，它的发展离不开美，因为体育是人们朝气蓬勃的生活中不可缺少的部分，体育场已成为人们审美活动的重要场所，已成为一块人们感受美、理解美、鉴赏美和创造美的独特而富有魅力的沃土。

（二）美育与体育的区别

美育与体育的主要差别在于二者之间的教育基础不同。美育属于精神意识教育，体育属于生理体质的教育。

复习思考题

1. 什么是美育?
2. 简述孔子的美育思想表现在哪几个方面。
3. 简述美育的基本任务。
4. 谈谈美育的特点。
5. 试述美育和德育、智育、体育的关系。

第二章 认识美

爱美之心人皆有之。美的世界令人神往，美的事物人人喜爱，无论是风光旖旎的自然美，还是震撼人心的社会美，抑或是千姿百态的艺术美，都给我们以美的享受。

但是，美究竟是什么？美究竟源于何处？美存在于哪些领域？美有哪些特征？美的常见形态有哪些？这些都是审美教育必须首先要搞清楚的问题。只有认真研究了这些问题，我们才能在美的世界里更好地发现美、认识美、感受美、创造美。

第一节　美的探索

我们曾被“五岳归来不看山，黄山归来不看岳”的黄山陶醉过，曾被董存瑞舍身炸碉堡、张海迪身残志不残、陈嘉庚毁家办学校的事迹感动过，也曾被贝多芬的《命运交响曲》、张艺谋的《印象刘三姐》震撼过，然而，如果问美是什么，恐怕我们也很难用一两句话将其表述清楚。中外许多著名哲学家、美学家都曾下功夫试图给“什么是美”下一个准确的定义，然而至今没有一个公认的确切而完美的答案。关于“什么是美”，西方影响较大的观点有以下几种。

1. 毕达哥拉斯："美是和谐"

毕达哥拉斯（约公元前580—前500），古希腊著名的哲学家、数学家、天文学家。在世界美学史上，毕达哥拉斯最早提出了"美是和谐"这个古老的美学命题，从而开创了毕达哥拉斯美学学派。据说，毕达哥拉斯有一次走过铁匠铺，从铁匠打铁时发出的谐音得到启发，比较了发出谐音的铁锤的重量比率关系。继之，他又在琴弦上实验，发现谐音与琴弦的长度（或负重）的比率有关，最后找出了八度、五度、四度音程。由于这个故事，在科学史上毕达哥拉斯的做法被认为是西方所记载的最早的一次在经验观察基础上进行的简单科学实验。在音乐史上毕达哥拉斯被认为是科学的声学理论奠基人，而在美学史上毕达哥拉斯则被认为提出了"美是和谐"的美学命题。"美是和谐"的命题认为宇宙是按着数的和谐规律运动的，同时给美赋予了数的含义，以至于后来的众多的科学家都相信自然界是按着和谐优美的数学方式设计的。毕达哥拉斯有句名言：凡是美的东西都具有一个共同特征，这就是部分与部分之间，以及整体之间固有的协调一致。在毕达哥拉斯学派"美是和谐"这一命题的启发和引导下，"毕达哥拉斯定理"（直角三角形斜边的平方等于其他两边平方的和）和"黄金分割律"被广泛运用于古希腊的建筑、雕刻、绘画等其他艺术门类中，以确定美的标准。

在美学史上，毕达哥拉斯被称为西方第一位美学家，他和他的门徒最早涉足了美学领域中的一些问题。理所当然，他们在美学史上也占有肇始者的地位。

2. 柏拉图："美是理念"

柏拉图（公元前427—前347），古希腊最著名的客观唯心论哲学家和思想家，西方哲学史上第一个使客观唯心论哲学形成体系化的人。柏拉图在他早年所写的《大希庇阿斯》中借希庇阿斯和苏格拉底之口，系统地讨论了"美是什么"的问题，得出结论："美是难的。"晚年的柏拉图，哲学思想和美学思想日臻成熟，在这一时期所写的《会饮篇》《理想国》《菲多篇》等对话中，他明确提出了"美是理念"的观点，回答了他早年提出的"美是什么"的问题，建立了他的本体论美学。他的基本观点是：美是理念，个别事物之所以美，是因为"分有"或"摹仿"了美的理念。他在《菲多篇》中说："如果有人告诉我，一个东西之所以是美的，乃是因为它有美丽的色彩或形式等等，我将置之不理。因为这些足以使我感觉混乱。我要简单明了地，或者简直是愚蠢地坚持这一点，那就是说，一个东西之所以是美的，乃是因为美本身出现于它之上或者为它所'分有'，不管它是怎样出来的或者是怎样被'分有'的。……美的东西之所以是美的，乃是由美本身。"在柏拉图看来，人世间的具体的美的事物，如美的花、美的人、美的画，是多样的、易变的、相对的，它们又美又丑，不是真实的、绝对的，只有上界的美的理念才是美本身。柏拉图讲的"美本身"，实际上就是美的理念。他在《理想国》中说："我们经常用一个理念来统摄杂多的同名的个别事物，每一类杂多的个别事物各有一个理念。"在柏拉图看来，美的本质就是理念，只有美的理念才是"美本身"，才是真正的美、永恒的美。

柏拉图在探讨美的本质时，对“美本身”和具体美的事物做了区别，认为美的本质并不等于具体的美的事物，他对美的个别和一般、现象和本质之间关系的看法，包含着辩证的因素，这无论对当时还是现在都有重大的意义。但是，柏拉图把“美是什么”与“理念论”结合起来，不是从事物的感性形式上寻求美的根源，而是认为美的理念才是事物的美的根源、源泉，这就将对美的本质的探讨从感性形式转向了理性内容，从感性直观的方法转变到抽象思辨的方法，使抽象的思想概念成为具体的物质世界的创造者。这就颠倒了物质和意识的关系，陷入了唯心主义的泥坑。

3. 狄德罗：“美在关系”

狄德罗（1713—1784），18世纪法国卓越的启蒙思想家，著名的《百科全书》的组织者和主编。关于“美是什么”，狄德罗本人做过不少探索，有过不同论述。他曾说过，“美只是形式”，“美只是真，是被可能的环境提高了的真，是稀有的和奇异的”，等等。但是在写《关于美的根源及其本质的哲学探讨》一文时，狄德罗在批判唯心主义美学理论的基础上，提出了“美在关系”的观点。他举了高乃依的剧本《贺拉斯》里一句台词“让他死吧”这句话，以之为例来说明孤立地看这句话无所谓美丑，而只有把它放在一定的关系中才见其美丑。如果明确了这句话指的是一场壮烈的战斗，则关系较前者明确，意义也随之增加。如果再进一步指出这是一场关系到祖国荣誉的战斗，是一位老人在他的两个儿子已战死沙场，剩下的唯一儿子又要重上战场并同三个劲敌周旋时说的，那你就会感到这句话是何等壮烈动人、正义凛然。于此可见，随着这句话与特定情景的关系的不断揭示，它的美的含义也不断递增。很显然，在狄德罗的美学观中，“美”并非是孤立而静止的，它的含义在不同的情况下不断演变、不断延伸。在《关于美的根源及其本质的哲学探讨》中，他多次提道：“美总是随着关系而产生，而增长，而变化，而衰退，而消失。”“关系”一词在狄德罗那里是一个重要的概念，它被认为是称为美的一切物体所共有的品质，其自身是客观存在于事物中并且能为人的悟性所唤起、所觉察的。通过其在《关于美的根源及其本质的哲学探讨》中的论述可知，狄德罗将“关系”分为客观事物本身的内在关系、事物本身与其他事物之间的客观关系、人与事物之间的关系三种，基于“美在关系”这个论点，“美”由于“关系”之不同而又分为三个不同的层次。

狄德罗是法国启蒙主义美学的最集中的代表者，他的美学思想体系具有唯物辩证法的最初的表述形式，代表着18世纪西方美学的最高水平，但由于他的认识论是离开实践的直观反映论，他依然陷入了美的客观性与主观性的悖论之中。然而，他毕竟较早地意识到了美与人及其生活的关系，而且始终坚持在美的客观性基础上来看待美与人的相关性，这样就在认识论的范围内比较辩证地解决了美的客观性和美感是客观美在人们意识之中的反映问题。他把唯物主义哲学观中的“整体”观念植入了美学领域，提出了“个体”与“整体”辩证联系的美学观念，认为有些东西本身无所谓美丑，只是处在一定的环境或事物的关系中才能显示其意义；把对美的性质的探讨范围，由古罗马的贺拉斯、中世纪的奥古斯丁，乃至法国新古典主义时期的布洛瓦对美的本质仅局限于审美客体形式方面的探讨推进到了对社会内容和精神生活的研究，将过去把美当成某种单一的现象研究，推广到从自然和社会生活中各种相互的关系中来理解美；更重要的是，他的“美在关系”说已经开始注意到了美的本质中的人的主体因素。这些是“美在关系”说的贡献。

4. 黑格尔：“美是理念的感性显现”

黑格尔（1770—1831），19世纪德国古典哲学家，客观唯心主义者。黑格尔的美学思想主要反映在他的《美学讲演录》一书中，这是他整个哲学体系的一个组成部分，也是他的哲学体系在美学和艺术领域中的具体表现。“美是理念的感性显现”这一关于美的概念的命题，是黑格尔美学的一个中心论题。为了探究美的本质，他重点分析批判了柏拉图、18世纪英国经验派和德国理性派、康德、歌德、席勒等人的美学观点，并在此基础上提出了他的美的定义。他写道：“美就是理念，所以从一方面看，美与真是一回事。这就是说，美本身必须是真的。但从另一方面看，说的更严格一点，真与美却是有分别的。说理念是真的，就是说它作为理念，是符合它的自在本质与普遍性的，而且是作为符合自在本质与普遍性的东西来思考的。所以作为思考对象的不是理念的感性的外在的存在，而是这种外在存在里面的普遍性的理念。真，就它是真的来说，也是存在着。当真在它的这种外在存在中是直接呈现于意识，而且它的概念是直接和它的外在现象处于统一体时，理念就不仅是真的，而且是美的了。美因此可以下这样的定义：美就是理念的感性显现。”显然，黑格尔对美所下的定义，是他在批判地吸收柏拉图、康德、席勒和歌德等人的有关思想，并在他的辩证唯心哲学基础上加以发展的结果。他的功绩在于克服了前人思想的片面性，对美的本质问题达到了深刻而辩证的理解。因此，这个定义可以说是此前西方美学关于美的学说的一个总结。黑格尔把美看成是理念，认为现实世界是从理念世界派生出来的，只有理念是真实的，美才是真的。但是，单纯是真实的理念还不美，还要理念直接呈现于客观现实的外在形象中，显现为感性的形象，成为我们感官感知的对象，这时理念就不仅是真的，而且是美的。因此，美一方面是理念，另一方面还必须是理念的感性显现。

在黑格尔看来，理念就是最高的真实。艺术的特性就在于，它并不是抽象地表现理念这一内容，而是通过具体的感性形象加以直接表现，因此，美的本质也就在于它形象地以感性的形式显现出理念的客观内容。这样，黑格尔就把理性与感性辩证地统一起来，并在此基础上实现了内容与形式的统一、主观与客观的统一。值得注意的是，黑格尔在阐明二者统一时把人类的实践活动作为联系这种辩证统一的纽带，即人类通过把他们“内在的”理念转化为“外在的”现实，从而在认识、改造对象的同时，也认识、改造了其自身。在这里，黑格尔看到了实践对美的生成作用，这在当时的历史时代中，无疑是极其难能可贵的。然而，由于客观唯心主义世界观的限制，黑格尔并没有在真正意义上，把理性与感性统一起来，尽管如此，黑格尔及其美学思想在西方美学史的发展过程中，仍然起到了划时代的作用，成为古典美学的集大成者。

5. 车尔尼雪夫斯基："美是生活"

车尔尼雪夫斯基（1828—1889），俄国哲学家、文学批评家，19 世纪 60 年代俄国革命民主主义运动的领袖。车尔尼雪夫斯基根据"着重现实生活，不信先验假设"的思想原则，于 19 世纪 50 年代，在学位论文《生活与美学》中最先提出了"美是生活"的定义。他认为，人心中所唤起的感觉，是类似我们在亲爱的人面前时洋溢于心中的那种愉悦。又认为，任何事物，我们在那里面看得见依照我们的理解应当如此的生活，那就是美的；任何东西，凡是显示出生活或使我们想起生活的，那就是美的。在"美是生活"这个美学判断中，车尔尼雪夫斯基坚持美及艺术都来源于现实生活，而非黑格尔所认为的"美是理念的感性显现"；在艺术与现实的审美关系问题上，强调现实美高于艺术美，认为美的本质在于生活，美就是生活本身。车尔尼雪夫斯基把美与生活联系在一起，并把生活中的美当成美学研究的主要对象，认为美包含着一种可爱的、为我们所宝贵的东西，强调美的社会性，将美学研究从虚幻的理念世界引向现实世界，把生活引入美学研究园地，使美学对象的研究前进了一大步。显然，这是唯物主义观点，是一大贡献，有其一定的进步意义。但是，"美是生活"的美学命题虽符合生活的常识，却不符合生活的辩证法。首先，生活中有美有丑，不能简单地把一切生活都看成是美的；其次，"美是生活"的讲法是存在矛盾的；再次，主观的喜欢和生活上的满足成了它在理论上的两根支柱，极易滑到主观唯心主义与庸俗生理学的泥潭。同时，片面地认为艺术美低于生活美，缺乏对美的真谛的辩证理解。

上述观点都在一定程度上对美的本质问题进行了有价值的探讨，能给人们以启示，但都未能给予圆满解答，因而也就不可能真正科学地揭示美的本质。正如 18 世纪德国艺术史家温克尔曼所说，美是自然的一种最伟大的秘密。那么，怎样才能揭开这个秘密呢？只有在历史唯物主义的基础上，科学地揭示社会生活的本质，才能进一步科学地揭示美的本质。这就是说，只有坚持以马克思主义哲学为指导，从人类改造客观世界的社会实践出发，进行深入具体的探讨，才能最终使美的本质问题获得科学的解答。

第二节　美的本质

当人们流连于山清水秀的大自然之中，或观赏赏心悦目的艺术品时，一种奇妙的美感便会从心中油然而生。然而，山清水秀的大自然也好，赏心悦目的艺术品也罢，这些只属于美的现象，而不是美的本质。美的本质究竟是什么呢？古今中外的哲学家、美学家都探索过它，试图揭开这个谜，但都没有得出令人满意的答案。难怪康德在他的《判断力批判》中说："美是个像谜的东西。"列夫・托尔斯泰也在他的《艺术论》中说："'美'这个词儿的意义在一百五十年间经过成千的学者的讨论竟仍然是一个谜。”然而，随着马克思主义学说的出现，这一千古之“谜”逐渐揭开了神秘的面纱，一些持辩证唯物主义和历史唯物主义哲学观的美学家们，用实践与历史相结合的方法，以马克思主义关于人的本质、劳动的本质的观点及有关美学的一些论说为理论根据，阐述了“美是人的本质力量的对象化”。

“美是人的本质力量的对象化”是马克思在《1844 年经济学哲学手稿》中提出的命题。马克思认为，动物的生命活动是盲目的、无意识的，而人则能将自己的生命活动变成自己的意识和对象。人通过创造性的实践活动，在目的的引导下，充分调动自己的本质力量加工对象，产品就成了人的本质力量与自然物质材料的统一，成了人的本质力量的物化（对象化）和确证，人可以在他所创造的产品上直观自身。正是在“对象化”和直观自身的过程中，人的本质的丰富性才得以不断展开，能感受音乐的耳朵、能感受形式美的眼睛也才产生出来。

如果说美是人的本质力量的对象化，那什么是人的本质呢？人的本质力量又是怎么回事呢？是怎样产生或获得的？何谓“对象化”？经过什么途径被印证、复制、实现、显现在客观世界上的？是什么使人的本质力量得以对象化而成为美的？要真正科学、准确地理解美的本质，就必须先弄清楚美的根源问题。

一、劳动实践是美产生的根源

美的根源何在？马克思主义实践论指出，人类通过劳动实践，在创造世界的同时创造了自己。在《德意志意识形态》《1844 年经济学哲学手稿》《自然辩证法》等论著中，马克思揭示出劳动是人类走出动物界的“第一个历史活动”的事实；《资本论》则阐述了人类在“改变自然时，也就同时改变他自身的自然”的思想；在《劳动在从猿到人转变过程中的作用》等著作中，提出了“劳动创造人”“劳动创造美”等观点。

由此看来，美根源于劳动。马克思主义的一个最基本原理，就是劳动创造世界，创造一切。因此，美也毫不例外是劳动实践创造的。从人类进化发展的历史看，在人类进化发展的最初阶段，人和其他动物一样，是自然的一部分，但是，为了生存，人在实践活动中逐渐进化，手和脑得到了发展，产生了思维和语言。与此同时，其他的感觉器官也得到了发展。这样，人就从自然中分化出来，成了能够对自然进行改造的自然的对立面，成了自然的异化力量，是一种新的族类存在物了。这时候，人才具有了区别于自然的本质力量——活动的自由性和意识性。

劳动实践是人类区别于动物的最显著的标志，是人类所独有的。动物只能消极地适应自然，并且出于本能从自然界获取赖以生存的物质；而人类则可以根据自己的需要，在劳动实践中改造自然，美就是这“自然人化”的结果。远古时代石器使用的发展历程就是美根源于劳动的最好证明。大约 170 万年前的中国“元谋人”，是地球上最早的直立人，其遗址出土的石器只有些修整的痕迹，外观粗糙，不规则。五六十万年前的“北京人”，他们的石器虽然还不定型，但类型已增多。到大约十万年前的“丁村人”，石器不仅多样化，而且已向定型化方向发展，有尖状、球状、橄榄型等。直到约三万年前的山顶洞人，石器已定型化，而且体现了均衡、对称等形式美的规律。石器定型化是最初的形式美形成的标志。从上述石器外形的发展历程来看，原始美是在生产劳动实践中逐渐产生和形成的。生产劳动既贯穿原始美产生的过程中，也是原始美发展的根本动因。我国古代陶器的使用，其烧制技术不断发展，样式、纹饰不断丰富，其审美特征随着时间的推移而愈发明显，也都与生产劳动密切相关。仰韶文化遗址出土的彩陶绘制的飞鸟、游鱼、奔鹿等，都是远古人类在长期劳动实践中对形式美的一些法则逐渐掌握的体现。从石器、陶器的发展历程，我们可以明显地看出，劳动实践既是美产生的根源，也是美发展的根源。

二、如何理解人的本质和人的本质力量

美根源于劳动，那么，什么是人的本质呢？马克思说：“人的本质并不是单个人所固有的抽象物，在其现实性上，它是一切社会关系的总和。”① 这说明人的本质在于人的社会性。人是社会的动物，不是自然界的动物。所以，人类叫“社会”，而动物只能叫“自然界”。人类出现以后，就逐渐组成社会，并且结成许许多多不同的社会关系，诸如血缘关系、亲属关系、朋友关系、同学关系、师生关系及经济关系、伦理关系、政治关系、文化关系、阶级关系等。这些社会关系的总和就构成了特有的质的规定性。人的活动特别是最基本的活动——生产劳动都要在社会关系的制约下进行，人的观念要打上社会关系的烙印。因此，人的本质也可以说就是人在各种社会关系影响下形成的社会属性。

什么是人的本质力量？既然人的本质就是人的社会属性，那么，所谓人的本质力量，简言之，就是人的社会性的力量。人的意识系统包含着认识（知）、感情（情）、意志（意）的心理活动，这三个方面恰好与人本质的三个方面相对应，它们三者分别对应着科学（真）、审美（美）和伦理（善）三大领域实践。人与动物的根本区别在于人会劳动，人的劳动是一种社会性活动，有目的、有意识，是自觉、自由的，不像动物的活动是盲目的，是在本能驱使下进行的。就像马拉车、牛耕田，也只能靠人的驾驭和驱使，否则将无所适从。马克思在《资本论》中说，最蹩脚的建筑师也比最灵巧的蜜蜂高明，因为他在建房之前，头脑中已有了蓝图。而蜜蜂则是无意识的本能活动，千古如斯，不可能有丝毫的创造性。人类的任何生产劳动则是既按照规律又根据目的需要自由、自觉地进行的，体现了人类活动的规律性、意识性、自由性。而所谓规律性，就是人类在实践中对事物的客观规律的掌握和运用，是人类“求真”的本性的表现；所谓意识性，就是人类的实践目的性的表现，是人类的“向善”的本性的表现；所谓自由性，是指人类在长期的自由、自觉地劳动实践中在实现自己的求真的自

① 《马克思恩格斯选集》（第1卷），人民出版社，1995年版，第56页。

由性和向善的意识性的同时，也在追求着、实现着自己“爱美”的本性。这样，就形成了人的“爱美”“求真”“向善”的本性及由此表现出来的智慧、能力、创造性，这就是人的本质力量，这是其他任何动物都不可能具有的。长期以来，在人类进化的过程中，人类就是这样在实践中获得并依靠自己的本质力量改造自然。

三、美是人的本质力量的对象化

人类在长期的劳动实践中形成了爱美、求真、向善的本质力量，那么人类又是如何将其爱美、求真、向善的本质力量对象化的呢？马克思在《1844 年经济学哲学手稿》中阐述了人的对象化的基本含义，而且划分了人的对象化的两种方式：“劳动的对象是人类生活的对象化，人不仅像在意识中那样理智地复现自己，而且能动地、现实地复现自己，从而在他所创造的世界中直观自身。”所谓在意识中复现自己，是指意识领域中精神对象化的方式。人在自己的生命活动中总是自觉地把自己当成主体而同周围世界相对立，必须以自己的全部感觉来感知对象。例如，我们都会欣赏美丽的自然风光，山石树木、河流湖泊、高山草原。当然它们都不是人类实践的产物，而是大自然天然形成的。但是当人的感官作用于它的时候，人就会把自己的情感与之发生联系，通过想象、附会，领略大自然的风景。这时候的自然不再是纯粹的原来意义上的自然了，它们被人化了——在自然身上，表现了人的本质属性。自然的人化实质上就是人的本质力量的对象化，人化了的自然就成为审美对象了。因为人在自己的对象身上，看到了自己的聪明才智，或者说，在对象身上表现了人的本质力量，这时，人在情感上就得到了满足，对象就成为人的审美对象了。人类社会产生前，世界上不存在美与不美的问题，只有人类诞生以后，人的本质力量在自然身上得到了确证，人在自然身上表现了自己的本质力量，这时候，美才产生了。人的社会实践包括认识自然和改造自然，在认识了的自然和改造了的自然身上，都表现了人的本质力量，这些自然就成为审美对象，就具有了美的属性，即自然属性和社会属性。雄伟的山峰、澎湃的海洋，这些自然界中的未经人类改造过的自然景物，为什么美呢？一是因为这些自然物本身具有美的自然属性——色彩、线条、声音等；二是因为这些自然物是人认识了的自然物，它们已经“人化”了，成了人的本质力量的对象。人类改造过的自然，更明显地体现了人的本质力量，人类在这些自然身上，看到了自己的力量。中国人民开凿的大运河，碧波荡漾，一泻千里，很美。就是因为它是“人化”了的自然，是人类的劳动成果，体现着人们爱美、求真、向善的本质力量及由此产生的无比的智慧、崇高的理想、坚强的意志和充沛的热情。

因此，所谓“对象化”，是指将人类自觉的、有意识的能动创造的本质“物化”“现实化”到客观现实世界中去，使客观现实世界以其感性形式体现，显示人的本质力量，铭铸人的本质力量的印痕，由此客观现实世界成为体现人的自身本质的对象世界，成为人可以由彼而观照自身的对象世界。这种对象化就是马克思讲的“自然的人化”，也就是自然世界不再是与人冷漠无关或高居人上、压迫和奴役人的自然世界，而是一个可以使人发挥、物化并观照其自身本质力量，可以确证其自身的对象世界。“人的本质力量对象化”或“自然的人化”，实质上就是人和自然的统一、主体和客体的统一、目的与规律的统一、自由与必然的统一、善与真的统一。这种统一就是美的本质所在。

人的本质力量，作为人类所具有的能力的总和，通过物质生产、精神生产等社会实践凝结在对象之中，即对象化了，而且达到了一定的自由境界，于是在人与对象之间就生成了人对现实的审美关系，这种凝结了人的本质力量的、对象化了人的本质力量的对象就生成出美的属性，或者说对象显现了人对现实的审美关系；而人自己在体现了自己的本质力量，即自己所创造的对象世界之中直观到自己的本质力量所产生的快感，或者说人自己感到了人对现实的审美关系显现在自己身上所产生的快感就是美感（审美）。人类就是这样，在长期的物质性的实践活动中，把自己与周围客观世界联系起来，在自己的对象世界上实现自己的目的，展示自己的创造能力，改变客观世界的面貌，确证自己的本质力量。只有如此，客观世界也才可以成为人的对象存在，包纳人的目的，体现人的帮助，显示人的力量，人类掌握真、实现善的能动创造的本质力量才得以在客观现实世界中感性地显现、物化出来，并引发人的愉悦欢畅。这种人化了的“真”、实现了的“善”就具备了审美的价值，这种人的本质力量的对象化就是美。

为什么说人的本质力量的对象化——在某一事物上感性显现就是美呢？因为人类的劳动实践都是按规律有目的地进行的，即合规律合目的的。马克思曾指出：人类能够按照任何物种的尺度来进行生产，并且随时随地都能用内在固有的尺度来衡量对象，所以人也按照美的规律塑造。这里所说的“物种的尺度”，指物种特有的客观规律性，“内在固有的尺度”，指人的主观目的性。例如，钢材制成菜刀，木头制成桌子，这钢材、木头的规律就是“物种的尺度”，菜刀、桌子就是人需要的“内在固有的尺度”。马克思这段话的意思是，人类既能按照任何物种的固有规律又能根据自己的目的需要而进行生产劳动，因此，生产出来的成品也就既能符合规律性——“真”，又符合目的性——“善”，其外形美观大方，内容对人有利、有用、有益，这就是“美”。这种“真”“善”“美”相统一的劳动产品，凝聚着人的智慧、能力，人的本质力量得到感性显现，而人看了这既符合目的需要，又符合客观规律，美观、大方、实用的劳动产品，也就看到了自己的智慧、能力，于是产生一种本质上属于美感的精神愉悦。黑格尔在他的《美学》序论里，举了个耐人寻味的例子：一个小男孩把石头抛在河水里，以惊奇的神色看水中所现的圆圈，觉得这是一个作品，在这作品中他看出自己活动的结果。这个例子说明孩子也会欣赏自己的劳动成果。小孩之所以觉得圆圈是一个作品——美的对象，是因为他看到他的智慧和创造力。普列汉诺夫还举过原始狩猎部落的例子来说明这个问题。他说，原始部落的一些用兽骨制成的装饰品，尽管十分粗糙简陋，但原始人却认为是美的，这并非单单是由于这些东西所特有的色彩和线条的组合，而是由于它们是勇敢、灵巧和有力的标志。也就是说，这些装饰品已不是纯粹的自然物了，它们打上了人类创造性实践的印记，其中渗透了人的爱美、求真、向善的本质力量及由此产生的勇敢、智慧和才能。

长江自古以来是天堑，隔断了南北交通，给人们的生活带来了不便，于是人们梦想在长江上建桥来便捷交通，改善生活。可是由于科技水平不高，经济基础薄弱，在长江上造桥只能是梦想，但这造桥的动机却体现了人的“向善”的本质力量。随着科技的进步、经济的发展，20 世纪 60—70 年代以来，在长江上建桥成为可能。经过科学的选址、精心的设计、严谨的施工，建成了大桥，这造桥的过程就是一个求真的过程，体现了人的“求真”的本质力量。大桥建成，一桥飞架南北，十分壮观，其形式是美的。天堑变通途，它给人们的生活带来了方便，其内容也是美的。造桥的结果是人的爱美、求真、向善的本质力量的辩证统一的结果，体现了人的爱美、求真、向善的本质力量。人们在长江大桥的建造上确证了自己的本质力量，人的爱美、求真、向善的本质力量在长江大桥上得到了体现，于是就产生了美，这就是美的本质。

不仅直接由劳动创造的成品是这样，就是一些没有经过人亲手加工改造过的自然景物，之所以是美的，也是因为它们显示着人的本质力量。如大海、太阳等自然景物，在人类的童年时代，它们是可怕的事物，所以有了精卫填海、后羿射日等神话传说。就拿太阳来说吧，在人类刚出现的时代，原始人类由于认识能力和抗御能力低下，不仅不以太阳为美，而且感到可恶，所以产生了后羿射日的神话。后来随着漫长的劳动实践，人们逐渐认识了太阳的规律性，有能力避开它的不利因素，充分利用它的有利因素，于是又出现了夸父追日的神话。人们喜爱它火红的颜色和圆圆的形状，到后来，红色也就成了象征热烈的颜色，圆形也就成了和谐与美满的象征，“夸父追日”也就成了人们追求光明的比喻，于是，太阳就有了审美价值。可见，太阳之所以成为美的对象，也是人的本质力量对象化的结果。从这个意义上来讲，我们观察、研究人类社会的美和美的现象、规律时，就可以理解那些石制、青铜的工具何以在原始人那里被创造和使用后，竟然能够成为他们感情的寄托物；可以理解人类曾用禽兽的皮、爪、角等来装扮自己，作为威仪、勇武的象征；可以理解人类为什么一开始对自然世界恐惧、仇视、陌生，转而却忘情地歌颂太阳、赞美山河，超脱地欣赏暴风骤雨、深山野林、火山喷发；可以理解先民的巫术礼仪，原始的生殖崇拜，土著的狩猎舞蹈；更可以理解为了人类的美好理想而献身的壮士、英雄、豪杰何以世代为人们所景仰；也就可以理解、欣赏、品味人类独创的艺术作品。正是由于劳动，人们才在自己的生产、生活中创造出无数精美绝伦的艺术珍品，才能够欣赏到李白的诗、齐白石的画、巴尔扎克的小说、莎士比亚的戏剧、罗丹的雕塑和贝多芬的交响乐。所以，当我们在探求美、寻求美的根源、解释美的本质的时候，应该透过历史的烟云看到劳动实践活动的奠基，劳动创造了美，劳动生产是美产生的根源，是人的本质力量对象化的途径。

第三节　美的领域

美的领域，即美的事物存在的领域。我们生活的世界姹紫嫣红，景象万千，安徽的黄山、杭州的西湖、贵阳的黄果树瀑布、钱塘江的潮水，秀外慧中的江南佳丽、重仁蹈义的燕赵豪杰，庄严雄浑的交响曲、轻盈曼妙的天鹅舞，深思冥想的思想者、圣洁优雅的维纳斯，所有这些，都是美。可以说在我们生活的这个世界上，美无处不在，哪儿有生活，哪儿就有美；哪儿有人群，哪儿就能产生美感。这正如车尔尼雪夫斯基所说："任何事物，凡是我们在那里面看得见依照我们的理解应当如此的生活，那就是美的；任何东西，凡是显示出生活或使我们想起生活的，那就是美的。"① 可是对于这些丰富多彩的美，如何进行科学的分类，却很不容易，其分类标准不一而足。一般说来，按照美的事物发生、发展的条件及其性质，可以把美分成自然领域中的美、社会生活中的美、艺术作品中的美三种，简称自然美、社会美、艺术美。

一、自然美

自然美就是自然事物和自然现象所呈现出来的美，如璀璨的繁星、浩瀚的大海、明媚的春光、金色的果实等，它是客观地存在于自然界里的自然景物所显示出来的美。无论是奇特稀有的美妙景观，还是触目皆是的平常风光，都常使人流连忘返，陶醉于美的享受中。

自然之所以美，是由于"自然的人化"。人类改造世界的实践活动，使自然界从与人对立的、具有无限威力的敌对力量，变成对人有益、为人服务的对象，从而也就有了美学意义。如在人类的洪荒时代和交通工具不发达的时代，名山大川只能是阻碍人们生产活动和社会交往的障碍物，很难成为美的对象。愚公移山中的太行山、王屋山就是这样的障碍物。可随着人类对自然界的不断征服，人们不再认为名山大川是阻碍生产与交往之物，相反却认识到了它的峻峭、雄伟、浩瀚、奔腾不息等美的因素，使之在一定程度上成为美的对象，因而产生了许多歌颂名山大川的艺术佳作。时至今日，人们还时常吟诵"会当凌绝顶，一览众山小""君不见黄河之水天上来，奔流到海不复回"等佳句。

人化的自然美不仅包括经过人类实践加工过的自然美，也包括未经人类实践加工过的自然美。

这两类自然美的共同特点都是以形式取胜，它们之间有着十分密切的联系。

首先，经过实践加工过的自然美在一定意义上是未经实践加工过的自然美的实现。如其色彩、声音、形体等客观存在的自然质料，整齐一律、对称均衡、变化统一等客

① 车尔尼雪夫斯基：《生活与美学》，周扬译，人民文学出版社，1959 年版，第 6 页。

观存在的自然规律，生长、发展等客观存在的自然性能等美的潜藏因素，在人们进行社会实践的过程中，由于对自然物的改造和利用，这些美的潜藏因素就在人和对象的关系当中得到显现。并且，人们从感受这种美的过程中，又逐渐获得和积累了审美经验。其次，人们凭借着一定的审美经验，还可以能动地发现未经实践改造或者根本无从进行改造的自然美，如地下溶洞、银河星系等。

同时，两类自然美之间又有着显著的区别。

经过实践加工的自然美打下了劳动创造的印迹，是人类智慧的结晶，在符合自然规律的前提下，同时实现着人们合目的性的要求。因此，这类自然物最先是转化为社会财富，并且以它的形式特征来标志着人的劳动创造，从而引起人的审美欲望，成为观照的对象。这是一种人化的自然，带有社会化的某种属性。未经过人类实践加工的自然美，如长虹落日、瀚海潮涌等自然景物，虽然未被人直接加工过，但它是整个自然的一部分，而整个自然又正处于“人化”的过程中，那么，它们必然与人类生活发生这样或那样的关系，所以，这些自然景物仍然是自然美的组成部分。

自然美的审美对象在人类社会以前就存在了，这些对象不依赖于人而存在，这些对象都未经人类实践活动的改造，是自然的创造物。当然不可否认的是，这些审美对象虽然早就存在了，但只有有了人以后才有美和美感。因为只有人才能成为审美主体，才有美感。与那些不能成为审美对象的自然对象不同的是，这些审美对象虽未经人类实践改造却具有了可以成为审美对象的形式，这些形式符合人的主观目的、思想情感的需要，这正是它们后来成为人类的审美对象的原因。

经过人类改造的自然美，既然打上了劳动的印迹，留着人化的痕迹，也就必然包含了人的合目的性的要求，体现着人的自由自觉的活动。同时，既然是自然美，自然物本身又不能不按照自然规律，以自己物种的特有形式来表现和确证自己，但它的自然形式与社会内容相比，是一种普遍的形式，而内容则是限定的，甚至是朦胧的和抽象的。

没有经过加工的自然美在自然美中占有最广大的领域和具有最多样的形式，它不因社会的变动而消长，也不因人间的沧桑而泯灭。与已经实践加工的自然美相比，它是一种纯然的客观存在，主要以它自身的形式、气质、神韵等给人以美感。就其本身而言，无所谓社会性。

需要指出的是，艺术作品中描写的虚化形式的自然美的社会性，是由艺术作为社会意识形态的社会性所决定的，它与客观存在着的自然美不同质，也不等价。自然物本身并不具有社会精神，只是在艺术作品中人化了，它们本身并没有人化。如“山舞银蛇，原驰蜡象”“万类霜天竞自由”这类原始的自然美主要以其形式和形式关系取胜，没有社会性，也没有自觉的功利。自然美具有独立审美价值的完整形式，它无所谓进步性、正义性和阶级性，其社会性淡薄，这就更突出了自然美是以形式取胜的美的意义。

二、社会美

什么是社会美？我们把存在于社会生活中的人物、事件、社会现象及其相互之间的关系所呈现出来的美叫社会美。凡是有益于人类健康发展，有助于促进、推动社会进步与发展的社会实践、社会事物都具有社会美的性质。社会美首先是物质生产实践的产物，是人类最早认识的审美对象，是最朴素的美。它相对于自然美而言是生活美的另一侧面。社会美由社会生活中人的美和劳动产品的美组成。例如，雷锋助人为乐，张海迪身残志坚，繁华都市上花团锦簇的商品，公交车上给老弱病残人士让座的举动，等等，都会给人带来美的快乐，都属于社会美。

社会美根源于社会实践。它最早是从人类的生产活动中产生的。原始人为了生存、发展，从事原始的生产劳动，面对恶劣的环境，靠打制的粗糙工具与自然抗争，获取生存的权力。原始人正是从生产活动本身及其产品（包括劳动工具）中直观人的伟大的自由创造力量，从而产生欢愉的感情。在私有制条件下，出现了异化劳动，劳动者不是自由地发挥自己的智慧和潜能，而是在精神受压抑、肉体遭摧残的情况下进行劳动创造的，就是在这样的情况下，劳动者仍然创造出了大量表现出社会美的事物，如万里长城、金字塔等。随着人类社会的进步，在社会主义条件下，劳动不再只是谋生的手段，而是自由发挥、自由创造的充分表现，人的个性得到全面充分的发展，人类的实践活动本身必然更加显示出美的光彩。

社会美突出表现在那些作为革命实践主体的先进人物身上。例如，那些在阶级斗争中为了争取人类的进步和解放而英勇战斗的英雄形象，在生产斗争、科学实验中表现出智慧、力量和献身精神的人物形象，都是社会美的重要表现。社会美还表现为实践活动的美，包括人物、事件、场景等生活形象，为实现先进的社会理想所进行的阶级斗争、革命战争、群众运动、现代化建设，为认识宇宙和生命的奥秘所进行的科学实验，以及人类日常生活、友谊、爱情、各种交流活动中的美，都是社会美，都是直接对人的创造的积极肯定。此外社会美还表现为实践成果的美，这主要指劳动产品的美，如长江大桥、密云水库和各种工业品的美。人类的实践成果不仅直接体现了人的需要，而且直接体现了人的创造、智慧和力量。

在社会美中，人是美的中心。物质产品再美，说到底也是人创造的，人的美才是社会美的集中体现。人的美包括外在美（形式美）和内在美（内容美）两个方面。外在美指的是人的相貌、体态、服饰、行为、风度等。内在美指的是人的精神、品质、心灵和情操等。内在美要通过外在美来表现，外在美要受到内在美的制约，人的美是这两者的和谐统一。

人是社会实践的主体，人的美在社会美中占有核心地位。人为万物之灵，人体美是自然美的最高表现形态。人体的自然因素是人体美的基础，但不能把人体美仅仅归结为自然因素。劳动创造了人，人体生理器官的进化是人类在长期劳动中历史地形成的，是受多种社会条件制约的。人的体型、相貌、肤色、肌肉、姿态、气质、风度及人工的修饰、美容，都是人体美的构成要素。人体美要符合比例、对称、均衡、和谐等形式美的规则，同时又要健康、敏捷、充满活力，显示出人的自由本质和内在潜力。人体美具有永久的魅力，最容易引起人们的审美注意，但人体美和行为、风度、语言等构成的全部外在美要受到内在美的制约和影响。内在美又称心灵美、精神美，是一个人内心世界的美。它包括品德、情操、人生观、理想、性格、学识、修养等方面，表现在人的言论、行为之中。例如，符合先进阶级、人民大众的利益和愿望的进步的理想信念，为实现这些理想而献身的精神和行为，爱祖国、爱人民，对爱情、友谊的忠贞，等等，都展示出丰富多彩的心灵美。对于人的美，不同的阶级存在不同的标准。内在美和外在美在具体人物身上的表现十分复杂，但内在的心灵美始终起着决定的作用。人的外在美和内在美具体到某一个人身上，能两全其美当然好，但这样的毕竟是少数。有的人相貌虽美内心却不美，这种人徒具一个外表华丽的包装而已；有的人内心美好外在却不美，或是其貌不扬，或是形体有缺陷，这虽然会给内在美的显现带来一定困难，但也不必为此而抱怨和遗憾。相貌不美，可以通过美好的语言、风度、行为来改善；形体的缺陷，可以通过自我道德的完善来弥补。“诚于中而形于外”，当这些内在美冲破外在的重重阻碍而顽强地表现出来时，就会给人以更强烈的感染力量，内在的和谐就会压倒外在的不和谐。

社会美的特征，首先表现在它与社会实践有直接的联系，具有较为鲜明的社会功利性。社会美以满足人的实践需要的善的内容为突出标志，是合规律性与合目的性的统一。同时，社会美具有历史性，随着社会实践的发展而发展。在不同时代，社会美具有不同的尺度、标准和面貌；社会美记录了主体实践的艰辛历史，凝结了人类历史斗争的痕迹。

在原始社会，社会美的审美价值就是由该事物的功利价值决定的，有用就是美。不仅如此，在人类社会历史发展的过程中，社会美的价值也常常以功利的价值为基础，并且甚至要等到功利价值实现后才最终显示出来。原始人的生产行为、生产工具、生产对象及他们所生产出来的产品是当时社会美的主要形式，艺术创作活动在当时并不存在审美意义。在现代社会，人们的理想、道德、情操及为了实现理想而采取的行动等，也同样是社会美的主要形式。由此可见，社会美是一种以内容取胜的美，它的功利性与正义性、进步性紧密地联系在一起。从它的内容和形式的关系来看，内容越深刻、丰富，形式则越具体。内容具有普遍意义，而形式则不具有普遍意义。这样，就使社会美具有了矿藏的性质。从整体上而言，社会美是取之不尽、用之不竭的；从个体上来说，它又是最粗糙、最分散的，还有待于进一步加工提炼。因此，社会美是艺术美的源泉。

社会美和自然美一起构成生活美，但两者是有区别的。社会美区别于自然美的主要之处就在于它的内容重于形式，高度的社会性内容起着根本作用。自然美则主要美在自然的形式上，如色、形、质、香、节奏、整齐、对称、比例、和谐等。

三、艺术美

什么是艺术美？艺术美就是艺术作品之美，包括艺术作品反映生活的美的内容，适合内容的美的形式，符合形式的美的表现手法，美的手法所塑造的美的形象，等等。如果说社会美和自然美一起构成生活美的话，那么艺术美则是艺术家对现实生活的美的再现，是主观和客观的统一，是内容和形式的统一，是艺术家创造性劳动的结果。

（一）艺术美的特色

1. 艺术美是正面反映生活中的美

艺术美首先是正面反映生活中的美，使人们认识生活，产生美的愉悦，受到深刻的教育。社会美、自然美是客观地存在于人类社会生活之中的，如一片灿烂的晚霞、一种愉快的感情等，每个人都可以发现、体验和欣赏。但是，艺术美却是经过了艺术家的表现的，也就是说，艺术家只有通过表现，才能够把客观现实生活中的社会美和自然美塑造成为艺术形象，因此，艺术美除了具有活生生地再现对象并使人能够感受到某种生活真理的具体生活图画的特点之外，还具有表现美的特征。这是因为，艺术家在再现生活对象的同时，首先就是有选择的（并非所有的生活对象都可以进入某一特定艺术家的创作视野）。其次还要按照自己的审美理想对之进行审美，把自己对生活的态度，对未来的理想，对事物的爱憎，渗透到所再现的对象之中，即通过某一客观的形象来表现艺术家的主观心愿，熔客体与主体为一炉。可以说，任何一部优秀作品，都是再现美和表现美相结合的产物。如巴金的“激流三部曲”《家》《春》《秋》，这是文学史上继《红楼梦》之后又一部记录封建大家族没落史的杰作，作品以“五四运动”所掀起的反帝反封建革命激流必将摧毁一座座封建思想的营垒为总的主题，通过对官僚地主家庭高老太爷一家衰败变迁、分崩离析的真实描绘，揭露了封建家庭的触目惊心的层层黑幕，歌颂了知识青年的最初觉醒和英勇抗争，深刻地反映了中国半殖民地半封建社会彻底崩溃的历史概貌，为旧制度敲响了丧钟，展示了腐朽没落的封建秩序、伦理道德必然死亡，民主的、新生的一代青年正在崛起这样一个重大意义的社会趋向。“激流三部曲”所描写的是具有强烈反封建意义的故事，富有浓烈的感情色彩，曾经激励过几代读者的心。作品在塑造了众多的个性鲜明的人物形象的同时，也表现了作者自己的审美理想和美学评价。如此，读者在欣赏的时候，不仅在思想上受到了深刻的教育，而且也获得了一种美的享受。这也是艺术美优于社会美和自然美的一个显著特色。

2. 艺术美能通过艺术手段化丑为美

艺术美能调动一切艺术手段，把在自然中一般人所谓的“丑”在艺术中能变得非常的美，使人们叹服艺术家们写“活”这些丑类的精美艺术手段，在正反对比中感受到艺术美的价值。客观现实中的美，只以美好的事物、思想和感情为限。至于丑恶的事物、思想和感情等，则不可能是美的。而在艺术美的领域中，不但可以再现这些美好的事物、思想和感情，而且还能够使现实生活中根本就没有什么审美属性的事物成为令人赏心悦目的对象，化丑为美，变腐朽为神奇。当然，现实生活中丑的事物要转化为艺术美是需要一定的条件的，即要通过典型化的途径。只有这样，才有可能使丑的艺术形象引起人们一种否定性的美感，也就是果戈里所说的那种“高贵的反感”。通过这种“高贵的反感”，人们既可以认识到丑，憎恨它们，鞭挞它们，又会产生强烈的心灵震撼，从中吸取善战胜恶的道德力量，更加热爱美好的事物，追求合理的生活。这正是艺术美的力量之所在。

（二）艺术美与生活美的联系与区别

艺术美与生活美既有联系又有区别。

1. 生活美是艺术美的源泉

生活美是第一性的。艺术美是对生活美能动的反映，因此艺术美是第二性的。但是，艺术美又高于生活美，艺术家们反映生活美不是像照镜子那样刻板地、原封不动地自然描摹，而是融进了自己的美学观点、理想和情趣，从而使被反映的生活具有一定的典型性、代表性。如《三国演义》中的诸葛亮的“智”，关云长的“义”，周瑜的“气”，等等，都是典型代表，他们比生活中的任何形象都更具有典型性。艺术美是综合美的形式。这种综合，针对现实关系而言，是能动地、创造性地反映生活；针对主体而言，它能满足人的合目的性的要求，更能满足人的审美需要。它把社会美和自然美集中起来，加以典型化，使它变得非常鲜明和突出，因而更能引起人们的普遍注意。例如，在旧中国，由于三座大山的压迫及经济文化的落后，人民群众一直处于愚昧麻木的状态，但是，这种现象分散在生活当中，并不那么震撼人心。直到鲁迅先生写出《阿 Q 正传》，把这种现象加以典型化，塑造出阿 Q 这个典型的艺术形象，它就开始强烈地震撼着人心，成为反封建、反压迫的一面旗帜，成为唤醒人民大众从麻木状态中清醒过来的一剂良药。悲剧一经艺术家们运用典型化的方法写进作品，其所产生的作用就是不可估量的。这种作用，是社会美和自然美都无法企及的。

2. 艺术美反作用于生活美，推动生活美不断发展

艺术美反作用于生活美主要是通过能动地影响人们的精神世界来进行的。它赞美光明、抨击黑暗，伸张正义、贬斥邪恶，歌颂美、揭露丑，有助于帮助人们树立正确的世界观，即树立正确的审美理想，提高审美能力，培养健康的审美情趣，鼓舞人们为实现美好的理想境界而努力。

3. 与社会美和自然美相比，艺术美具有时间性和空间性的优势

社会美和自然美都受较大的时空局限，很难具备空间流动的自由性和时间流传的永久性。这样，也就不能普遍地为人们所观赏，同时也不能以它的感性存在形式直接保留下来作用于人们。而艺术美可以把我们现实生活中许多美的东西，塑造成为具有普遍意义的美的艺术形象，于是，那些在生活中受到时间和空间限制的，像闪电一样

稍纵即逝的美的事物、美的思想、美的感情等，就可以保存下来，获得空间流传的自由性和时间流传的永久性，这就是艺术美的魅力。再现科学知识的真，表现道德意识的善，将其融化在美的感情的追求中，达到真、善、美的高度统一，这就是艺术美的真谛。

4. 艺术美是社会美和自然美的反映

它来源于现实生活，又高于现实生活，是艺术家创造性劳动的产物和审美理想的实现。它比社会美、自然美更集中，更有典型性，更能强烈地引起人们对于美好事物的向往和对丑恶事物的否定。它是真、善、美三者的和谐统一，正因为如此，艺术美才能够为人们提供真理，成为人们生活的教科书，为促进人类的繁荣和进步发挥着巨大的作用。所以，在美的三大基本形态中，艺术美最能够满足人们的审美需要，当之无愧为美的最高形态。

综上所述，自然美是美的最初形态，社会美是人类最早认识的审美对象，艺术美是自然美和社会美的反映，是美的最高形态。必须指出，美的事物的分类不是绝对的，以人为例，人的身体主要是自然美，如果加上衣着打扮、各种装饰，人就变成了一件艺术品，就产生了艺术美，而其品德、情操、心灵美则属于社会美的范畴。美的事物存在于不同的领域，科学地区分、了解和掌握各种美的事物的形态和内涵，有助于我们对美进行更深入的研究和探索，对于我们提高美的鉴赏能力，开展审美实践，陶冶情操，充实、丰富精神世界，加强社会主义的精神文明建设，培养全面而和谐发展的新人，无疑具有十分重要的意义。

第四节　美的特征

美的特征是指美的特性和品格，是美的现象与美的本质之间的某些相对稳定的、共同的趋向，它是美的本质与美的现象的中介环节。美的特征主要有形象性、客观性、社会性、感染性、功利性。

一、美的形象性

美的形象性是美的基本属性和重要特征。所谓美的形象性，是指美的事物总是以其生动具体的感性形象为主体感官所感知的特性，是以形式因素为主的形式与内容相统一的特性。美作为客观物质的社会存在，它是可感的、具体的、形象的。美的产生与存在都离不开形象。美的事物，无论是现实美还是艺术美，都是借助具体可感的形象来展示其美的风采，即通过由特定的声、光、色、线、形、质等物理因素所构成的感性形式来展示自身的。美直接栖身于事物的表象形式，只有依赖于事物的表象形式才能存在，并且美本身就是人的情感与事物表象的和谐运动，这样事物的表象也就直接成了美的本质构件，因而美具有形象性。离开特定的感性形式，美将无所依傍。美的形象，一方面在于它的内容的社会功利性，即有用、有利、有益于社会生活实践，是对实践的肯定，是一种价值；另一方面在于它的质料和形式的合规律性，如对称、均衡、比例、和谐等。两者的统一构成完整的形象。但美的形式并非仅仅由声、光、色、线、形、质所组成的纯形式，而是与内容有机统一的有意味的感性形式。

自然中有形象，生活中有形象，艺术中有形象，美的形象是合规律性和合目的性统一的形式，但形式与内容的统一在不同对象中表现有所差别。自然美偏重于形式因素所构成的形象美，自然中美的形象，作为合目的性和合规律性相统一的形式，是指体现合目的性和合规律性统一内容的自然规律性形式。社会美偏重于生活内容的形象美，社会中美的形象，作为合规律性和合目的性统一的形式，是指体现合目的性和合规律性统一内容的人类目的性的实践活动及其产品的形式。比如人类生产活动及其产品，是为人类需要和目的服务的，它们应该是合目的性的；它们之所以能满足人类需要，又因为它们符合客观规律，是合规律的。如雷锋的形象之所以高大完美，是因为他全心全意为人民服务，是先进阶级和政党进行的伟大事业过程中涌现出来的模范。这美的形象是通过雷锋“出差一千里，好事做了一火车”等一言一行逐步树立起来的，直接显露了人性发展方向上最美好的东西，显示了共产党人所应有的艰苦奋斗、无私奉献的高贵品质。艺术美的形象与自然美、社会美的形象不同，艺术美的内容与形式有机统一于审美意象，即使抽象艺术也不过是通过变形的形象来展示对生活和生命的感受和理解，它不是现实中客观物质社会存在的形象，而是物态化的形象，是艺术家的审美心理、审美理想物态化的产物，实质上是对自然和社会中美的形象的反映。艺术美的形象是艺术家依据自己的审美理想来精心选择、提炼、加工而成的，它比现实美的形象更集中、更典型。从内容上看，外在的现实生活内容经过艺术家内在心灵生活内容的过滤而物化为客观的艺术美的形象内容。从形式上看，艺术美的形象形式虽然是来自现实美的形象形式，但是这种形式本身不再是直接表现某种现实生活内容的感性形式，而是一种形式美，一种失去对物质功利性直接依存的、积淀着某种意味的形式。因此，艺术美的形象内容和形式统一的反映，是艺术家的心灵创造的，因而能使这观念性内容和形式相互渗透、通体融贯，达到高度和谐的统一。

美作为具体存在的可感性形式，是由审美主体的感官所感觉到的。当我们徜徉于美丽的大自然中，仰望耸立的山峰，俯视奔腾的江河时，当我们漫步月下，吟诵“但愿人长久，千里共婵娟”的佳句时，当我们观赏各种美术作品，聆听美妙的音乐时，我们所受到的最初的刺激，便来自对象由光、色、声、形、质等具体可感性的形式构成的形象。

总之，美的形象性可以使人感受到自身本质力量的自由创造。美的形象性既包括形式因素又包括内容因素，形式与内容相统一，但以形式因素为主，因而其主要反映形式是视觉、听觉和触觉等，而理性思维对于美的形象性的把握也是必不可少的。一般说来，视觉、听觉和触觉主要是感受形式因素的美，如悦目的风景、悦耳的音乐等。理性思维则是把握和理解美的形式与内容相统一的内在美，这个时候，对美的形象性及其反映形式的认识会有个逐渐形成的过程。美的形象性是审美感知和审美创造的前提和结果，它决定着美与审美乃至艺术创造的形象思维特征。

二、美的客观性

美的客观性同样是美的基本属性和特征之一。所谓美的客观性是指审美对象具有的不以主体意志为转移的美的属性，包括美的自然属性和社会属性。具体来说就是：美的事物本身就有美的性质，人的意识可以对美做出各种反映，却不可能抹杀美的性质，不同的人的意识可以对美做出不同的反映，然而事物的美丑是客观存在的。

对美的客观性的理解，有唯物主义客观美论和唯心主义客观美论两种。唯心主义客观美论承认美的客观性，但否认是客观事物本身所固有的，而认为美是人们意识之外的“客观精神”所决定的。唯心主义客观美论是错误的。唯物主义客观美论认为，美的客观性是事物本身所固有的，它不依赖于主体的意识活动却可以被意识活动所反映，美的客观性通过美的事物的自然属性和社会属性来展示自身。自然属性是美的物质载体和形式因素，主要是指美的事物的物理属性及其外部特征。关于美的自然属性，古代美学家就已经注意到并加以分析。社会属性是美的内容所在，主要是指美的事物在特定社会关系和社会活动中的地位及作用，它体现了美的事物与人们生活实践的内在联系。关于美的社会属性，一直到近代才引起一些美学家的注意和研究。以往的美学家割裂自然属性和社会属性的联系，孤立地考察它们，只有马克思主义美学才真正把握了美的客观性。马克思主义美学认为，无论是艺术美还是现实美都具有客观性，美的客观性是美的事物所固有的客观属性，它体现为自然属性与社会属性有机统一于美的事物之中。以杭州西湖为例，西湖之所以为历代名人所喜爱，被中外嘉宾所称道，是因为西湖本身具备了独具魅力的风景等美的性质。西湖的美是客观存在的，并不因为你不去欣赏它，它就消灭了，也就是说你的意识不去反映它，它仍然存在。当然，可能由于个人经历、学识修养、当时心境不同等原因，不能引起某个人产生美感，甚至有人在特定情境下对它产生反感，但是这些人的美感不能作为整体评价西湖美不美的客观标准。事实上，从古到今，观赏西湖风光的游客络绎不绝，而苏堤和白堤，更是把苏东坡和白居易这两位伟大的诗人与西湖永远地联系在了一起，“欲把西湖比西子，淡妆浓抹总相宜”，“最爱湖东行不足，绿杨阴里白沙堤”至今常为人吟咏，是西湖自然属性与社会属性有机统一的最好例证。又如，我国古代白话小说中常用来形容美女的沉鱼、落雁、闭月、羞花，至今我们仍然把其作为美女的代名词，谁也不否认历史上她们的客观存在。

自然事物的美是客观的，社会事物的美也是客观的。雷锋助人为乐的行为美，张海迪身残志坚的意志美，白求恩以他人的利益高于自身利益的心灵美，等等，都是他们本身所具有的，是任何人的意识都不能否认的，也不会因为有些人不理解或反对而改变其美，因为他们的行为和心灵是符合人类社会发展规律的，而且是于人民有利的，因而是美的。

艺术美虽然是艺术家意识的产物，但仍然是客观的。艺术美必须附存于艺术作品，艺术作品是艺术家审美意识的物态化。这种以一定物质形态固定下来的艺术家的审美意识就是人们的审美对象——艺术作品。艺术作品的美，也是艺术作品本身所具有的。欣赏者可以从不同角度去欣赏它，或者表示自己的特殊好恶，可是，对于米洛斯的雕像《维纳斯》的美的魅力，不管有没有人去观看它，它总是存在在那里的。你也可能不认为它是美的，但它本身经受了历史的考验，稍有艺术修养的人，不分民族、阶级，都认为它是美的，因为这尊雕塑就像一座纪念碑，给人以崇高感，微妙动人，给人以美的享受。

总而言之，物质世界处处存在着美。在自然领域，日月星辰、风雨雷电、江河湖海、崇山峻岭、高原荒漠、林海松涛、花卉草木、飞禽走兽，无论是经实践改造过的自然，还是未经实践改造过的自然，都有美的客观存在。在社会领域，从远古时代形态各异的石器、陶器，到奴隶社会浑厚凝重的青铜钟鼎，到封建社会精巧美观的漆器、瓷器，到现代化生产、生活设施，琳琅满目的商品，都闪烁着美的光辉。精神领域的美也是客观存在的。人们心灵美实际上是现实美的反映，是现实中人与人之间关系和谐美的反映。心灵美体现在语言美、仪表美、行为美之中，艺术美更是现实美的反映，它们是以艺术家审美心理为中介，借一定的物质载体、媒介转化为美的艺术存在，是艺术家审美心理、审美趣味、审美观念、审美理想的物化形式，从其现实存在上说它们也是客观的。

三、美的社会性

美与善一样，都是人类社会的产物，它们都只对于人、对于人类社会才有意义。在人类产生以前，宇宙太空无所谓美丑，正如当时无所谓善恶一样。美离不开人类的社会生活，美是现实生活中那些包含着社会发展的本质、规律和理想而用感官可以直接感知的具体的社会形象和自然形象。正如只有人类社会出现后才有善一样，美也是人类社会出现后才有的，它是根源于人类社会实践的。

社会美的社会性不言而喻，因为社会关系中进行着实践活动，徐虎、李素丽等先进人物无私奉献所创造的社会美就是我们这个时代社会实践的产物，所以，美是一种社会现象，美的社会性依存于人类社会生活。

艺术美也是如此，取材于社会，服务于社会，众口赞誉的《红楼梦》《巴黎圣母院》及贝多芬的交响乐，如果离开了人类社会，就无所谓艺术，更不要谈艺术美了。

自然美也不例外，没有人类社会实践对自然的认识和改造，就没有自然之美。自然美既不在自然本身，又不是人类主观意识加上去的，它与社会现象的美一样，也是一种社会性的存在。自然在人类社会中是作为人的对象而存在着的。自然这时是存在于一种具体社会关系之中，它与人类生活已休戚相关，彼此存在着一种具体的客观的社会关系。所以这时它本身就已大大不同于人类社会产生前的自然，而已具有了一种社会性质，它本身已包含了人的本质力量的对象化，它已是一种“人化的自然”了。很清楚，这个“人化的自然”、这种自然的社会性，仍然不是人类意识情趣之类的主观所能决定的或主观意识所能加上去的东西，而是看不见摸不着却客观存在着的。这就正如作为货币的金银，作为生产工具的机器，除了它们可见可触的物理自然性能以外，还具有一种看不见摸不着却确实存在的社会性能一样。这种客观的社会性质是具体地依存于客观的社会存在的，社会变了，这种性能也会跟着变。自然美的社会性是随社会的发展而变化的，尽管它的自然属性或条件并没什么变化。只有深入理解这一点，才能理解许多问题。例如，为什么远古的人们不能欣赏自然美而现在的人们能够欣赏呢？这表明自然美本身与人们的客观的社会关系有了变易的缘故。太阳因它给予人类以光明、热量，大地因它给予人类以生息、繁衍，因而是美的。老鼠、苍蝇与人为害，因而是丑的。可见，自然美的社会性是人类实践赋予的，是人类社会的产物。

随着人类实践拓展的深入，人类与自然关系日益密切，自然物既可以作为休息、观赏、游戏的对象，又可以作为愉悦性情的对象，这样就有了有益于人类精神生活的功利性。像山花野草这些东西也成为人们审美的对象，甚至连一些在物质方面对人类有害的东西的某些方面、属性因能启迪人的智慧和引起精神上的愉悦，也可以成为人们的审美对象。

简而言之，美具有社会性，没有人类社会就无所谓美。

四、美的感染性

美的感染性是指美的事物所具有的吸引人、激励人、愉悦人的特性，以及能够引起审美主体的感情波动或思绪变迁的特性。

美的感染性是怎样形成的呢？

人的意识系统包含知、情、意三种意识活动，而在审美活动中，情感占有特别显著的地位和作用。在人的科学认识、道德和政治等实践活动中，认识是一种基础的心理活动。在认识、意志的活动中往往要控制感情，一般不能感情用事，可是，以情感为主要心理要素的审美活动，则始终充满着情感，甚至有时因情感的弥散而充溢着整个审美活动过程，所谓“登山则情满于山，观海则意溢于海”说的就是这个意思。

在审美活动过程中，无论是创作还是欣赏的审美活动，都充溢着形象与情感的相互影响的作用，从而形成审美意象，使创作者进入创作行为，或使欣赏者进入凝神观照的意志自由状态。这是可以用无数具体例证来证实的。正因为审美活动中的这种情感活动表现为情感的驱动作用、情感的定向作用、情感的弥散作用，在不断的社会实践过程中，人对现实的对象逐渐由实用关系向认知关系、审美关系、伦理关系发展，由物质的、缺失性需要向精神的、丰富性需要升华，由实用目的向认知目的、审美目的、伦理跃迁。在这个过程中，最根本的是实用关系、实用目的、实际物质需要的实现。而就在这个实现过程中，对象世界发生了形式变化，人在对象世界中实现了自己的实用目的，这就必然产生与物质需要相关的情绪。而当这种情绪随着实践的自由展开、自由程度的提高，就会使需要、目的向审美方向发展，即人在自己所创造的世界之中直视自己。这时产生的感情就逐步摆脱了、扬弃了实用目的、物质需要，而成了一种精神性、发展性情感。它又可以进一步促使人们有意识地或自主地去追求审美目的和审美关系的实现，使自己的全部心理活动都随着审美情感的方向展开，并且由于情感本身的弥散作用而达到一种物我两忘、天人合一、逍遥自由的境界，使得整个活动都表现为情感的特征，让人沉浸在情感之中。这种情感的驱动、定向、弥散等作用，不断反复进行，形成“感染”。因此，我们说，美具有感染性。

美的事物之所以具有美的感染性，其根本原因是美的事物借助于生动具体的感性形象来确证人的本质力量。具体说来，美的感染性源自美的形式与内容的有机统一，源自对主体的自由创造的肯定和确证，源自对事物的形式因素的和谐统一的感悟。离开美的内容，美的事物就会失去打动人、感染人的力量和突破点；离开美的形式，美的事物就会失去打动人、感染人的有效途径。

美的感染性，不光在于被美的事物的现象、形式等浅表层次的因素所感染而引起心中的快感，有时还受更深层次的感染、陶醉，如中国画中除了形、神以外，还有气韵、气象，乃至意境等，人一旦进入此种境界便会如痴如醉，情不能自禁。

美的感染性，从审美主体来说，它不仅是顺耳悦目的简单的生理反应，而且还是一种高级的各种心理功能的和谐运动。审美使得情感上获得愉悦，这种情感上的愉悦是感知、想象、情感、理解诸多心理功能共同和谐运动的极致状态，它表现为满足感、快乐感，表现为人的一切精神力量处于一种高涨状态中，因而在情感的愉悦和满足中，人的心灵受到净化，变得更加纯洁，更加高尚，更美，从而从思想上、情感上和道德上产生真正的心理上的谐振和共鸣。这种谐振和共鸣的时间跨度愈大，其感染力也愈持久。需要说明的是，审美主体不仅在于被审美对象的现象、形式感染引起心中快感，还为一些更复杂、更多样的情感感染，如喜、怒、哀、惧、爱、恶，无所不包。不过，美的感染性既然以“美”的面目出现，总体上还是使人愉悦的。

美的感染性的基本表现为主体情感与美的事物的合二为一，具体表现形态有移情、共鸣和升华三种方式。移情方式是指审美主体将自己的感受、情思、心绪、意志等融入美的事物在头脑里的表象之中，使审美对象仿佛具有主观色彩而影响主体的情思，如“感时花溅泪，恨别鸟惊心”。共鸣方式是指审美对象和审美主体之间形成了协调关系，审美对象具有打动人心的魅力，审美主体的生活经验和思想感情又极为丰富，因而审美对象可以最大限度地调动审美主体的心理状态，使其情思异常活跃。升华方式是指在审美欣赏过程中，审美主体借助联想将自己对审美对象的感知、表象进行扩充和增补，形成更为丰富而深刻的审美感受，从而使感官上的快感升华为精神上的愉悦。在现实的审美活动中，移情、共鸣和升华三种方式并非截然分明的，而是相辅相成的，美的感染性正是在这三种方式的结合中表现出来的，只不过在具体的欣赏活动中有所侧重而已。

从古至今，几乎所有的美学家都注意到美的感染性，而对美的感染性进行深入分析和展开论证的则是在近代心理学派美学兴起以后，使之得到科学诠释的是马克思主义美学。

五、美的功利性

美的功利性是指美的事物具有某种对人类有益的实用价值的属性，是与美的社会内容相联系的内在属性。从表面上看，美是超功利的，与人的实用需求无关，而实际上，美的功利性是隐藏于美的形象之后、难以直接感受到的美的内在属性。美的功利性始终蕴含在美的事物和审美活动之中，美最初产生于实用功利，并被人们等同于实用功利。

早在两千五百多年前，古希腊哲学家苏格拉底就曾提出“美即有用”的学说，明确指出事物的有用性是引起人类审美的真正原因。在这一点上，他所说出的“美即有用”的学说从根本上优于柏拉图、康德、黑格尔等人关于美的本质的学说，从价值的角度去定义美，从大的方向上道破了美的本质。俄国文艺学家普列汉诺夫在《艺术论》中说过，原始人在使用虎的皮、爪和牙齿或是野牛的皮和角来装饰自己的时候，他是在暗示自己的灵巧和有力，因为在原始社会，谁战胜了力大的东西，谁就是有力的人。由此可知，在人类的原始意识中，美就和实用联系在一起了。在古埃及文明中，美的意识已经充分地发展起来。那时的人们就开始讴歌太阳，讴歌大地、阳光赐予他们的蔬菜和水果，赞美香料、衣服、家畜、酒、健壮的女人等与他们日常生活的福祉密切相关的一切东西。他们把这一切东西都看作是美的，并用他们那时所拥有的、能表示赞美与欢爱的词句去称谓或表述这些东西。

中国古文字“美”字的写法也是美具有功利性的最好例证。许慎的《说文解字》里解释“美”字的写法是从“羊”从“大”，认为它是“羊”字与“大”字的结合体，羊大为美也。古人认为羊在“六畜”中是供人食用的最为重要的东西，肥大的羊，肉美“甘”香，人们更爱食用，说明羊成为美的对象最初与实用是分不开的。羊大为美，足见出“美”字对当时人饮食上的实用价值。而在最早的甲骨文里“美”字则有另一种写法，是“羊”形和“人”形结合而成的，即“羊人为美”。这是因为，在原始社会生产力十分低下，生活资料异常匮乏的情况下，有人将自己的羊拿来与大家共享，这种举动可谓“美”矣。这种解释或许有些牵强，而肥大的羊之所以美，是由于它是原始人味道“甘美”的主要食物，是原始人生活中的必需品，原始人离不开它足可以作为美的功利性的确证。由此可知，“美”字一开始就具有社会功利价值，美与善在本质上具有内在的必然联系。

人们可以找出足够的例证来说明，美和审美最早是产生于功利性活动之中的。原始民族所创造的文化完全是功利性的实用文化，但其中包含了审美的、艺术的内容（如原始岩画、图腾、巫术礼仪的活动等）。也就是说，早期人类的审美活动还不是一个独立范畴，而是与功利、实用紧密结合在一起的。由此看来，苏格拉底从人本主义的功利论和价值论角度出发提出了“美即有用”的观点，用生动浅显的事例说明事物美与不美的关键在于它对人是否有用，这是有一定道理的。

随着社会的发展，美逐渐与实用功利分离开来，但美同实用仍然保持着一定联系，即美要受到实用的制约。其实，就现代社会而言，美并不是无功利性或非功利性，而是把功利性消解、融化、隐含在事物内部中，让人不易感觉出来罢了。这其中包含着一个由功利性向潜功利性转化的实践活动的历史过程，也就是一种人们由狭隘的功利目的向更广阔的非直接功利目的提升的过程。以山水为例，早期的山水是人们生活的来源，所谓靠山吃山，靠水吃水，然而，随着人类实践的发展及生产力的提高，人们已经逐步不只是以山水为生了。人与山水就发生了潜功利性的审美关系。逐步地，山水又被写进了诗，画入了画，谱进了曲，从而产生了表面似乎无功利而事实上有着潜功利目的的山水画、山水诗、山水歌。因此，我们可以看到，美并不是纯粹无功利性的、非功利的，它仍然含蕴着、隐藏着功利性的历史内容和痕迹，只是在长期实践过程中被潜化了。正因为如此，人类学家、艺术史家几乎一致地认为，人们最先是以实用为目的来对待审美对象，以后才逐步地转移到审美目的上去的。

总之，美的功利性并非美的事物的直接的功利性质，而是隐藏在超功利外表之内的美的属性，是在人的经济实用需求得到满足的基础上所引起的精神愉悦的特性。美的功利性在自然美和社会美中表现得较为突出，而在艺术美中则相对隐蔽一些，这是因为人与自然、人与社会的关系多以功利形式存在，而艺术美则营造了必要的审美心理距离。

第五节　美的形态

美的形态也被称为美的范畴或审美范畴，也就是美的类型或美的类别。对美的类型的划分，其标准和依据是什么？一般说来，美学界是按美的不同的审美特性及其给予人的不同审美感受来划分的。于是，在美的形态或类型的划分上，便出现了优美（柔美）、壮美（崇高）、悲剧（悲剧性）、喜剧（喜剧性或滑稽）等相并列的美的类型。其实，美的形态丰富多样，本节所介绍的优美、壮美、悲剧、喜剧只是最突出的几种，除此之外，实际上还可以分出许多种或中间、或过渡的形态或类型。

一、优美

（一）优美的内涵

优美，又称秀美、柔美、纤丽美、阴柔美等，是一种静态的、柔性的、内柔外秀之美，是人们一般所理解的狭义的美的概念，它是一种常态美，普遍存在于现实世界中，是与壮美（又叫崇高）相对应的最常见的美学范畴。

从形式上看，优美呈现着美的自由的形式，是合规律性与合目的性的和谐统一的静态成果。一般说来，优美在感性形式上会有小巧、柔和、精致、轻盈、秀丽、淡雅、舒缓、圆润、光滑、微妙、渐次、活泼、曲线的流动变化等特征；在内容方面，优美展示着美的形式的自由本质，合规律性与合目的性的矛盾对立，不是一方压倒另一方达到的统一，而是交融无间、浑然一体；在形式和内容的关系上则表现为十分协调，就其整体而言，优美对象的基本特征是内外关系的和谐；从性质上看，优美是直接地、单纯地表现美的合规律性与合目的性相统一的本质，与单纯表现客观现实对主体实践直接否定的丑是相对立而存在的。优美本身排斥了丑，又在自身之外与丑相比较而存在。

优美广泛地存在于自然界、社会生活和艺术作品等审美对象之中。

自然界的优美，侧重于形式的和谐统一，这种和谐与统一，主要通过自然界自身的运动形式、结构、声响、色彩等可感因素表现出来，如春风细雨、平湖秋月、娇莺嫩柳、小桥流水、江枫渔火、巫峡云雨、桂林山水，细雨朦胧中的青翠山色，雨止云高时的如镜碧波……无不以其秀丽、幽静给人以和谐感，使人沉醉于宁静温馨、怡情悦性的境界之中。

社会生活中的优美，侧重于内容的和谐，既表现在人类实践活动的过程中，也表现在结果上，是真、善、美的和谐统一而产生出来的浑然合一、交融无间的一种境界。宁静和谐的社会环境，融洽和睦的人际关系，充满友谊的欢乐聚会，缠绵悱恻的爱情故事，白头偕老的恩爱伉俪，幸福美满的家庭氛围，顽皮活泼、天真无邪的童真生活，等等，都算得上是社会生活中的优美。社会生活中的优美使人们的生活情真意厚、其乐融融，从而沉浸在优美的审美体验之中。

艺术中的优美是现实中的优美和艺术家艺术创造的有机结合体，能更鲜明而集中地体现优美的审美特性。作为一种艺术追求的境界，优美更是艺术所致力表现的对象，既讲究作品内容的和谐，又讲究形式的和谐，更讲究内容与形式的水乳交融。爱神维纳斯的典雅秀丽、蒙娜丽莎永恒的微笑、莫扎特和门德尔松的音乐的婉转与甜蜜、李清照词的婉约典雅等，无一不优美。优美是艺术创造的主要审美范畴之一。

作为美的最常见形态，优美是比较典型的审美类型，优美往往与人形成和谐关系，容易被人接受欣赏，因而是人类在实践活动中较早注意到的一种审美现象。在人类审美经验还不十分丰富的古代，它是人的审美的主要对象。例如，古希腊人就把和谐概念与美的概念等同，把作为美的具体形态的优美的特征（和谐）看成是美的本质。在我国古代美学思想中，素有阴柔美和阳刚美之分。所谓“阴柔”“秀婉”“柔性美”，即优美。在近代，随着人们社会实践的发展，人与自然的关系不断丰富起来，人的审美领域也不断扩大，才产生了与优美相对应的壮美（崇高）等一系列审美范畴和对象。

（二）优美的美学特征

优美是一种和谐的美。优美的美学特征在于主体和客体、内容和形式的对立冲突的消解，因而是一种精神和情感、现实和理想交融一体的和谐美。从审美客体方面看，优美的对象往往具有一种理性内容与感性形式的和谐统一。安格尔的《泉》所表现的女性人体的美与柔和的曲线及色调，贝多芬《致爱丽丝》中情意的缠绵与如说如诉般的旋律……优美的客体的理性内容总是那么和谐地融化在明朗、光亮、温和、感性的形式之中。同样，从审美主体方面看，优美感也就是一种和谐感，在优美感中，审美感知、情感与想象总是调和着的，而且具有平静、愉悦、松弛、舒畅的特点。车尔尼雪夫斯基说过，美的东西总是与人生的幸福与欢快相连的。德苏瓦尔也说优美是在没有任何障碍或不快的阴影下自我的欣赏，它让人心情舒畅，轻松愉快，“看去无何等的威压，无何等的狂暴，无何等的冲突，又无何等的纠纷，只是极自然地，极柔和地，却又极庄严地，仿佛明月浸入一般地有一种适情顺性的情趣”①。这正是车尔尼雪夫斯基所说的“赏心悦目的快乐”或“温柔的喜悦”的优美情景。

英国18世纪著名美学家博克在他的《论崇高与美两种观念的根源》一书中，对美的特性进行了感官性的分析，而他的分析确切地说是对狭义的美——优美特性的分析：就大体说，美的性质，因为只是些通过感官来接受的性质，有下列几种：第一，比较小；第二，光滑；第三，各部分见出变化；但是第四，这些部分不露棱角，彼此像熔成一片；第五，身材娇弱，不是突出地现出孔武有力的样子；第六，颜色鲜明，但不强烈刺眼；第七，如果有刺眼的颜色，也要配上其他颜色，使它在变化中得到冲淡。尽管博克的描述带上了鲜明的经验主义色彩，但在其所阐释的优美情态中包含着优美的一些基本特性，如小巧、柔和、协调、均衡等。大致说来，优美的特点可以从以下几个方面加以认识：

形体上，优美的特点是小而巧。一般说来，优美对象不应是粗大笨重的，而应是小而轻巧的。所以，优美常与小桥流水的自然景观和小巧玲珑的外形特征联系在一起。如果用崇山峻岭的雄、奇、险、峻与盆景艺术的奇思巧构的微缩景观相比较，显然，后者给我们的感受通常是秀雅、优美的。

色彩上，优美的特点是鲜明而不刺激。优美对象的色彩比较鲜明，但不强烈，不炫人眼目，各种颜色搭配协调，没有过艳过浓的色调。

态势上，优美的特点是偏于静态，变化起伏不大，运动形式是舒缓的，轻盈的。

① 陈望道：《陈望道文集》（第2卷），上海人民出版社，1981年版，第78页。

从本质来看，优美都具有趋向于静的特点，既是一种“蝉噪林愈静，鸟鸣山更幽”的动中之静，也是一种“竹喧归浣女，莲动下渔舟”的静中之动。

境界上，优美的特点是和谐而不是冲突。优美的对象，不论是自然形式还是社会实践，都已消除了构成方式上、运动态势上的对立性和异已性，处于一种和谐稳定的关系之中，形成整体和谐感。“梨花院落溶溶月，柳絮池塘淡淡风”，体现的就是温馨而和谐的优美境界。优美的和谐，既是内在矛盾的消融化解，也是主体客体的协调一致。

气韵上，优美的特点是平淡而隽永。平淡不是淡而无味，是因宁静祥和而达到高雅幽深。对于人生而言，这是一种最深沉、最平和的快乐，因为它不是寄情山水、遁世寂灭的茫然，而是一种历尽人世浮沉后的对生命意趣更深刻的领悟，因而也是一种精神栖息、心灵自由和情感满足。优美的神韵是平和而又悠悠无尽的，是柔和而有张力的。

（三）优美的美育效应

优美的美育效应在于能培养人的优美感。把握优美的上述这些美学特征，有助于优美感的培养。

优美的和谐性，不仅是内容各要素的和谐或形式各要素的和谐，更是内容与形式的和谐，因此，优美感也是一种高度的和谐感。在审美过程中，优美感是通过识别与鉴赏优美而形成的。优美的和谐是在审美对象和审美主体的双向顺应中表现出来的。一方面优美感体现为对象对主体的适情顺性，怡情悦性，亲和温馨，几乎能物我一体；另一方面则表现为优美感内部情感、想象、理解等各种因素的统一与和谐，这种和谐实际上既是高度的心理平衡，也是益于身心的和谐。因此，优美感的培养就在于使人把握和谐，从中得到怡情悦性之乐，并形成自己的和谐感，从而去创造和谐，处理好人与自然、人与社会、人与人乃至人与自我的良好关系。

优美感是一种悠然自得、适情顺性的情感。紧张工作之后，身心疲惫之时，亲操一曲刘天华的《良宵》调，聆听两支贝多芬的“小夜曲”，吟诵几首陶渊明的田园诗，可以消除身心的紧张状态，避免情感的大起大落，使心理趋向平静，自身达到和谐。

优美感是一种宁静、温馨、和谐的情感。人处在山明水秀、鸟语花香的秀丽景色中，面对平静的湖水，远眺高远的蓝天，人的身心仿佛融入了自然，喧嚣闹市的纷争烦恼，顷刻间会烟消云散。修建园林假山，种植奇花异草，饲几尾金鱼，养几只画眉，精心设计书房卧室，美化居住空间，都可以使所处的环境优美而使人感到宁静，从而愉悦精神，陶冶性情。

优美感是一种温柔、安适、明朗的情感。“美的事物在人心中所唤起的感觉，是类似我们当着亲爱的人面前时洋溢于我们心中的那种愉悦。我们无私地爱美，我们欣赏它，喜欢它，如同喜欢我们亲爱的人一样。”① 在物欲横流的社会中，当金钱无情地撕破人们温情脉脉的面纱时，以优美感来促成或建构人际关系的和谐，显得更有意义。因为，人与人之间更需要心灵沟通，情感交流；同学、同事、朋友、邻里、家庭都需要和睦相处、友善往来，达成互助、关心、友爱等和谐的人际关系。

追求自身和谐、环境和谐、人际关系和谐的终极目的说到底是追求一个安居乐业、融洽无间的人文环境。在这样的环境中，人们愉快地学习，积极地工作，友好地往来。因此，优美感与人们生活有密切联系，是人们审美活动中合目的性、合规律性的不可缺少的内容。

优美感具有内敛性。优美感的境界，可以熏陶优美的个性气质，使人的气质于怡情悦性中趋于内在的和谐与完善，随着趋向心灵的平静和心理的平衡，不张扬，不诳语，柔而不弱，美而不媚，从而使人的性格产生良性的变化，达成良性的稳定。

二、壮美

（一）壮美的内涵

壮美，与优美相对，中国古代称之为阳刚之美，是一种动态的、刚性的、内刚外烈之美。在审美实践中，显示实践主体巨大力量所体现的美就是壮美。有些美学著作称壮美为“崇高”，这一说法用于社会美较恰当，对自然美用壮美更合适些，壮美这一概念的外延比“崇高”更大些。

（二）壮美的美学特征

从现象形态上看，壮美具有量的规定性。它体积巨大、气势磅礴；它往往冲破光滑、对称、和谐、整齐、多样统一等形式美的规律，从中透出神秘的威力、惊人的气概。优美的事物往往表现出缓慢的、渐进的、平稳的、柔和的运动态势，侧重于静态的美。壮美的事物的运动则一般表现出严峻的、剧烈的、冲突的、不可遏制的、一泻千里的态势，在巨大的、扭曲的外在形式上呈现出艰苦斗争、历经沧桑和剧烈冲突的痕迹。一般来说，壮美在感性形式上会有巨大、坚硬、粗犷、重拙、激越、刚健、庄严、悲壮、雄伟、豪放、动荡、壮丽、阳刚、严峻、凶险、崇高、凛然正气、慷慨侠义、豪爽奔放等特征，常会引起人们恐怖、惊惧、奔放、豪迈、兴奋等审美情感。

从壮美的存在领域来看。壮美在自然界中主要指数量上和力量上的巨大的自然现象，显示为体积的“无限”和力量上的“无穷”。如博大无边的海洋，朦胧黑暗的夜空，雄峻陡峭的悬崖，谷深流急的飞瀑，飞沙走石的荒漠，熊熊燃烧的烈火，等等。体积的“无限”和力量上的“无穷”，甚至可以使人内心产生某种巨大的恐惧感和严峻感，进而唤起人们战胜它们、征服它们的勇气、豪情和信心，从而体现出人类不断征服自然的历史尺度，表现出人类永恒的生命力和实践主体的巨大力量。

---

① 车尔尼雪夫斯基：《生活与美学》，周扬译，人民文学出版社，1959 年版，第 6 页。

在社会生活中，壮美主要体现为先进的社会力量反抗旧制度、反对阶级压迫和民族压迫的革命斗争，人民群众改造自然和社会的壮观场面的过程，以及富于牺牲精神和道德高尚的实践主体征服客体时所显示的强大力量，等等。如金字塔的建造、万里长城的修筑、邓世昌饮恨致远舰、陈铁军的刑场婚礼、百万雄师跃马横刀过大江、三大战役横扫千军如卷席……在社会斗争实践中体现出来的实践主体壮美伟丽、摧枯拉朽的精神，恰如火中更生的凤凰、笑傲冰雪的苍松，以巨大的精神伦理力量感人肺腑，撼人心魄，激励人们前行，鼓舞人们战斗，这就是壮美显示的力量。

艺术中的壮美，是上述自然现象、社会现象在艺术家头脑中的主观反映，是一种以力量和气势取胜的美。如革命舞蹈史诗《东方红》，其恢宏的气势、庞大的场面，无不撼人心魄，征服观众。苏东坡的“大江东去，浪淘尽，千古风流人物”，岳飞的“怒发冲冠，凭栏处，潇潇雨歇”，李清照的“生当作人杰，死亦为鬼雄”等词句，无不表达出一种壮怀激烈、催人振奋的壮美之情。许多艺术悲剧中的英雄人物表现出的人类伟大的创造力量和革新精神，同样能够唤起人们心中的道德感、同情心并升华为积极进取、实现人生价值和社会理想的巨大精神力量。

壮美是一种宏阔、伟丽的美。在我国古代美学史中，它相当于阳刚美。在先秦的美学思想中，则称之为“大”。孔子在《论语·泰伯》中歌颂尧帝时曾说：“大哉，尧之为君也！巍巍乎，唯天为大，唯尧则之。荡荡乎，民无能名焉。巍巍乎，其有成功也。焕乎其有文章。”在孔子看来，尧帝的事业“巍巍乎”，“荡荡乎”，用美不足以名之，而必须用“大”。这里的“大”，是比一般的美更为鲜明强烈的一种辉煌壮观的“美”，即壮美。姚鼐对壮美（阳刚美）也做过这样的描述：“其得于阳与刚之美者，则其文如霆、如电、如长风之出谷，如崇山峻崖，如决大川，如奔骐骥；其光也，如杲日，如火……其于人也，如凭高视远，如君而朝万众，如鼓万勇士而战之。”博克则较为细致地分析了壮美的各种特点，认为壮美的对象是巨大的、凹凸不平和奔放不羁的，显然，这是关于壮美特征的一种描述。

从以上关于壮美特征的描述及我们自身的审美实践，可以看出壮美以其独有的“性格”而与“优美”区别开来。壮美以其巨大、粗糙的外表和奔涌激荡、一泻千里的运动态势，在其剧烈的冲突中形成一种激动人心的动态美，能唤起欣赏者的自豪感和胜利感。由此可以归纳出壮美的一些基本的美学特点。

从形态上来说，壮美的对象是粗砺、庞大、凹凸不平、有棱有角的。壮美的对象，首先在外表上是不光滑、不规则、不和谐的，或者会有怪异的因素，甚至其美感也是由奇特、峥嵘、粗犷等产生、形成的。米开朗琪罗的雕塑中故意不加修饰的粗糙顽石，中国书法艺术中的瘦硬、拙朴、不平衡等，都以一种打破平衡、违反常规、棱角分明的表现形态而体现出壮美的审美价值。壮美的对象一般又应该是宏大的，“宏大”置放到美的事物当中，就会有形体上的巨大、力量上的强大乃至人类社会中精神上的坚强有力。辽阔草原，茫茫大漠，巍巍高山，是形体上的壮美。而搏击长空的雄鹰，暴风雨中穿行的海燕，响彻天宇的雷声，则显示出力量上的壮美。为人类社会的进步、国家民族的命运而英勇斗争、百折不挠的意志行为，则是精神上的壮美。总之，在形态上，壮美以其铺张扬厉的姿态，纵横交错的构造，透露出强悍的美学韵味。

从色彩上看，壮美色彩鲜艳而炽烈，是浓墨重彩、斑斓夺目、璀璨壮丽的，如熊熊燃烧的岩浆，如划破暗夜的闪电。

从态势上看，壮美偏于动态，往往表现出一种剧烈的、不可遏止的态势，即所谓“行神如空，行气如虹，巫峡千寻，走云连风”（司空图《二十四诗品》）。这里的态势含有速度与力度两层意思：从速度上讲，壮美的对象速度快，疾风千里，长云卷落；从力度上讲，则势如破竹，雷霆万钧，显示出刚烈、劲健之势。

从境界看，壮美阔大宏伟，大开大阖，不同于“巧笑倩兮”“美目盼兮”之类的“优美”。它以巨大体积形之于外，雄伟力量灌注于内，包举宇内，席卷八荒，是一种“星汉灿烂，如出其中，日月之行，如出其里”的开阔景象、恢宏气度，是“会当凌绝顶，一览众山小”的凭高临远、瞩目千里的眼光和胸怀。

从气韵上看，壮美奔放雄壮，荡气回肠，如大风般浩浩荡荡，群山般莽莽苍苍。就如司空图在其《二十四诗品》中写的那样：“观花匪禁，吞吐大荒。由道返气，处得以狂。天风浪浪，海山苍苍。真力弥满，万象在旁。前招三辰，后引凤凰。晓策六鳌，濯足扶桑。”壮美所表现出的美学特征，充分显示出壮美是高亢激昂的，它雄浑、劲健、豪放，是一种令人惊心动魄，又令人排除万难、振奋进取的美。

壮美不仅有积极的审美意义，而且有认识和教育意义，它可以通过美感作用帮助人认识自然、社会和精神生活中没有体验过的事物，使人在道德上日趋完善，是激励人们从事伟大事业，为人类的进步和发展贡献力量。

（三）壮美的美育效应

壮美的美育效应在于能培养人的壮美感。

壮美感是一种雄伟感、奋发感、进取感，包含三个方面的内容。

首先是境界的阔大。壮美感是高视阔步、遗世独立的一种复合情感，以它自身的雄伟、壮丽、威武、坚强形成高远的境界，使人不随波逐流，不目光短浅，不仅有一种似乎“前不见古人，后不见来者”的气概胸襟，还能生发一种巨大的伦理情感，有责任心、使命感，当仁不让，见义勇为，奋发进取的意味。

其次是精神的高尚。卑琐、低下、庸俗的精神是引不起壮美之情的。壮美感更多地体现在人们的社会实践和斗争行动过程中，这个过程是严峻的，充满激烈冲突的。斗争的目的是达成真与善的统一。在正义与邪恶的较量中，赴汤蹈火、英勇献身的精神是高尚的，夸父追日道渴而死的执着，普罗米修斯的殉道者的精神，谭嗣同“我自横刀向天笑，去留肝胆两昆仑”的豪情，都是壮美显示的高尚精神。

最后是行动的坚决。进步的、正义的、革命的社会力量同落后的、邪恶的反动势力进行激烈的搏斗，是长期而艰苦的。面对凶残而顽固的腐朽势力，进步势力要付出巨大的代价，献出青春热血乃至生命。这就要求在斗争过程中，革命者怀着崇高的理想，以执着的精神勇往直前，前赴后继，不妥协，不退让，更不能躲进历史的避风港，甚至逃到敌对阵营，蝇营狗苟。在选定理想和人生目标之后，一往无前，义无反顾，临危不乱，临难不苟。正义失败，英雄死亡，革命受挫，都只是暂时的，历史前进，总会潜藏着实践主体力量必然胜利的趋势。从这一意义上说，壮美体现为一种坚韧不拔、艰苦卓绝的人生追求，无论是在欢欣鼓舞的胜利时刻，还是在烟雾笼罩的曲折阶段。

壮美感的培养在于使人们从中得到精神激励和心灵震荡，并形成自己的壮美追求，于奋发进取中创造人生的辉煌。

三、悲剧

（一）悲剧的内涵

什么是悲剧？美学中所说的悲剧是指现实生活中或艺术作品中那些肯定性的社会力量，在具有必然性的社会矛盾激烈冲突中遭到不应有的、但又不可避免的苦难或毁灭，从而引起悲痛、同情、奋发的一种审美特性。悲、悲剧、悲剧性作为特定的审美范畴，与日常生活中所说的悲、悲哀、不幸事件或人物的悲有所不同。它必须本质上与崇高相通或类似，通过正义的毁灭、英雄的遭难激发人们伦理精神的高扬；必须能使人奋发兴起，提高精神境界，产生审美愉悦。

（二）现实生活中的悲剧与文艺美学的悲剧的区别

现实生活中我们常常听到“悲剧”一词，人们也常常把一些不幸的、痛苦的事情称作“悲剧”，然而严格说来，这只是一些“悲惨的事件”，不属于美学意义上的悲剧。现实生活中的悲剧与文艺美学的悲剧在内涵上的区别有如下几点。

第一，现实生活中的悲剧概念是极广泛的、不严格的、零散的，它与“悲惨的事件”等同。而艺术中的悲剧却是一个非常严格的审美形态，其首要任务是描写尖锐激烈的社会冲突，并且代表进步正义的一方暂时的毁灭，从而激发人们崇高的审美感。

第二，现实生活中的悲剧可以是必然的，但绝大多数是偶然的，一般在人与自然的关系中发生。但艺术中悲剧都涉及人与人或人与社会之间的冲突，悲剧的发生具有历史的必然性。

第三，现实生活中的悲剧可以以丑为对象。但艺术中的悲剧主人公必须代表正义的力量，策略上可能有缺陷，但伦理人格上必须是完善的。

由此，我们可以从美学意义上对悲剧范畴的内涵做这样的界定：悲剧体现了历史的必然要求和这个要求实际上不可能实现之间的悲剧性冲突。其中，“历史的必然要求”是指那些符合社会发展规律，代表民意的正义、进步的力量，或是善良、光明、美好的杰出代表，就是那种既符合真、又体现善的崇高势力；“这个要求实际上不可能实现”是指在一定历史条件下，旧势力暂时占据优势，阻止代表“历史必然要求”的理想的实现与追求，并使它们遭受暂时的挫折与失败，使其合理要求得不到实现。

美学家把悲剧性看作是最高的一种伟大（即崇高），这是正确的。可以说悲剧是一种崇高的美，是崇高的集中形态。所以，只有那些具有审美价值的悲剧性现象，才能作为审美范畴的悲剧反映在艺术中。作为艺术样式之一的悲剧，集中体现了悲剧性。在正剧、喜剧和其他艺术中，也可能具有悲剧性。

那么，究竟什么是悲剧性呢？鲁迅先生曾有过著名的论断：悲剧将人生的有价值的东西毁灭给人看。这就是说，在历史发展的一定阶段上，由于客观社会原因或历史的必然冲突，真、善、美、生命、爱情、信仰、理想等“人生的有价值的东西”被损害或被毁灭，这个过程或结果使人们陷入剧烈的悲痛，但马上又被正面人物的巨大精神力量所感染，被惊心动魄的感人力量所震撼，因而由痛感转化为快感，从而获得一种特殊的审美感受，即悲剧性美感。因此，作为审美类型的悲剧性虽然来自现实生活，但它更是艺术家审美意识的物化形态，是艺术创作的结果。作为审美类型的悲剧性，涉及文学艺术的许多门类和领域，不仅仅局限于戏剧，可见，作为审美类型的悲剧性涉及中外古今许许多多优秀的文艺作品，涉及文学艺术的许多门类和领域。当然，悲剧性最集中的体现还是在戏剧领域。悲剧在西方戏剧史上占有十分重要的地位，历来被认为是戏剧之冠。悲剧常常通过正义的毁灭、英雄的牺牲或主人公苦难的命运，显示出人的巨大精神力量和伟大人格，使观众在悲痛和哀伤中，受到震撼与冲击，陶冶情操，净化心灵，获得特殊的悲剧性美感。

（三）悲剧的类型

美学史上不同历史时期的美学家，由于对悲剧的本质和特征理解的不同，往往依据不同的原则对悲剧进行不同的分类。通常根据悲剧发展的历史过程可以把悲剧分为以下几种类型。

（1）命运悲剧

以古希腊时期描写主人公与命运抗争，最终仍摆脱不了命运之神的左右而导致的悲剧为代表。古代希腊人，在当时奴隶制社会生产水平落后，认识掌握客观规律能力相对低下的情况下，对社会历史必然性和盲目的自然威力感到不可理解、不可抗拒，认为冥冥之中有不可捉摸的“命运”之神摆布捉弄着他们，于是产生了“命运悲剧”，如《俄狄浦斯王》《被缚的普罗米修斯》等。

（2）性格悲剧

以文艺复兴时期莎士比亚的戏剧为代表，主人公的悲剧命运，大多一方面与重大的社会冲突相关，一方面与主人公的某些性格弱点相关，如汉姆雷特的犹豫不决，奥赛罗的敏感多疑，等等。

（3）伦理悲剧

这是以个体需求与社会伦理义务之间冲突对抗为特点的悲剧。法国古典主义作家高乃依和拉辛的悲剧属于这种情况。中国古代悲剧，如《梁山伯与祝英台》《西厢记》《桃花扇》等，也主要属于伦理悲剧。

（4）社会悲剧

一般是指由旧社会、旧制度造成的普通善良人的不幸和苦难的悲剧。进入资本主义社会，人际关系变成物物关系、金钱买卖关系，个人同社会的矛盾日趋尖锐，以致紧张对峙，正直的人抗争社会不公与邪恶时，又往往陷入内心的矛盾，甚或遭致毁灭，这就是一般所说的“社会悲剧”。雨果的《巴黎圣母院》、小仲马的《茶花女》、易卜生《人民公敌》、托尔斯泰的《安娜·卡列尼娜》等作品，便属于此类悲剧。

（四）悲剧的美学特征

悲剧的美学特征，有以下三个方面。

（1）悲剧的主人公必须是正面人物

这就规定了悲剧主人公善的品格。这里所说的“正面人物”，是个比较宽泛的概念，它既包括英雄人物，又包括那些默默无闻的平凡的小人物，但是他们共同的品格是进步、纯洁、善良。

正面人物是多种多样的，其内心世界也是丰富多彩的。有的悲剧主人公不但以美的魅力吸引了观众的注意，而且以善的品质博得了观众的同情与怜悯。如莎士比亚笔下的《罗密欧与朱丽叶》，他们以死殉情，用人文主义克服家族封建意识；还有的悲剧主人公内心深处充满了真理与谬误、进步与落后的激烈斗争，斗争的结局是：主人公内心深处的真制服了假，善克服了恶，美战胜了丑，然而却在顷刻间遇到失败或毁灭。如莎士比亚《奥赛罗》中的奥赛罗、《李尔王》中的李尔等。悲剧主人公之所以必须是正面人物，主要原因是为了唤起人的同情感，产生悲剧效果。

（2）在悲剧冲突的展开中，用美的毁灭来否定丑的存在

在历史发展进程中，充满了善与恶、进步与落后的斗争，新生力量在强大的邪恶势力之下暂时毁灭了，失败了，造成了悲剧，但是，悲剧可以摧毁一个崇高伟大的人，却不能摧毁一个人的崇高伟大，美被毁灭的只是具体形式，其精神却完全战胜了丑和邪恶势力。如普罗米修斯为人类取火造福，虽然被宙斯永久锁在悬崖绝壁上，被凶鹫啄食肝脏，然而他的精神之壮美却永远存留天地之间，并彻底战胜了宙斯的凶残。

（3）从悲剧效果来看，怜悯、恐惧、陶冶、净化、提升——这是欣赏悲剧逐步展开的心态感受

这正如亚里士多德所说，悲剧必然首先要唤起人们的怜悯和恐惧之情，进一步在领略悲剧美的过程中，使自己的心灵得到陶冶和净化（情感上的熏陶、感染与升华）。“恐惧”，是因为美的毁灭而引起的惊骇之情，但这种恐惧要适度，过多或不足，都可能影响悲剧的效果。由于悲剧的特殊性，它不但给人以莫大的审美愉悦，还会给人以真的启迪：理想的道路并不平坦，而是充满了艰辛曲折；要实现理想目标，必须经受住挫折，准备付出代价，以赢得更加光明的未来。

（五）悲剧的美育效应

悲剧展示人的厄运，展示生命形式从成长到衰落的过程，因此，悲剧总以异乎寻

常的痛苦磨难、不幸或死亡，透露出对命运的深深焦虑和恐惧。在引起人们怜悯与同情的同时，必然唤起“天下兴亡，匹夫有责”的社会责任感，激起“为有牺牲多壮志，敢教日月换新天”的英雄壮志，鼓舞人们从悲中振起，为社会公正，为“永恒正义”而抱定百折不挠，“虽九死其犹未悔”的决心、勇气。因此，悲剧可以培养人的崇高感，在心灵震撼中升华自己的道德精神，从而识别正义与邪恶、高尚与卑下，并为革除悲剧产生的原因而奋起。

悲剧给人们带来了痛苦。但是，人类是在痛苦中开拓生存的灿烂前景的。黎明前有一片黑暗，但黑暗过去就是光明。悲剧让人在黑暗中见到了光明。悲剧所具有的意义是积极的，是在让人看到世界的现状，生存的意义，是在让人领悟历史性的矛盾，在悲壮之中让人对人生大彻大悟，最终起净化作用。所以，只要这个社会是发展的，整个人类是进步的，就不可避免地会出现悲剧。整个人类社会的发展正是通过悲剧性的事件，乃至整个悲剧性的历史过程，循环往返，螺旋上升，不断进步。

四、喜剧

（一）喜剧的内涵

什么是喜剧？作为审美类型的喜剧，与悲剧相对应，不同于一般意义上戏剧形式的喜剧，而是具有更加广泛的意义。如同前面所讲到的悲剧一样，我们这里所讲的喜剧，也不是指戏剧的一种类型，而是指一种重要的审美类型，这种喜剧涉及文学艺术的许多门类和领域。鲁迅先生讲过，喜剧将那无价值的撕破给人看。这就是说，滑稽可笑的人物或事物披上了一件令人炫目的漂亮外衣，以此来掩盖自己的庸俗或丑恶，而当这件漂亮的外衣被撕破或被剥去时，不仅暴露出自己的本质原形，而且当众受到嘲弄、讽刺和否定。从这个意义上讲，喜剧是一种内容与形式、本质与现象之间的不协调或不和谐，给人以笑的审美形态。

作为一种戏剧形式，喜剧在西方最早起源于古希腊祭祀酒神时的狂欢歌舞，后来发展为一个剧种被搬上舞台。而喜剧理论则始于柏拉图，他最早对喜剧感和喜剧性做了一定的阐述，这些论述也是后来喜剧理论的滥觞。

在中国，虽然喜剧概念到近代才被引入，但喜剧性的艺术形式早就很成熟了。一般认为中国的喜剧源于先秦的俳优戏。“巫以乐神，而优以乐人；巫以歌舞为主，而优以调谑为主。”（王国维《宋元戏曲考》）俳优可以说是当时专以滑稽调侃来取悦劝谏君主的职业艺人，《史记·滑稽列传》中就记载了不少先秦优人的故事，如淳于髡以“饮一斗亦醉，一石亦醉”的妙喻劝谏齐王罢长夜之饮，优孟贱人贵马之讽，优旃“善为笑言，然合于大道”等，这些都可以视作中国喜剧的雏形。

在美学史上，有许多关于喜剧的见解。亚里士多德把喜剧看成是对比较坏的人的模仿效果，并最早把喜剧性与丑的概念联系起来，认为当丑的事物表现对人无害时便产生喜剧性。康德认为，喜剧性是一种紧张期待突然归于消失而发生笑的情态，是理性精神对对象的自由戏弄。谢林从悲剧性与喜剧性的对比中研究喜剧性，认为喜剧性是悲剧性的颠倒。黑格尔认为，喜剧性矛盾的实质是绝对精神在发展中感性形式压倒了理念，表现为理念内容的空虚。柏格森认为，喜剧性是处于内外矛盾对立的对象中的机械性压倒生命性的结果。车尔尼雪夫斯基认为，喜剧性是丑恶事物内在的空虚和无意义以假装有内容和现实意义的外表来掩盖自己。

马克思主义美学在批判继承前人学说的基础上，对喜剧性做了辩证的历史唯物主义的解释：“世界历史形式的最后一个阶段就是喜剧。……为了人类能够愉快地和自己的过去诀别。”① 在悲剧性矛盾冲突中，美尚处萌生阶段，属于未来的理想境界，它的实现尚需付出巨大历史代价；对喜剧性来说，美已是现实的胜利或即将胜利的现实，因而喜剧性表现着美对丑直接否定和揭露。喜剧在通常情况下被当作戏剧的一种类型，但作为美学范畴的喜剧，它指的社会生活和艺术领域中一切喜剧性的审美现象。当然，人们研究喜剧这一美学形态时，总要经常地联系到作为戏剧的喜剧作品。

（二）现实生活中的喜剧与美学中的喜剧的区别

同悲剧一样，现实生活中的喜剧与美学中的喜剧也不能等同，其区别是：

第一，现实生活中的喜剧现象较为广泛零散，没有一定的集中形态，因而不一定具有审美价值。而艺术中的喜剧则具有强烈的审美形态，既表现了现实中的喜剧性冲突，又表现了主体的审美态度。

第二，现实中的喜剧现象可以是必然的、本质的，但大量却是偶然的（如善意的挖苦、讥笑）。而在艺术中，喜剧必然排除偶然性，并且集中表现喜剧性本质。

第三，现实中的喜剧缺乏鲜明的否定性，有时还可以伪善的面目出现。而艺术中的喜剧具有鲜明的否定性与批判性，它是美对丑、善对恶的彻底胜利。

（三）喜剧的特征

如果说悲剧是通过丑对美的暂时的优势而表达人生的严肃，并揭示美的理想的话，那么喜剧则是通过对丑的彻底否定和批判，来表达人们对美的理想追求，并体验胜利后主体人格的愉悦与轻松。简言之，悲剧是对美的间接肯定，而喜剧则是对丑的直接否定。可见，喜剧以“丑”为基础，以“笑”为标志，以“喜”为内核，在其具体形式上，主要表现为名实不符、以假乱真、当众出丑等。因此，喜剧的特征有如下几点。

第一，喜剧冲突的荒诞性。从喜剧冲突的性质和结局看，多为无价值的以有价值自炫，并在自炫中暴露其渺小和可笑，因而矛盾冲突的解决显得轻松，由此造成了喜剧冲突的荒诞性。丑作为喜剧性的基础，意味着它无论在物质形体方面，还是在精神价值方面，都是比一般意义上的人远为低下的，存在诸如陈旧过时的衰颓性、内容空无的虚假性、目的追求的卑琐性、道德人格的低下性、形质反常的滑稽性、呆滞僵硬的机械性等缺点。但作为喜剧对象却又偏要乔装打扮，掩丑自炫，形成自身美丑冲突

① 《马克思恩格斯选集》（第1卷），人民出版社，1972年版，第5页。

的荒诞性。例如，关汉卿的杂剧《救风尘》中周舍侮辱宋引章不会干家务时，说她套被子竟然不但把自己套了进去，还将隔壁王婆婆也给套了进去，这种极度夸张的说法可以说十分荒诞，但从泼皮无赖的周舍口中说出却也是正常的，达到了双重喜剧效果。显然，喜剧通过荒诞反面显示的是新事物、新势力终将战胜并淘汰旧事物、旧势力的历史必然，从而揭穿旧势力、旧世界的内在空虚本质和无价值形式，以激起人们最后埋葬它的勇气和力量。喜剧的真正本质就在于，当丑的恶的东西已失去其存在的合理性依据时，却仍与善进行挣扎，并以美的形式来掩饰其空虚、愚蠢的内容，因而呈现出种种可笑的丑态，使审美主体在自由、轻松的感性形式中，以笑来嘲笑、揶揄丑。人们在嘲弄丑时，看到了恶的渺小与空虚，因而体现出告别旧势力的自豪、优越、愉快的审美感。

第二，人物性格的乖谬性。从喜剧人物看，人物性格往往乖谬错讹、自相矛盾，多有愚行和丑行，却又自炫为美，具有人物性格的乖谬性。性格的乖谬是喜剧人物的特征之一。从莫里哀、塞万提斯、吴敬梓、果戈里、鲁迅、卓别林所塑造的一系列喜剧人物身上，都可以见到这种乖谬性。人物性格的乖谬性所指的是或言行相悖、或名实相悖、或目的与手段相悖等，通常可以概括为两个方面：一是静态性格，即心态意象的古怪偏执性；二是动态性格，即行为方式的反常悖理性。这两个方面乖谬的具体表现是呆头呆脑却又不乏几分机趣，耽于幻想却又易于冲动，愚妄自负却每举必败，目的渺小却态度认真，追求执着却毫无意义，能耐虽小却自吹自擂，荒唐透顶却一本正经，甚至心地邪恶卑琐却装得善良高尚。总之，从内心到外表，从言语到行动，从肉体到灵魂，都严重错讹、矛盾迭出，从而在这种矛盾中自我毁灭。例如鲁迅笔下的阿 Q，他质朴愚昧又狡黠圆滑，率真任性却正统卫道，自高自大又自轻自贱，争强好胜又忍辱屈从，狭隘保守但盲目趋时，排斥异端却向往革命，憎恶权贵又趋炎附势，蛮横霸道又懦弱卑怯，敏感禁忌却麻木健忘，忌恨现状却又安于现状，等等。这种深刻的内在的性格乖谬决定了阿 Q 的喜剧性，尽管他的命运是悲剧性的。黑格尔认为："喜剧的目的和人物性格绝对没有实体性而却含有矛盾，因此不能使自己实现。"① 人物性格的乖谬矛盾性可以说是喜剧的又一个突出特征。

第三，寓庄于谐的可笑性。喜剧是引人发笑的艺术，这可以说是喜剧的一个最通常的概念。喜剧性现象和喜剧性艺术必然以引人发笑为特征，没有笑，也就无所谓喜剧。喜剧为什么会引人发笑呢？这是因为喜剧性艺术具有"寓庄于谐"的美学特征。"庄"是指喜剧的主题思想体现了深刻的社会内容；"谐"是指主题思想的表现形式诙谐可笑。在喜剧中，"庄"与"谐"是辩证的统一：失去深刻的主题思想，喜剧就失去了灵魂；但是没有诙谐可笑的形式，喜剧就不成其为喜剧。笑是喜剧的最基本的表现形式，笑也是喜剧性在欣赏者生理上的集中反映。喜剧来自笑，通过笑的形式才得

① 黑格尔：《美学》（第 3 卷）（下册），商务印书馆，1981 年版，第 257 页。

以实现得到轻松。也只有当笑用于否定丑、肯定美时，才构成喜剧。喜剧大师卓别林在《摩登时代》里扮演工人拧螺丝的动作，是机械的生产动作形成的，但后来却成了习惯动作，见什么都想拧，便十分滑稽可笑了，然而这滑稽可笑的“谐”里却包含着主题深刻的“庄”。

第四，表现手法的夸张性。夸张是喜剧的重要表现手法。夸张乃至变形，常常能产生明显的喜剧效果。艺术中的喜剧情节和喜剧形象往往是将生活中反常规的、不协调的现象，用夸张、幽默或讽刺等手段加以强调、渲染，以此来加强喜剧性。《西厢记》中的张生初见莺莺时欣喜若狂，在向红娘介绍自己时还不忘加一句“小生尚未娶妻”，夸张地表现出他的书呆子气，憨态可掬，令人发笑，实在是傻得可爱。再如有名的吝啬鬼，《儒林外史》中的严监生，临死只因油灯中用了两根灯草而久久不肯闭目；郑廷玉《看钱奴》中的贾仁，因狗舔了他一个手指头上揩来的鸭油而气得一病不起，临终还舍不得买棺材，吩咐儿子用马槽殓尸，如果马槽装不下就借邻居的斧子来砍尸，而之所以借邻居家的斧子，是因为怕把自家的斧子用钝了。这种夸张已到了怪诞的境地，这么吝啬的人在实际生活中当然没有，而只是戏剧家将实际有的吝啬性格加以提炼，经过艺术渲染和夸张，达到更加强烈的喜剧效果而已。

喜剧除上述特征外，还常用机智、幽默、讽刺、滑稽艺术等表现手段。现实生活中的喜剧性冲突情境只有经过艺术创造，才能转化为喜剧形象，获得审美观照价值。喜剧性艺术离不开特有的表现手段，机智、讽刺、幽默、滑稽等就是其基本表现手段。幽默的特征是表面的玩笑隐藏着内在严肃的含义，嘲讽却是表面的严肃隐藏着内在尽情的嘲弄。当嘲讽带有一种尖锐的、辛辣的味道时，它就变成了讽刺，讽刺所反映的对象是社会生活中的否定现象，讽刺就是要无情地揭露隐藏在外表假象中的内在本质。以丑的形式表现着美的内容实质或以美的不协调的形式来表现自身丑的内容实质，这样就构成了滑稽。

（四）喜剧的类型

在不同历史时期，喜剧有着不同的表现形态。有人将喜剧分为滑稽喜剧、幽默喜剧、讽刺喜剧；也有人将其分为否定型喜剧和肯定型喜剧。下面介绍后一种分类。

（1）否定型喜剧

古今中外都可以找到不少否定型喜剧作品，它主要采用讽刺、嘲讽的手法撕破伪装，揭示人物丑陋的本质。否定型喜剧人物，本来灵魂肮脏却装扮成高尚伟大，本来阴险毒辣却伪装成虔诚善良。如果戈里的讽刺喜剧《钦差大臣》，以一个骗子冒充钦差大臣如何受到地方显贵们的巴结讨好的故事，鞭挞了沙皇制度下官僚集团的腐朽和没落。否定型喜剧否定了无价值的东西，也就肯定了有价值的事物，否定了丑，也就肯定了美。讽刺引出的笑声是一种无情的力量，鞭挞与揭露了丑恶的本质。

（2）肯定型喜剧

这种类型的喜剧性文艺作品，常常采用滑稽、幽默、诙谐的手法，将人民内部矛盾中的一些不良现象作为批评对象，以寓庄于谐、夸张变形的方式达到喜剧性效果。例如，现代题材相声《夜行记》，成功地塑造了一个不遵守交通规则而又无理取闹的人物形象，并对他进行了淋漓尽致的嘲讽。马三立的相声代表曲目《买猴》，本来是买猴牌肥皂，结果却变成了专程赴南方买猴，成功地塑造了一个马马虎虎、大大咧咧、嘻嘻哈哈的马大哈形象。这个马大哈形象，后来竟然成为家喻户晓的人物，可见作品的艺术魅力。

（五）喜剧的美育效应

在社会主义条件下，艺术的喜剧表现往往以正面人物为主人公，此时不是以讽刺和否定为主，而是含有亲切地微笑着表现正面事物的意味，肯定和赞扬美的事物，有时候也通过善意的笑声使人们意识到自己也有类似的缺点和错误，在笑声中人们悄悄地和自己的过去告别，并从中获得否定自己的错误、走向更加美好生活的勇气。

优秀的喜剧作品可以推动人们的审美感内化转向道德感。成功而优秀的喜剧作品，可以暴露无价值无意义的东西的空虚无聊，批判愚行、丑行的滑稽荒诞，总是寄寓着最深刻的道德评价，表现出最鲜明的伦理色彩。观赏时，不仅会引起我们强烈的情感冲突和心灵震荡，而且给我们以理性的思考，实现美感的升华，形成高尚的道德情感。

优秀的喜剧作品可以引发出轻松愉快的笑。人们借助笑声可以认识社会、认识自己、纯化心性，不断提高审美敏感力和道德批判力。喜剧揭露和鞭挞错讹、乖谬、荒唐、颠倒、空虚等无意义无价值的对象，显示出主体的优越与胜利，因此包含了主体的一种理智批判态度，表现出告别过去、迎向未来、力求完善的意愿。因此，有助于我们认识假的、丑的、恶的事物的本质，从而净化心灵、纯化情感、升华精神，树立正确的人生态度，完善自我的人格塑造，保持应有的崇高，养成爱美恶丑、从善弃恶的心理。

在和平社会环境里，人们向往轻松愉快的生活，喜剧将成为人们越来越喜爱的审美形式。在这种情况下，表现人民内部生活的喜剧，用幽默来衬托正面人物的优秀品质，用喜剧活跃人民的精神生活应该成为当前的喜剧发展方向。总之，在建设和谐社会高度精神文明的审美实践中，需要塑造崇高的美，但也需要创造出反映明朗欢快生活基调的喜剧的美。

复习思考题

1. 简述“美是和谐”的含义。
2. 试以长江大桥建造为例，阐述“美是人的本质力量的对象化”。
3. 举例说明美的事物存在的领域。
4. 简述美的基本特征。
5. 举例说明美的常见形态。

第三章

感受美

掌握审美基础知识是为了审美，审美就会有审美感受，审美感受简称美感。从审美的角度看，审美感受是人们对美的事物的一种创造性的审美的反映，是人们在对美的事物观照过程中所体验到的一种精神上的愉悦和享受，它是一个复杂的、动态的、不断生成的过程。为了充分享受美感带给我们的愉悦，本章将对什么是美感、美感的起源、美感的特征、美感的心理形式做探讨。

第一节　什么是美感

一、美感的概念

什么是美感？所谓美感，简言之，就是审美主体从审美客体或对象中获得的审美感受。它是作为审美主体的人对审美客体或对象进行审美观照后的一种认知判断。作为一个重要美学范畴，“美感”有广义和狭义之分。广义的美感泛指审美意识。所谓审美意识，就是在审美实践的基础上不断形成和发展起来的审美体验、审美认识和审美能力的总和，包括审美感受及在审美感受基础上形成的审美趣味、审美能力、审美要求、审美理想、审美观念等多方面的内容。狭义的美感专指审美感受。这种审美感受是由客观审美对象的审美属性引起的人的情感上愉悦的心理状态，是人们在审美过程中的心理感受，是审美主体对审美客体中美的主观体验。也就是说，狭义的美感是人们接触了客观的审美对象以后所引起的一种综合着感知、想象、情感、理解等因素的复杂而特殊的心理现象。

二、美感的起源

美感是从哪里来的呢？美感起源于人类的劳动实践。

在美感产生初期的原始社会中，由于美的对象与实用的对象是不可分的，因此对对象的美感认识与对对象的实用价值的认识也是不可分的。其后，在长期的生产劳动实践过程中，由于语言和思维能力的逐步发展，特别是原始艺术的发展，推动了人类的审美需要和审美能力的发展。如与语言发展有关系的原始人的诗歌，和原始陶器有关的绘画，模仿劳动与狩猎有关的舞蹈，等等。这些原始艺术的发展大大地丰富了人的情感，发展了人的认识和想象力，使人的美感认识能力得到了不断发展。只有当主要是为满足审美需要的要求产生以后，人类的美感认识才能够从对象的实用价值的认识中区别出来，日益得到相对独立的发展，而成为远离劳动的意识形态。但美感不论看起来多么远离劳动生产，在最初阶段上都是生产劳动的产物。正如普列汉诺夫所说，在原始社会中，“审美趣味的发展总是同生产力的发展携手并进的，因此，不论在这里和那里，审美趣味的状况总是生产力状况的准确的标志”①。这说明原始民族的审美趣味、美感，是由生产力状况决定的，在生产劳动中产生的。

这样，人类长期的劳动实践，使自然不断地“向人生成”，成为“人化的自然”，而在同时，自然也在不断地改造着人，使人成为“人化的人”，于是整个自然界和人自身都成为人的对象。人类可以从这对象之中反观其自身，看到人的“本质力量”。于是，审美活动开始了。

基于以上分析，我们说，美感并不是什么“客观的”、自在的东西，它是在人的劳动实践中产生并随着这种实践的发展而不断发展的专属于人的感受。这种感受是具有自我意识和特定文化心理结构的人通过其社会性的感官而获得的。一言以蔽之，美感起源于人类的劳动实践。

三、对美感的研究

从古希腊到近代，对美感的研究一直是美学的主要课题。一种观点认为，美感是纯主观的产物。柏拉图认为美感是人的灵魂在迷狂中对理想世界的回忆和凝神观照时产生的欣喜。康德认为美感是一种不夹杂任何利害感、纯主观的静观的鉴赏判断所获得的自由的愉快。19 世纪后出现的“移情说”，谷鲁斯的“内摹仿说”，布洛的“心理

---

① 普列汉诺夫：《论艺术》，曹保华译，三联书店，1973 年版，第 128 页。

距离说”，克罗齐的“直觉说”，桑塔耶拿的“客观化的快感说”，都把美感看成主观情感的产物。另一种观点认为，美感是审美对象的反映。早期唯物主义虽然认为美感是对美的事物的反映，但他们把这看成是人的生理机能的反映。博克认为，美感是通过想象来满足人自身的一种根深蒂固的情欲；达尔文认为，只要是动物都有美感；弗洛伊德认为美感是人的性的升华和冲突，直到费尔巴哈、车尔尼雪夫斯基把旧唯物主义发展到最高阶段，对美感的看法依然停留在这个层次，他们都是人本主义者，认为人的本质就是自然本质。

马克思主义美学认为，美感是人类接触到美或美的事物时所引起的一种主观反映，一个对象之所以能引起人们的美感，并不是由于虚无缥缈的观念，也不仅仅由于对象某些自然属性的特征，更不是天生的本性，而是由于人们从美的对象可感形式中看到了与自己的创造性生活相联系的东西，而引起愉悦的心理情感状态。美感是一种带有明显主观色彩的特殊的社会意识，是人们以独特方式进行的综合心理过程，是通过感觉与思维观照到审美对象中人的本质力量所产生的包含着认识与评价的情感愉悦，是人类认识世界、改造世界不可缺少的一种独特的思想情感方式。在人类漫长的进化活动中，只有社会实践才能完善人的肉体组织，完善人的心理、意识、情感的发展。如果说，美是从客体方面对人的自由创造的积极肯定，那么，美感则是主体从精神方面对人的自由创造的自我观照。

四、正确认识美感与美、美感与生理快感的区别

（一）美感与美的区别

美感作为人类对美的主观反映，来源于美但又不等同于美。美是客观的，是引起美感的根源，是第一性的；而美感则是人类对客观美的认识、感受、欣赏、评价，是第二性的。美感虽然离不开美，有了美才有美感，但是，美感受主观因素特别是心理因素影响很大。即使是同一个人欣赏同一个审美对象，由于境遇和心境不同，所得的美感也不同。美感作为人类对美的主观反映，是认识，但又不是一般的认识。在情感体验中虽然也有理性思维活动，但它融化于情感之中。情感、启示、满足、愉悦，是人对美的主观反映的特殊形式，这种反映形式是以情感为纽带，相互渗透、作用、促进的综合过程。美感作为人类对美的主观反映，是社会意识，但又不是一般社会意识。美感这种社会意识比一般社会意识更加需要充分发挥主观能动性，以至有的客观存在的美只有依靠这种能动性的反映才能说明。马克思说过：“只有音乐才能激起人的音乐感；对于不辨音律的耳朵说来，最美的音乐也毫无意义，音乐对它来说不是对象。”①只有审美主体感受到了并能动地反映了对象的美，才显出美是客观存在的。但需要说明的是，美的客观存在是不以审美主体的反映为转移的。

① 马克思：《1844年经济学哲学手稿》，人民出版社，1979年版，第79页。

（二）美感与生理快感的区别

美感不同于生理快感。生理快感所需要的不仅是事物外在的形，而且需要本身的一种感性存在，是一种占有，以消灭对象为满足。美感是让对象自由存在，对它不起欲念，把它当作心灵认识、精神愉悦的对象。美感的愉悦往往是以视觉、听觉两种审美感官的快感为前提条件，又是在快感的基础上升华为一种人类高级的心理意识活动。从对审美对象感知、体验的方式来说，快感通常指的是人的生理感官的快感，它是人的生理感官同外界事物直接或间接接触之后产生的一种心理反应。同美感相比较，两者的区别在于：

第一，引起美感和快感的感官有侧重点的区别。美感主要由视听感官及由视听感官同其他感官共同形成的联觉带来的，它集中表现在视听形象或视听同其他感官联觉形成的形象给人带来的欣喜、愉悦等情绪上。在美感形成过程中，视听器官起决定性作用，其他器官只是在有联觉需要时才参与审美活动，排除视听，其他器官根本无法独立获得美感。而能够引起快感的器官除了视听之外，其他感觉器官同外界的接触，如皮肤、鼻子、舌头等同外界接触形成的触觉、嗅觉、味觉等也可以带来快感。因此，从这个意义上说，人体所有的感觉器官都能够决定快感的产生，并不局限于视听器官。

第二，主体注意力的焦点不同。当美感产生时，审美主体的注意力集中在对象身上，或者说是集中在由对象引发的实像或虚像身上。而快感获得时，审美主体的注意力不在对象身上而在自身，在自身的具体器官上，也就是说，快感虽然也是一种心理反应，但在本质上它却是生理器官的感受，是生理满足的重要组成部分。

第三，美感不占有对象，快感却占有对象。美感的获得，是一种精神的愉悦，不是物质情欲的发泄，而是人的一种高级的情感活动。所以美感产生是视听作用的结果，主体并不占有对象。同一个审美客体，对于所有的审美主体而言，它提供同样的审美内容，不存在归谁拥有问题，加上审美时，主体的注意力在于对象而不在于自身，审美者并不以占有对象为目的，这表现了审美具有非功利性的特点。但快感的获得，却以占有或部分占有对象为前提，快感是生理机体的舒适感觉，不需要以审美评价为基础，它在本质上是物质性的。比如，味觉快感，就往往以占有食物为前提；性快感也以占有性伙伴为前提；等等。可见快感产生时，主体注意力焦点在自身器官上，有功利性。

虽然美感和快感有如此之多的界限，但由于它们都是人感情态度的具体表现，所以，两者也有许多相通相融的地方。凡是美的东西，总能让人的感官觉得舒服，只要它不超过一定的度，就是美的。具体来说，适当的感官生理快感的存在和参与，对审美而言可以强化美感的愉悦。比如，香味芬芳的鲜花能引起人们嗅觉感官的快感，当这些快感参与人对鲜花的审美时，可以强化人视觉上的美感效果；服饰柔软光滑的手感，也可以加深人对服饰的视觉印象，这种强化可以使比较一般的事物在感觉上变得美丽起来，使原本美丽的事物在感觉上更趋完美。

第二节　美感的特征

美感，概括而言，具有直觉性、情感性、愉悦性、共同性、差异性的总体特征。

一、美感的直觉性

美感具有直觉性。所谓美感的直觉性，就是对美的形态的直接感知。这里的直觉包含三层含义：一是指审美感受的直接性、直观性，即整个审美过程自始至终都是形象的、具体的，在直接的感知中进行；二是在审美中对审美对象从整体上而不是局部感知；三是指审美感官愉快，不是先有理智的思考和逻辑的判断，而是直接产生的，即在美的欣赏中无须借助抽象的思考，便可不假思索地判断对象的美或不美。需要说明的是，人们在审美欣赏中，美感是一刹那间产生的，似乎确实来不及经过理性的思考判断，但这种直觉是在对美早有理解后的更深刻的感觉中产生，而不只是对美毫无理解的感性直觉。美感的直觉性，是因为美具有形象性的特征，美是具体可感的，离开了具体可感的生动形象就谈不上美。当生动的形象通过感官传入欣赏者的大脑时，便马上唤起了以前长期储存的所有的与此有关的审美经验而形成直觉性的美感。

直觉的存在是不容许否认的。科学与艺术史有许多事实早已证明，在人类思维活动中，的确存在着与逻辑思维迥然不同的思维方式，它能使人在瞬间领悟和理解，造成人对现实的理性把握。当然，我们应该看到审美活动中的审美直觉与复杂的科学理性逻辑判断是既有联系又有区别的。我们应该区别两种根本不同的直觉：一种是初级的、原始的，相当于感觉，也可说是在理性阶段之前的直觉；另一种可以理解为高级的、经过长期经验积累的，实际上是经过了解性认识阶段的直觉，思维早已成定式，只不过已被压缩成“一触即发”的简练形式的直觉。如《红楼梦》第三回宝黛初会荣庆堂时，宝玉却说“这个妹妹我曾见过的”就属于后一种直觉，书中写道：

> 宝玉早已看见多了一个姊妹，便料定是林姑妈之女，忙来作揖。厮见毕归坐，细看形容，与众各别：两弯似蹙非蹙罥烟眉，一双似喜非喜含情目。态生两靥之愁，娇袭一身之病。泪光点点，娇喘微微。闲静时如姣花照水，行动处似弱柳扶风。心较比干多一窍，病如西子胜三分。宝玉看罢，因笑道：“这个妹妹我曾见过的。”贾母笑道：“可又是胡说，你又何曾见过他？”宝玉笑道：“虽然未曾见过他，然我看着面善，心里就算是旧相识，今日只作远别重逢，亦未为不可。”①

在这里，贾宝玉对林黛玉一见如故，是贾宝玉在比较了荣、宁二府众多女子之后，形成了自己的审美定式，而林黛玉的容貌、气质等恰好符合其审美理想，于是，贾宝

① 曹雪芹：《红楼梦》，军事谊文出版社，2006年版，第19页。

玉初逢林黛玉便对其一见如故。我们平时所说的“一见钟情”也是这个道理。

美感的直觉性，并非不包含理智的成分。因为在人们长期储存的审美经验里，就包括理智的认识，只不过极为不明显罢了。正如我们在很远的地方听到了熟人的脚步声，便不假思索地说出是谁来了一样。这好像是完全凭直觉的，但这直觉却是以长期对熟人走路的认识为基础的。巴甫洛夫这样说过，记得结果，回答得正确，却忘记了自己先前的思想经过，这就是何为直觉的原因。

二、美感的情感性

美感具有情感性。所谓美感的情感性，是指在审美过程中人对客观存在的美的体验和态度，包括人的生理、理性因素与人类发展所积淀的情感因素等贯穿始终。比如我们欣赏阿炳的《二泉映月》，当二胡奏出那缓慢、低沉而悠扬的旋律时，我们立刻被激发出一种凄婉哀怨的情绪，仿佛一人孤身坐于夜阑人静、月冷泉清之地，回首往事，痛苦不堪。随着主题的展开，旋律慷慨激昂起来，那悲愤的控诉、不屈的抗争和孤傲的人格立刻在我们心里激起共鸣，愤怒、同情、钦佩、昂奋等诸多情感在我们胸中交织着、洋溢着、沸腾着。直至曲终，我们的心绪仍然久久不能平静。这就是一种美感的情感性的体验。

美感具有情感性的特征，是因为美感的产生是人们心中形成的一种感受，人们在欣赏美和创造美的整个活动中，一丝一毫都离不开情感的参与，如果离开了情感，也就没有美感可言，更谈不上欣赏美和创造美了。车尔尼雪夫斯基的名言即美感的主要特征是一种赏心悦目的快感，就能很好地说明美感是一种感情的投入而产生的美，它必须有情感的介入。我们知道，情感是人的需要能否得到满足的体验。人的需要是多方面的，可概而言之为物质需要和精神需要。这两种需要是人的本质的需要，而这种需要能否得到满足，都会在内心激起肯定或否定的情感，而情感中的美感，则是满足了人对美的需要时所产生的一种愉悦的情感，因而美感具有情感性的特征。

美感具有情感性的特征并不是说美感里都是感性的成分，没有理性的因素。与此相反，审美情感里包含着丰富的理性因素。在强烈的情绪情感活动中，常常可以理解到审美对象的深刻的社会观念内容。如柳宗元的“千山鸟飞绝，万径人踪灭，孤舟蓑笠翁，独钓寒江雪”。透过诗句描绘的鲜明的画面和冷峻的气氛，我们感受到的是作者的铮铮傲骨、洁身自好、不与污浊同流的思想观念。这种观念的感受和理解又大大地激发起我们的情绪，并使寒江独钓的画面愈益冷峭、高洁、美丽。审美情感活动由于以形象思维为基础，因而审美情感的对象也必须是形象，而不是真理、正义、自由之类的抽象概念和原则。如欣赏汤沐黎的油画《霸王别姬》，面对画面具体鲜明的形象，我们才会产生审美情感，因而感知诱发情感。当然，审美对象内容的不同，引起的情感态度也是不同的。人生丰富而复杂，大自然具有无穷的形式，无限复杂的人生和无穷形式的大自然熔铸成多彩的感性统一，我们的审美情感体验也就具有无限丰富的内容。人和自然的感性直观统一及对这种统一的情感体验，最集中最精粹地表现在艺术中。因此在艺术创作和欣赏的活动中总是自始至终充溢着情感体验，如悲剧所引起的快感与对剧中人物的情感态度（如同情）不可分割，它与喜剧所引起的快感例如笑，有本质的不同。优美的抒情小调与雄壮的进行曲，所唤起的情感体验也有显著区别。总之，由于审美对象的丰富复杂，审美情感也呈现出丰富复杂的状态。特别在各门艺术的创作与欣赏中，情感活动更呈现出纷繁复杂、扑朔迷离的状态。这就使得美感具有情感性的特征。

正因为美感具有的情感性特征，因而人的情感的活动又会影响对美的事物的感受。列夫·托尔斯泰在《战争与和平》中写安德烈两次看到同一棵老橡树的不同感受，就可以说明这一问题。他在第一次看到老橡树时，是他在军队里伤愈回家后又碰上他的妻子不幸死去，使他精神上受到了很大的创伤，心情非常苦闷。这时他看到的老橡树像一个古老的、严厉的、傲慢的怪物一般站在含笑的桦树中间，板着脸，僵硬、丑陋、冷酷。老橡树这样的形象，是受了安德烈苦闷、孤独、冷淡、绝望的心情的影响，是安德烈移情于老橡树的结果。在他第二次见到老橡树的时候，他的心情发生了很大的变化，对生活也充满了新的希望，他对老橡树的感受也与第一次不同，在他的眼中那棵老橡树完全变了样子，展开一个暗绿嫩叶的华盖，如狂似醉地站在那里，轻轻地在夕阳的光线中颤抖。甚至没有枝子的地方，也生出了令人无法相信那棵老树会生得出的嫩叶。这并不是由于橡树本身的变化引起的，而是由于安德烈情感的变化造成的。马克思说过，忧心忡忡的穷人甚至对最美的景色都无动于衷，这也说明穷人因忧心忡忡而无心感受美。我国古人说“逆境心生悲，观物亦凄然”和“以我观物，故物皆着我色”（王国维《人间词话》），说的就是人的感情对美感的影响。

三、美感的愉悦性

美感具有愉悦性。美感的愉悦性来源于对人的本质力量的肯定，表现于对狭隘功利性的超越和对于生命力的追求。我们知道，审美是一种感情，是一种喜悦和愉快的感情。无论什么样的审美对象，它总是能给人们带来审美的喜悦。崇高美，诸如奇峰突起、绝壁悬崖、霹雳闪电，虽然它们使我们的耳目受到强烈的刺激，但往往在感情上能给人以愉悦感。听莫扎特的音乐，读张若虚的诗，登八达岭看万里长城，都可以获得这种激动的或平静的喜悦和愉快的美感享受。这种愉悦感来自身心与能力的和谐运动，令人感到一种怡然自得、左右逢源、轻柔流畅、游刃有余的自由。

（一）悲剧美感的愉悦性

悲剧美感所含的愉悦复杂而深沉，它能给人以美的享受。如小仲马的《茶花女》中，身心遭受极大的摧残、想摆脱供人玩弄的妓女生活的马格丽特，遇上了真心倾慕她的青年阿芒，两人相爱，逃出巴黎，到乡间度过了一段时期的幸福生活。后来，他们的爱情被阿芒的父亲发现，他坚决反对，马格丽特只得忍受着难言的痛苦，与阿芒分手，并且发誓不将实情告诉对方。阿芒误认为马格丽特背叛了他们的爱，在赌场上对她发泄了自己的愤怒，这使重病中的马格丽特经受了一次沉重的打击。当阿芒知道她分手的真正原因，从外地赶来与她相会时，马格丽特却离开了人世。作品以名妓茶花女的遭遇和悲惨结局，揭露了资本主义社会对被污辱、被损害者的冷酷无情，批判了资产阶级虚伪的道德观念。人们在看《茶花女》时，往往落下伤心的眼泪。悲剧直接给人以痛感，但痛感迅速地向快感转化，从而使观赏者在感情上得到一种满足。因为悲剧中那种对善的讴歌，对恶的鞭挞，正与观赏者的愿望相符合；观赏者心目中的是非善恶的观念，在悲剧中得到应有的评价，使观赏者产生一种顺心的感觉，于是痛感就转化为快感。另外，人们在观赏悲剧时，往往会联系到自己的遭遇，从而使郁结在心中的不快得到发泄。这种情况，也能使痛感转化为快感。悲剧常使人激动、振奋、头脑清醒，因而人们往往比较喜欢悲剧。

（二）喜剧美感的愉悦性

喜剧审美的愉悦性常是轻松幽默的。如法国博马舍的《费加罗的婚姻》，费加罗战胜了想享受封建初夜权的伯爵，在一片欢乐歌舞的热烈气氛中宣告与苏珊娜结婚。剧情一环扣一环，幽默的内容常使人忍俊不禁。笑是喜剧美感的特征，喜剧美感的愉悦性常常产生于愕然到恍然的突然转折，愕然时所蓄压的心理能量到恍然时尽情宣泄，同时对自己理性的敏捷感到自豪。而另一种含泪的笑，它往往产生于社会历史事件的喜剧性。如看果戈里的《钦差大臣》，当观众为沙皇官员丑态百出而哑然失笑时，又为官场腐败、社会黑暗而心情沉重。这种笑幽默但不轻松。这种愉悦性质乃来自那种解恨出气的“痛快”。

（三）自然美的愉悦性

艺术美能给人以审美愉悦，自然美也能给人以审美愉悦。“曲终人不见，江上数峰青”“采菊东篱下，悠然见南山”，何其淡远！何其天然！恬淡感所含的愉悦是一种平静的愉悦。使人感到的是名利俱弃、宠辱皆忘、俗务尽脱、尘外飘然的自由。“大漠孤烟直，长河落日圆”“星垂平野阔，月涌大江流”，何其雄浑！何其沉暮！

审美愉悦性没有物质功利性，却有精神的功利性；没有个人功利性，却有社会功利性。柔韧的小草，清丽的鸟鸣给人的愉悦虽无重大的社会意义，却有益于人的身心发展，可陶冶人的情操。舒伯特的摇篮曲不能给人的愉悦以催眠，但能引起成人对童年、对母亲的眷恋，激起爱母亲、爱人民、爱祖国的美好情感。雄浑、崇高之美感能扬起人类的自尊和自信精神，恬淡之感、静穆之感能平息人心中的愤怒和怨怒。审美愉悦之所以是非功利的，又是有功利性的，是因为它表现了对狭隘功利性的超越和对于生命力的追求。

四、美感的共同性

美感具有共同性。美感的共同性是指有些美的事物，不同时代、不同民族、不同阶级的人们都认为它美，这就是美感的共同性。

（一）自然美认识的共同性

对于自然美的认识，人们往往具有共同性。清奇秀丽的桂林山水，美丽奇妙的黄山云海，白雪皑皑的阿尔卑斯山，风景如画的塔希提岛，声震若雷的尼亚加拉大瀑布……古往今来，不论哪个时代、哪个民族、哪个阶级的人见到后都会为之赞叹不已。之所以会如此，是因为自然美往往是一种外在的形式美，它能够以一种美的形式唤起不同时代、不同社会的人们的美感愉悦，它不具有时代特点和阶级烙印。就自然本身而言，如蔚蓝的大海、火红的枫林、初升的太阳、皎洁的月亮，往往能唤起人们对美的赞叹，古往今来，许多文人墨客都为此而留下了壮丽的诗篇。可见，对美的认识，在自然美方面，人们往往能达到一种高度的一致。

（二）艺术美认识的共同性

艺术源于生活而高于生活。对于艺术美的认识，尽管人们有时候有自己独特的理解，但亦有共同性可言。秦陵兵马俑、米洛斯的《维纳斯》《达·芬奇自画像》《蒙娜丽莎》等艺术美因为表现出一种永恒魅力，所以能得到人们的共识。此外，故宫的雄壮、富丽堂皇，令人回想起昔日皇家的气派、华贵；古埃及的金字塔，是古代劳动人民的血汗的象征；中国的长城，绵延万里，其雄壮为世人所赞叹，引发出“不到长城非好汉”的感言。这种种美感，不仅是对其外在形式的赞叹，更是对古代劳动人民智慧与血汗凝成的力量的赞叹。

当然，对于有的艺术美，由于不同时代、不同阶级的人们在社会生活条件上可能有某些相似之处，因而造成不同时代和阶级的人们在利益、要求、感情、愿望等方面的近似或一致的地方，便可能在某些方面表现出大致相同的审美观念、审美理想和审美要求。如在私有制发展的不同历史时期的被压迫者，他们都有要求过平等自由生活的愿望，都有反抗残暴统治、残酷剥削的精神，因此，对于揭露剥削阶级的罪恶和黑暗统治，歌颂被压迫、被剥削者反抗精神和追求自由的理想的艺术作品，就会被不同时代的被剥削、被压迫者及同情他们的人所喜爱、所欣赏。如屈原的《离骚》，杜甫的《三吏》《三别》、关汉卿的《窦娥冤》、施耐庵的《水浒》等。

马克思说，希腊艺术和史诗，至今“仍然能够给我们以艺术享受，而且就某些方面说还是一种规范不可及的范本”，它“作为永不复返的阶级而显示出永久的魅力”①，这说明优秀的古代艺术作品能够使今天和后世的人们继续得到美的享受，充分证明了艺术美存在着共同的美感。

（三）社会美认识的共同性

社会美一般都侧重于内容，在阶级社会里它比自然美的美感有更多更明显的差异性。但社会生活是极为丰富多彩的，并不是每一件事都是阶级斗争的结果，或者都有

① 《马克思恩格斯选集》（第2卷），人民出版社，1972年版，第114页。

那么明显的阶级性。如人们行为中的传统美德，人类的智慧和才能并由此创造的劳动成果，等等，是被每个阶级的人们所喜爱的，因为这些是超越时代与阶级的界限的。

由上述可知，生活在不同时代、不同阶级和不同民族的人有着美感的共同性。这一方面是因为人有不同于动物的共同的人性特征，因而具有超阶级、超时代、超民族的共同美感特征。如对于真理的追求、爱情的赞美等。另一方面，人类是在不断继承和交往中生活、发展的。因此，生活在不同时代、不同阶级、不同民族的人也存在美感的共同性。

不同时代的人有共同美感，是因为人类生产实践和政治、法律、宗教、哲学、道德等社会意识形态及审美观念并不是随着一个时代的结束而结束，而是处于不断的传承更新过程中的，后人总是在前人优秀遗产的继承中发展的。因此，不同时代的人必然也有共同的文化、心理、习俗、审美理想等，也必然具有美感上的共同特征。

不同民族的人具有美感的共同性，是因为各个民族和地区虽然相对独立地走过了一段历史进程，但从来都不是孤立发展的；而且随着人类历史的进步，各个民族、地区之间在实践领域和精神领域的交流与联系越来越多，民族之间经济、政治、文化的相互渗透越来越深入，各种观念相互影响，使得不同民族对美感的共同性不断形成。

在不同阶级之间具有美感的共同性，是因为各个阶级都处于同一社会中，它们是相互独立而又相互依存的。不同阶级的人具有相互区别的因素，也有相互统一的因素，除了不同的阶级利益与观念差别外，也有共同的利益与相同的观念，因此也会具有美感的共同性。

五、美感的差异性

美感的差异性是与美感的共同性相对而言的。和其他事物一样，美感也是多样统一的，人类对美的感受和认识具有共同的性质，但对具体事物的美感又千差万别。美感是以客观的美为来源的，但它对美的反映却因人而异。面对同一美的事物，不同的人所得到的美感往往有差异。就对美的认识来说，可能有正确与错误、深刻与肤浅之分。就对美的情感来说，有的反映强烈，有的反映不强烈，甚至同一个人面对同一审美对象，在不同的时候、不同的条件下，也可能有完全不同的感受。这就是美感的差异性。美感的差异性的表现是纷繁复杂的，概而言之，我们把美感的差异性概括为民族的差异、时代的差异、阶级的差异和个人的差异，下面就其差异一一分述。

（一）民族差异

民族是历史上形成的一个有共同语言、共同地域、共同经济生活及有表现于共同文化上的共同心理素质的稳定的共同体。由于各民族的语言、地域、经济、生活，以及表现于文化上的共同心理状态上的特点不同，这种不同又渗透到美感中，因而不同的民族在美感上有所差异。

如对人体和皮肤的欣赏，不同民族的审美趣味、美感的差异是很大的，甚至是根本对立的。中国人常以“眉清目秀”为美，而非洲人却以“染其眼皮为黑色”为美；我们以“唇红齿白”为美，而“马来半岛之人以白色齿为可耻，谓其与犬齿无异”；我们以鸭蛋脸为美，而“哥伦比亚之野蛮人以扁头为美”，暹罗人以“具小鼻、鼻孔远离。阔口、厚唇、面庞甚大、颧骨高而阔”的妇女为美（达尔文《人类原始及类择》）。对此，格罗塞在《艺术的起源》中也有具体材料说明。他说，正像白色的妇女要用粉来增加白的美趣一样，黑人总是用炭粉和油质来增加他们黑的魅力。这些现象，很好地说明不同民族在人体上的不同的审美要求。

在我们看来，在脸上、身上涂抹色彩或刻绘图案作为装饰，并不那么美观，因为这会损伤人的自然美。但是，文面、文身在一些国家和民族中却颇为盛行。例如，在苏丹的一些民族中，就有文面的习俗，他们根据人的脸形，划上又长又宽的面纹，辅有线条，技术相当高超；突尼斯人和尼日利亚伊博人都使用染了颜色的刀；亚利桑那州的一些印第安人和东南亚的马来西亚人则用荆棘在身上刻绘图案，来显示自身的美；爱斯基摩人和东西伯利亚人更为特殊，他们用涂有黑颜料的针刺穿皮肤，在身上绘制花纹，这当然要忍受更大的痛苦。关于文身的起源究竟已有多少年的历史，尚无一致说法。但可以说，这一风俗已经伴随着人类的发展，度过了漫长的岁月，甚至有些民族还将文身作为等级的象征。古希腊史书中就有此类记载。

就服装而言，日本人喜爱穿和服，阿拉伯人喜爱穿长袍，非洲的班图妇女就喜爱在腰间缠绕着艳丽的大花布，苏格兰的男子则喜欢穿花格子的短裙，阿尔及利亚南端的图阿雷格人，无论男女都习惯披蓝色的披肩，等等。我国是个多民族国家，各民族都有自己的民族服饰：汉、满族妇女，在历史上曾喜穿旗袍；朝鲜族人喜穿白色或粉色的长裙；藏族人则穿黄色的藏服；蒙古族人则穿褐色或绿色的大袍……真是绚丽多彩，无不展示着各民族的特点。

各民族不同的审美差异表现在艺术上，便形成了各民族艺术的民族特点。如中国的国画和西方的油画，中国的民族舞蹈和西方的芭蕾舞，中国的民乐与西方的管弦乐，等等，不论是在内容上还是在风格上都有很大的差异。以我国的各民族的舞蹈来说，风格就不大一样：蒙古族的豪放，朝鲜族的典雅、柔美，维吾尔族的活泼。又如建筑，从威武宏伟的埃及金字塔，到似长龙腾飞的中国万里长城；从气势磅礴的罗马庞培城的斗兽场，到端庄高雅的希腊神庙；从豪华炫目的法国凡尔赛宫，到秀峰突兀的美国芝加哥的西尔斯大楼……无不展现着世界各个民族建筑艺术的风采，体现了不同的特色。马克思说：“古往今来，每个民族都在某些方面优越于其他民族。”① 因此，每个民族在文化艺术方面，也有优越于其他民族之处。我们在发扬中华民族优良传统的同时，也要学习世界各民族的长处，来丰富我们的民族艺术的内容。各民族通过互相学习、互相影响，随着时代的前进，文化艺术的民族特点也在不断发展、变化。

① 《马克思恩格斯全集》（第 2 卷），人民出版社，1979 年版，第 194 页。

美感具有民族差异，那么民族差异是怎样形成的呢？这是由于每一个民族都长期生活在共同的地域，过着统一的政治经济生活，形成了统一的生活习惯，接受着共同的语言和文化传统，具有历史积淀的民族心理，所以造成了审美意识的浑厚的民族性。这种审美意识的民族个性，表现于民族生活的各个方面，就形成了美感的民族差异。我们强调美感的民族性，但绝不能把审美意识的民族性与审美心理结构的普遍性、共同性对立起来，强调艺术的民族特点，并不排斥各民族艺术之间的相互作用，相互影响。我们应当吸收借鉴世界上各民族的审美精华和优秀艺术，来丰富我们的艺术。

作为新时代的大学生，了解审美意识的民族性是十分必要的，因为这可以开拓审美视野，丰富审美知识，提高审美鉴赏能力。因此，我们应该尽可能了解世界各民族的历史和风土人情，广泛浏览世界名著，增长自己的见识和才干，继承中华民族光辉灿烂的历史文化遗产，在未来创造出富有我国民族特色的建筑、绘画、音乐、文学、电影、戏剧作品，为繁荣我们本民族的文化，为建设具有中国特色的社会主义物质文明和精神文明，做出积极的贡献。

（二）时代差异

人类的历史，是一部不断地掌握和运用美的规律创造美的历史。受特定时代的物质生活条件、社会关系及一定的政治、哲学、文化等思想的影响和制约，各个时代形成了不同的审美理想、审美观念、审美趣味，其渗入人们的审美心理之中，便给美感也染上了鲜明的时代色彩，从而形成美感的时代性。不同时代的人的美感不相同，美感随着时代的变化而变化，因此人的美感便出现了时代的差异。

由于美感的时代性是由一个时代的物质生活条件所决定的，在不同的生产方式和阶级关系的基础上，各个社会发展阶段都会产生不同的居于主导地位的审美观念、审美理想和审美要求，于是就形成不同的审美标准，产生不同的审美趣味和审美鉴赏。以米洛斯的《维纳斯》的遭遇为例：这座希腊雕像具有希腊妇女的典型特征，她那安详矜持的眼睛、自然含笑的嘴唇、典雅大方的容貌、丰腴饱满的躯体，都体现着女性的温柔、秀雅、青春和健美，集中地表现了2 000多年前希腊奴隶社会占主导地位的审美理想。然而，在封建的中世纪，她却遭到基督教徒和修道院的猛烈攻击，被称为“女妖”，这是因为他们的审美理想与《维纳斯》所展现的审美理想是根本对立的。后来，随着资本主义生产关系在西欧的萌芽和形成，这古代的“女妖”才又“重见天日”。时代发展到今天，《维纳斯》已为更多的人所喜爱，成为艺术与美的集中体现。

就人对自身形体美的追求而言，各个时代是不同的。在我国，《诗经》的首篇《关雎》里唱道：“窈窕淑女，君子好逑。”这里的“窈窕”就是苗条、幽娴的意思。楚国文学家宋玉在《登徒子好色赋》里描述他乡里的一位美女：“眉如翠羽，肌如白雪；腰如束素，齿如含贝。”其中“腰如束素”的意思，就是腰像一束绢那样柔细。可见，在先秦时期，人们是以苗条作为女子体形美的标准的。然而，到了唐朝，人们的审美标准发生了很大改变，“所尚以丰肥为美”了。我们现在所见到的唐人张萱的《捣练图》

和周昉的《簪花仕女图》，画面上的女子，无不是“曲眉丰颊”“丰肌肥腴”。可见，唐人的审美标准与前人的审美标准已经完全不同。按照我们今天的审美标准来看，体形孱弱如“豆芽菜”不好，过于“发福”如“冬瓜”也不好，而应当骨骼匀称，肌肉丰满，自然和谐，才称得上健美，才符合现代人的审美心理。

美感的时代差异反映在艺术上，便形成了各个时代的艺术特点。这是因为各个时代的艺术家们，由于受着特定的社会实践内容和社会思想的影响及制约，总是按照那个时代的审美理想去从事美的创造，展示着那个时代的精神风貌。各个民族都有自己的历史，而各个历史时代的艺术作品就会显示出不同的特色。我国是一个文明古国，历史悠久，有着极为丰富的文化遗产，各个朝代人们的审美趣味也是不尽相同的。同是建筑中的塔，开封市的佑国寺塔，系北宋时代所建，高 55 米，8 角，13 层，塔身外用 28 种不同形状的褐色琉璃砖砌成，故称铁塔，砖面上塑有栩栩如生的飞天、坐佛、麒麟、立僧、宝相等花纹和图案，反映了北宋时期人们的审美观念；而西安市的大雁塔，是唐代的建筑，高达 64 米，7 层，平面为正方形，塔型为角锥状，是楼阁式砖塔的优秀典型，展现了唐代人们的审美情趣。同是雕塑，北魏、北齐时期的形象飘逸自得，秀骨清相，唐朝则和蔼慈祥，丰满肥腴。同是诗歌，齐梁体彩丽竞繁而兴寄都绝；唐朝则骨气端翔，音情顿挫，光英朗练，有金石声；到了宋朝便形式华丽而内容空乏。可见，一个时代的审美观念、审美理想会渗透到当时社会生活的各个方面，从而形成那个时代的美，此所谓“燕瘦环肥”，各尽其妙。

归根到底，人们的美感是由社会生产力发展水平所决定的。原始社会由于生产力低下，人们只懂得用动物皮毛、脚爪、牙齿来装饰自己，也不知鲜花的美，然而随着生产力的发展，自然的人化进程不断地得到开拓，人们的美感也由低级向高级逐渐发展，相继出现了仰韶文化、龙山文化，乃至出现了奴隶社会灿烂的商、周文化。在漫长的 2 000 多年的封建社会中，中国人民从骊山脚下、渭水河畔的“矗不知其几千万落”的阿房宫，到明、清两代兴建的宏伟庞大、殿宇巍峨、宫阙重叠、画栋雕梁的故宫，在建筑、雕刻、绘画、文学、音乐等各个方面创造了无比辉煌璀璨的艺术成就。美的进程无不鲜明地打上了时代的印记，反映出各个历史阶段生产力发展的状况。

应当指出的是，一些时代所崇尚的美，实则是一种丑的表现，它经不起时代的考验，即经不起时间的印证。就拿封建时代妇女的小脚来说，在当时以此为美，并且美其名曰“三寸金莲”，将之作为对妇女的一种择美标准，但究其实质，则是封建制度对女子身心的一种摧残。因此，对于此种以丑为美的审美倾向我们应当坚决地抵制，并予以摒弃。正如鲁迅先生所言：无益社会国家于人生将来又毫无意义的行为，现在已经失去了存在的生命和价值的东西，必须割舍扬弃。因此，我们在欣赏不同时代的艺术时，一定要了解那个时代的背景，掌握当时人们的审美观念和审美标准，这样才能对不同历史时期的作品理解得更透彻、更深刻，才能对它们做出正确的审美评价。

当今社会已经进入信息时代，随着生产力突飞猛进的发展，审美观念、审美理想和审美情趣也在不断更新，不断发展。大学生们必须跟上时代的进程，应当培养符合时代精神的健康的审美趣味，以适应建设高度的社会主义物质文明和精神文明的需要；应当理解时代精神，明确当代人的审美心理，继承历史遗留下来的、符合今天时代要求的积极的审美观念，扬弃那些与时代要求不符的东西，努力创造新时代的美好未来。

（三）阶级差异

和民族的差异性相同，在阶级社会里，由于不同阶级人们的经济地位、生活方式、文化观念等的不同，形成了不同的审美趣味、审美理想和美感。阶级是一个历史的具体的存在，一个阶级的趣味和美感也必然表现出具体的历史的内容。处于上升时期的阶级趣味和美感是先进的世界观，特别是先进的审美指导下形成的。因而，在一般情况下，它们能表现社会发展的趋向和要求，能够认识和反映客观事物的美，具有一定的真实性和进步意义。处于没落时期的反动阶级，由于他们的世界观，特别是审美观随着社会的发展，已是腐朽的、反动的，不仅不能反映出客观世界的美的事物，而且歪曲了客观世界的真实性质。

俄国美学家车尔尼雪夫斯基，就曾具体地分析过乡下农民和上流社会的人对于“美人”的两种不同的标准。他说：“青年农民或农家少女都有非常鲜嫩红润的面色，——这照普通人民的理解，就是美的第一个条件。丰衣足食而又辛勤劳动，因此农家少女体格强壮，长得很结实，——这也是乡下美人的必要条件。‘弱不禁风’的上流社会的美人在乡下人看来，是断然‘不漂亮的’，甚至给他不愉快的印象，因他一向认为‘消瘦’不是疾病就是‘苦命’的结果。但是劳动不会让人发胖，假如一个农家少女长得很胖，这就是一种疾病……”① 与此相反，上流社会的人却认为病态、柔弱、委顿、庸倦，在他们的心目中也有美的价值。可见民女和王储、流浪汉和富家女、电影明星和商店的小老板，不同阶级的美感是截然不同的。

不同的美感也强烈地表现在各个阶级的艺术中。《水浒传》这部小说所描写的梁山英雄好汉不畏强暴、劫富济贫的光辉形象，深受人民的喜爱。李自成等曾以他们为榜样进行了起义。正因为如此，封建统治阶级对这部书很憎恨，诬蔑它是“诲盗”之书，妖言惑众，明朝崇祯十五年下令查禁，清朝也多次下令查禁。俄国作家果戈里的著名喜剧《钦差大臣》在彼得堡上演，剧院座无虚席，连沙皇也带着皇太子来了。大幕拉开后，人们被这喜剧的动人情节和诙谐的语言吸引住了，剧院内欢声笑语，此起彼伏。但一些达官贵人却如坐针毡，极为狼狈。戏演完后，沙皇尼古拉对达官贵人说：“这叫什么戏呢？大家都不痛快，而我比谁都更不痛快！”②

鲁迅、郭沫若、茅盾是我国伟大的无产阶级文学家，在他们的作品里都充满着无产阶级人民大众的爱和恨，所以他们的作品在新中国成立前多次被查禁，而作者本人

---

① 车尔尼雪夫斯基：《生活与美学》，周扬译，人民文学出版社，1959 年版，第 7 页。

② 《郭沫若文集》（第 10 卷），人民出版社，1959 年版，第 79 页。

也随时有被捕入狱的危险。这说明在艺术美中也是带有阶级性的，不同的阶级产生不同的美感。

（四）个体差异

不同的阶级，由于人们的阶级地位、生活方式、文化观念等的不同，导致了美感的阶级差异。而在同一个阶级内部，每个人的实践地位、生活环境、生活道路、命运和遭遇及文化艺术修养等，也是不尽相同的。这种不同就决定了各自的特殊性格、需求、爱好和情感的体验，形成了个人的审美趣味和美感，从而出现美感的个体差异。例如，有人喜欢杏花、春雨、江南的婉约美，有人偏爱铁马、秋风、冀北的豪放美，有人喜欢杜甫的诗，有人喜欢苏轼的词。即使面对同一审美对象，由于欣赏者的经历和环境的不同，所引起的审美感受和体验也是各不相同的。同是明月，既有苏轼的“明月几时有，把酒问青天”的浪漫主义幻想，也有李白的“举头望明月，低头思故乡”的乡愁和情怀，以及冯延巳的“明月，明月，照得离人愁”的悲凉的情感。

美感在一定程度上随着个人的心境、情绪的不同而有所不同。经验和情感的不同也会导致美感的差异。同样是两个很有修养的人，但因其所学的专业不同，往往自身对自己的专业领悟力更强。就是同一个人，对同一个审美对象，因生活经验的不断丰富、文化知识的不断增长、道德品质的不断完善、思想情感的不断变化，其美感也有所不同。

在日常生活中我们会有这样的体验：外出旅游时，同是观赏蓝天上飘浮的白云，有的人觉得它像是一团团棉絮；有的人觉得它宛若一堆堆白雪；还有的人觉得它仿佛是一群群绵羊……审美感受如此丰富多彩，真是“各以其情而自得”。尤其在艺术美感的把握上，对于具有不同文学功底、文化修养的人，对美的认识是不同的，就此而言，如果没有一定的文学底蕴，就欣赏不了《诗经》《楚辞》、汉赋、唐诗、宋词、元曲的美。或许，当你已被其艺术感染力深深震撼之际，他却因不能理解文意而无动于衷。在音乐的欣赏上，有音乐修养的人才能被其深深地打动。绘画艺术、建筑艺术等皆同此类。正如马克思所言：“如果你想得到艺术的享受，你本身就必须是一个有艺术修养的人。”①

在文学接受活动中，经由读者阅读产生的“第二文本”，往往掺杂着读者个人的再创造，与作者的“第一文本”相比，会发生很大的异变。这与读者头脑中政治观念、文化观念及个人的文化视野、生活体验、文学欣赏能力有关。如《诗经》中的《关雎》，在一般读者看来，不过是一首男女思恋的情歌，《毛诗序》认为是对“后妃之德”的赞美。唐人韦应物的《滁州西涧》一诗中“独怜幽草涧边生，上有黄鹂深树鸣。春潮带雨晚来急，野渡无人舟自横”，本意不过是抒发对优美自然风光的赞叹之情，元人赵章泉却认为前两句是写“君子在下小人在上之象”。《金瓶梅》中的潘金

① 马克思：《1844年经济学哲学手稿》，人民出版社，1979年版，第108页。

莲，谋害亲夫、挑拨口舌、争宠献媚、嫉妒淫荡，在作家笔下，无疑是一个应遭千人唾、万人弃的女人，但在我国现代著名作家孟超的心目中，潘金莲却是一个不甘忍受封建束缚，勇于追求自由，值得同情的千古悲剧人物。① 这种形象变异，显然是因为作者（兰陵笑笑生）与读者（孟超）之间文化观念的差异造成的。作者尊崇的是封建纲常伦理，读者崇尚的是个性自由的现代文化精神。《红楼梦》中的林黛玉这个人物，对于阅历深的老人，与对于好奇而天真的青少年来说，在他们心目中的样子是绝然不同的，因为人们总是以个体的心灵去体验，以自己独特的感受来理解。这正如鲁迅先生所说：读者所推见的人物，却并不一定和作者所设想的相同，巴尔扎克的小胡须的清瘦老人，到了高尔基的头里，也许变了粗蛮壮大的络腮胡子。

美感差异和人所处的生活环境也有密切联系。五代时期花鸟画出现了黄筌、徐熙为代表的两大派，两派风格各不相同，代表着“富贵”的美与“野逸”的美两种不同的倾向。黄筌是宫廷的待诏，多写禁苑里的珍禽瑞鸟、奇花怪石；徐熙是江南处士，志节高远，放荡不羁，善状江湖所有汀花野竹，水鸟渊鱼。黄家富贵，多为统治者所崇尚；徐熙野逸，常为封建文人所欣赏。这种不同的审美趣味和美感差异正是生活环境影响的结果。

美感的个人差异性还表现在不同的实践上，特别是社会的分工造成的实践内容的差别对美感的个人差异性有很大的影响。一般来说，画家对颜色、线条、形体、笔墨等非常敏感，能在别人看不出美的地方发现美，引发美感，能够画出自己独特的感受。音乐家对声音的感受能力非常敏感，如对音色、音量、旋律、节奏等的分辨能力是很强、很精细的，因为音乐家终生大部分时间从事音乐训练，所以在这方面比别人敏感。

美感的个性差异之大，其形成的原因是什么呢?

概而言之，由于美感是人们对于客观存在的美的主观反映。客观存在的美，只有经过审美主体的心理活动，通过主体的思想和感情的体系，才能产生这样或那样的审美感受。于是人与人的情况和条件不同，对同一审美对象的反映正确与否、深刻与否、强烈与否，则往往会出现明显的差异，甚至同一个人面对同一审美对象，在不同的时候、不同的条件下，也可能会出现完全不同的审美感受。这是因为人们的审美心理活动不仅仅依赖于审美对象的刺激，而且还依赖于审美主体本身的心理内容和个性特点，受到个人条件的影响和制约。其具体原因分述如下：

首先，人们的审美能力不同，会直接影响到美感的个人差异。所谓审美能力，是指审美主体在进行审美活动时所具有的心理能力。任何美的对象，对于欣赏者来说，都必须具备与之相适应的审美感受能力，才能感知并领悟到它的美。要欣赏音乐的美，就必须具有感受音乐的耳朵，要欣赏绘画的美，就必须具有感受形式美的眼睛。如果缺乏这种审美能力，那么再美的对象也难以被他所感受。由于每个人在知觉、联想、

① 孟超：《金瓶梅人物》，光明日报出版社，1985 年版。

想象、思维及情感等方面的能力不同，存在着高低强弱之分，因而审美感受也就会有深刻肤浅之别。

其次，审美主体的文化艺术修养不同，在欣赏美和艺术时所产生的美感也就不同。例如，俄罗斯古典芭蕾舞剧《天鹅湖》，文化艺术修养不高的人可以泛泛地进行欣赏，而另一些具有深厚文化艺术修养的人，却能从官能、感情、理智等方面去欣赏它，从中获得丰富的感受和深刻的理解，得到极大的审美享受。

再次，审美主体个人的生活经验和思想感情不同，势必也会造成美感的个人差异。在美感心理活动中，欣赏者总是以自己的生活经验、情绪记忆和思想感情进行感知、联想和想象，反映并理解审美对象。由于个人的生活经验、情绪记忆和思想感情不同，因而对美的对象的反映、理解和感受也不尽相同。比如，同是欣赏德沃夏克的《新世界》交响曲第四乐章，有的人理解它反映的是忙乱而紧张的港口生活，有的人却认为它是坚定威武、步伐整齐的进行曲。面对同一部作品，在不同的欣赏者中，有的反应十分强烈，有的则反应比较淡漠；有的感受非常深刻，有的感受却极为肤浅。这就不难理解为什么有时候同一部影片会在不同层次的观众中引起不同的反响。

最后，一个人的气质、性格、兴趣、爱好及特定的心境、注意力等心理因素，对美感的个人差异性的形成也有重要影响。在美的欣赏中经常会表现出个人的兴趣和偏爱，有的人喜爱音乐，有的人喜爱书法；有的人喜爱油画，有的人喜爱水墨画；有的人喜爱巴金，有的人喜爱老舍；等等，无不体现出人们需要的多样性和丰富性。此外，人的心境处于某种状态，那么他往往就会以同样的情绪去看待一切事物。不同的心境，会使人的审美活动和感受染上不同的情绪色彩，悲哀到极度的时候会觉得太阳都是黑的。所以，每个人的美感无不深深地打上了自己心理特征的烙印。

综上所述，人的美感因个人主观条件的不同而存在着种种差异，这是必然的，也是合理的。然而必须强调一点，在审美活动中尽管存在着美感的主观差异性，美的感受或浅、或深、或强、或弱，无论如何也不能改变审美对象本身的审美属性。对美的欣赏可以有偏爱，但是对美的理解和判断却不可有偏见。要提高个人的审美能力，那就必须丰富自己的生活经验，增长知识，加强文化艺术的修养，培养良好的心理素质和健康的思想感情。

第三节　美感的心理形式

美感是一种复杂的心理现象，它的形成也要经历一个复杂的心理过程，这个过程一般认为是由审美感知、审美想象、审美理解、审美情感等多种心理要素交融组合而构成的。

一、审美感知

（一）审美感知的内涵

在审美心理学中把审美感觉和审美知觉合在一起，统称为审美感知。这是审美感受的基本心理形式。

感觉，按心理学的分析，是对事物个别特性的反映，如对事物的色彩、线条、声音、质地的感官印象，它是通过感官与对象的直接接触而获得的。人的耳、眼、鼻、舌、身和大脑神经系统专门组成了听、视、嗅、味、触的感官分析器官，接受和传达外界各种信息。当我们接触某种色彩、声音、线条、质地而产生愉快时，这种愉快就起于感觉。这些愉快的感觉虽然是生理上的，却是美感经验的基础和出发点。一切较高级复杂的心理现象，如知觉、想象、情感、理解等，都是在感觉的基础上产生的。外界的客观对象，只有经过感觉，才有可能引起美感。心理学研究表明，不同色彩的刺激引起的人的生理反应是不同的。这种感觉作为生理反应，包括随之而来的快感，还不是审美感觉。在长期的实践过程中，各种社会生活内容和情感模式由于与某些生理感觉在结构上相似，就自觉不自觉地或无意识地逐渐渗入、积淀于我们的感觉之中，与之契合和渗透，使它具有某种特定的社会意义和理性含义，从而与动物的感觉完全区别开来。

知觉，按心理学分析，是对事物个别特性组成的完整形象的整体性把握，甚至还包含着对这一完整形象所具有的种种含义和情感表现的把握。审美知觉不是知识的判断，不是科学的归类，而是透过事物的形式达到对它们的情感表现的把握。当人们看到一条条潺潺流淌的小溪时，立即会感到欢快和生机；看到黑云压城的景象时，会感到威胁和压抑；看到滔滔东去的大江时，会感到岁月的流逝和历史的无情……这些才是审美的知觉。审美知觉在表面上是迅速地和直觉地完成的，但在它的后面却隐藏着主体的全部生活经验，包括其信仰、偏见、记忆、爱好，从而不可避免地有着想象、情感和理解的参与。作为审美活动的出发点和归宿，审美知觉与其他心理因素是相互联系、相互作用的。审美知觉是在感觉的基础上发展起来的，又是在社会条件的直接作用下形成的，而作为审美主体的生活经验、文化修养及不同条件下的心境都直接影响着知觉的内容。主体只有将已有的经验、情绪、兴趣、意志的目的指向性融入对当下对象的知觉当中，才能将一般感性印象升华为审美意象。但审美知觉不同于一般的感性知觉，它排除对对象的功利性考虑，特别注意选择对象的形象特征，使对象的全部感性丰富性被感官充分接受。客观事物丰富多彩，审美主体总要选择对知觉格外清晰的对象。这种心理现象在儿童画中表现最为明显。在儿童风景画中，太阳总是画得又红又大，高高地挂在天空，他们最感兴趣的景物，在画面中总是占据着醒目、突出的位置。审美知觉与普通知觉的明显区别是它具有鲜明的感情色彩，并伴随着强烈的感情活动。因此，审美知觉往往是在对对象的各种属性的选择、对比之中进行的，并以情感体验为中心，按照情感发展的逻辑进行的，因而它是一种积极主动的心理活动，体现了知觉主体的能动作用。它既涉及外在形式与内在心理结构的契合，也包含着一定的理解和解释。而审美知觉的最终目标就是创造一个丰富浩瀚的外部世界与曲折深邃的内部世界融为一体的独立的审美世界。

审美感知是形成人识别美、欣赏美、评价美、创造美的审美能力的基本条件，没有审美感知就没有审美能力，没有审美能力便没有审美活动。

当然，完全没有审美感知的人是没有的，哪怕是完全没有文化的、根本没有经过专门审美教育的人也有自己的审美对象和具有很敏锐的对某种“美”的感知力。

审美感知并不是天生就有的，而是在有意或无意的审美活动中发展起来的。婴幼儿在某种程度上说不具备审美感知，两三岁的孩子有的能够从众多的歌曲中听出他所熟悉的那首儿歌，并着迷地听上好多遍，这说明这时的孩子已经具备了初级的审美感知。如果经过严格的系统的培养训练，人的审美感知能够达到很高的程度。据说一个训练有素的音乐指挥能从上百名演奏员的演奏中敏感地听出一个不和谐音，一位成熟的画家能把常人看到的每种颜色分出若干个等级。

美是多形态的，那么我们对它的感知也应是多渠道的。《红高粱》电影中几首插曲具有一种原始的、直抒胸臆的粗犷阳刚之美，而二胡演奏家刘天华的二胡曲《良宵》、华彦钧的《二泉映月》却是一种哀婉的、含蓄的、细腻的阴柔之美。被称为永恒的微笑的达·芬奇的那幅《蒙娜丽莎》画像蕴含的美是一种温柔的人性美，而中国四川的大足石刻佛像却有一种庄重的神秘的美。贝多芬把对人生的思考化成了音符，创造出响彻千古的音乐美，而在被人们称为“世界上最年轻的画家”毕加索的手下，美又以绘画的形式出现在人们的面前。在颐和园的谐趣园中你能领略到一种人工的小巧的园林美，而你站在庐山的五老峰下，你体验的却又是一种雄浑的壮阔的自然美。

（二）丰富、深化审美感知的途径

那么，一个人怎样才能使自己的审美感知变得丰富、深刻、健全呢?

首先应有充分的审美准备，时刻以一种审美的态度对待生活。如果你根本不想去感知美，审美感知的大门对美紧闭着，那么你的审美感知是无从发生的。例如，对于一场非常好的艺术展览，如果有人匆匆忙忙地走进展厅，他的目的不是欣赏艺术，而是找人，并且是为了一件紧急的事，那再精美的艺术品对他来说也是毫无意义的，因为他到艺术展厅时没有审美的准备。他对待这个艺术馆的态度不是审美的而是功利的。其实，在日常生活中这样的情形时有发生。春游时许多人首先注意的不是审美准备，而注意的是物质准备，带上许多好吃的东西，穿上十分鲜艳的衣服，准备的就是吃一顿、玩一阵。于是到了春游地点，对于枝头嫩芽透露的春意、温暖阳光下春的生命气息等毫无感知，也不准备去感知。所以，要想丰富、深化审美感知，首先要以审美态度对待生活。

其次是以情带动审美感知。过去，我们常把“多愁善感”这个词当成贬义词来看，其实，以审美的角度来看，这种看法是偏颇的。多愁善感道出了一条重要的审美感知规律。审美活动自始至终伴随着强烈的情感活动，可以这样说，没有情便没有审美活动。试想一下，当我们登上泰山，在破晓的料峭的山风里静静伫立，等待日出，云雾迷漫山林久久不肯散去，你等待着，你盼望着……这时你的情感是复杂的、变化的，有些焦躁之情、不安之情，“老远登泰山，我能看到日出吗?”你问自己。但更多的是兴奋之情——“我就要看到日出了!”……就在这时，云层慢慢散去，天边变成淡黄、浅灰的颜色，瞬时天边露出红红的一角，太阳出来了……这时你会觉得心头一动，这时的情感是无法用言辞表达的，同时你也许会想得很多，想得很远……如果可以把审美活动人为地划分段落的话，那么，到这时在泰山看日出的审美也就完成了中心段落。而整个登泰山看日出的审美活动都伴随着情感的波涛，换句话说，没有情感便没有登泰山看日出的审美活动。

情在审美感知中占有很重要的地位，以情带感是审美感知的一条捷径，愿每人都有丰富的情感，在幸福生活中享受到更多的美感。

二、审美想象

（一）审美想象的内涵

审美想象是审美主体在直接观照审美对象的基础上，调动过去的表象积累，丰富、完善对象和创造新对象的心理过程。

审美想象是一种自由把握和创造形式的审美能力。在审美活动中，审美主体直接感受对象时，并不以机械消极的感受为满足，而总是积极地调动和改造由于审美对象的信息刺激再现出来的过去记忆中的表象，按照主体的审美理想，遵循接近、类似、对比等联想规律，融合理解、情感，对表象进行加工制作，进行新的结合，从而充实和丰富审美形象，或创造新的审美形象。审美知觉提供的形式（表象）虽然已是经过选择、抽象了的，但是要真正构成审美意象还必须经过想象引向理性。审美想象作为高级的审美能力，始终以表象为前提展开活动，以审美意象的形成为活动目标，它是审美欣赏和审美创造的关键因素。

审美想象包括知觉想象、再现性想象和创造性想象。

知觉想象，指审美想象可以活动在审美知觉之中，渗入审美知觉中。它表现为在直接把握对象形式结构的活动中展开联想，或是充实、扩展知觉经验，或是赋予知觉经验以新意，其中最重要的就是牵动主体情感的外移。如看到阴云密布，联想到黑暗，随之便感到沉闷、抑郁；看到晴空万里，联想到光明，随之而感到舒畅、开朗。这都是想象渗入知觉与对象的对应活动的产物。是想象、联想把情感经验移入知觉之中，从而使物理形式变为审美对象。

再现性想象，指审美想象可以活动在记忆表象之中，渗透于记忆表象中的想象。它的基本趋向是最大限度地恢复、复现原来的知觉印象。通过复现，原来伴随对象形式的情感地将会或多或少地再现出来，使主体重温一次那早已消失的情感体验。

审美想象还可以活动在创造表象之中，对表象进行改造制作，通常称为创造性想象。人通过积极的记忆联想活动，将原有审美表象生发开去，有所补充，或重新加工组合，创造出新的形象，用以丰富和深化审美对象的内容。创造性想象常常借助黏合、夸张、变形、浓缩、抽象等不同的手段或方法建立新的表象。实现创造性想象的手段还有许多，如小说中的荒诞与意识流，戏剧中的奇特与梦幻，诗歌中的陌生与朦胧，绘画中的扭曲与律动，音乐中的快速与不和谐音，电影中的夸张与反常，等等，大多数都采用无意识非理性的想象，其表象之间的联系是非逻辑性的。我国传统艺术相当重视创造性想象，如中国戏曲中著名的虚拟程式（指空有月、摇桨过河、扬鞭催马等），绘画中非常广泛的时空范围（画花草不问四季更替，画动物不问陆海之别等），舞台上无须灯光明灭可以描绘白天黑夜，等等。想象的这种自由性和广阔性，使艺术的真实和生活的真实的关系变得更为复杂和深刻。如果说感知的作用是为了进入审美世界的大门，那么，想象就为进入这个世界插上了翅膀。

（二）审美想象的重要意义

在艺术创作时，艺术家们总是在原有感性经验的基础上，杂取、博采，并通过想象、分析、改造、综合，集众美于一炉，创造出比普通实际生活更高、更美、更集中、更理想的艺术典型。唯有想象才能达到经验所不能企及的审美境界。

对于欣赏者说来，人们需要通过作品的语言或其他物质手段的描绘，借助想象，在头脑中形成没有感知过的人物与景物形象，从而获得美感享受。例如，没有到过祖国西北边疆的人，阅读碧野的散文《天山景物记》，通过作品语言的中介，就能感知到它所描绘的天山四幅壮丽的画卷，想象北疆千里牧场的绮丽风光、风土人情和奇珍异品，从而得到感情的愉悦。又如，没有经历过旧中国生活的人，阅读鲁迅的小说《祝福》，就会在想象之中进入作品所再现的生活情景内，仿佛亲身体验到祥林嫂的悲惨生活和不幸遭遇，产生如同置身于现实生活中那样强烈的真实感，于是感情为之震动，心灵受到撞击。欣赏者在想象过程中，一方面会受到作品所创造的形象的制约，但另一方面，则是以自己的生活经验、知识积累、形象记忆和情绪记忆去体验，去领会，而不只是在头脑中复制作品描绘的形象。人们总是对艺术形象作无形的补充、扩大和延伸，从有限的形象去领悟并感受它所表现的更广阔、更丰富、更深远的内容和意义，由一见十，因少知多，见微知著，从而更好地把握它的美学价值。

当然，想象这种心理活动，并非只是在美的欣赏和艺术创作中才独有，在人的任何创造活动中，想象都是必不可少的重要心理因素，例如工程师的设计，科学家的发明创造，等等。在这些以抽象思维为主的活动中，想象也起着极为重要的作用。如果离开了想象，那么，也就不可能有预见、有发明。正如郭沫若所说的："科学也需要创造，需要幻想，有幻想才能打破传统的束缚，才能发展科学。”① 但是，美感中的想象，无论是欣赏美，还是创造美，与科学研究中的想象活动之不同，主要在于审美心理活动之中的想象与形象思维、情感等因素有着更为密切的关系，形成了独自特点，其想象中形象的独异性、鲜明性和生动性，是科学中的想象所无法比拟的。

（三）情感与想象之间的关系

在美感心理活动中，情感与想象，两者之间互相影响，互相推动。情感推动着想象的开展、飞腾、深化，反过来，想象又推动着情感的发展、荡漾、深化，从而激起强烈的感情，得到深刻的美感体验。例如毛泽东写《蝶恋花·答李淑一》这首词，是因他深切地缅怀革命烈士而思绪万千、炽热真挚的感情引起大胆而丰富的想象：忠魂升天，吴刚敬酒，嫦娥献舞，忠魂飞泪，天上人间。不同时空的各种意象融为一体，将对烈士的悼念与对烈士的赞美完善地统一起来。

创作如此，欣赏也如此。人们在欣赏美的对象时，想象也总是伴随着对再造形象的强烈情感体验，而引起喜、怒、哀、怨的情感。譬如阅读小说《红楼梦》，随着作品的描绘，在想象中就会呈现出各种纷繁的生活场面、各种鲜明的人物形象，如见其人，如临其境，若有所思，若有所悟，甚至宝、黛的爱情悲剧命运会使你感动得落泪。这一点儿也不奇怪，正是情感在想象中发生的作用。

总之，审美想象是形成美感的重要因素。培养并发展审美想象能力，特别是创造想象的能力是非常必要的，这不仅对于提高审美鉴赏能力十分有益，而且对于培养创造美的能力也具有重要意义。想象不等于胡思乱想、胡编乱造，而必须以丰富的现实生活为基础，并符合审美规律。因此，在绚丽多彩的生活中汲取营养，有意识地培养观察力以丰富审美经验，方能插上想象的翅膀腾飞，去表现美、创造美！

三、审美理解

（一）审美理解的内涵

审美理解是人在审美活动中对审美对象的相互联系、事物内容与形式上的审美特性及其规律的认识、领略或彻悟、把握，也就是审美中的理性能力。它是审美中由感性上升到理性的思维过程和形式之一，是审美经验中的认识因素。

（二）审美理解的功能

审美理解作为一种心理机能、一种审美心理能力，是与感知、想象、情感等机能协调活动的。它具有认识功能，但不是概念认识。审美理解不是通过概念的判断、推理去进行抽象的理解，而是同感知、想象、情感交织在一起融合着感性的理解。审美理解是一种直觉、领悟，是在各种心理机能自由协调的运动中得到的一种对本质的把握。审美中的理解，是理性积淀在感性之中，理解融于想象和情感之中。所谓“理之

① 郭沫若：《科学的春天》，郭沫若在全国科学大会闭幕式上的讲话，《人民日报》，1978-4-1。

于诗，如水中盐，蜜中花，体匿性存，无痕有味”①，也就是说，审美有理解、认识的功能、成分和作用，却找不出它们的痕迹和实体。它不是通过概念而是通过表象，来表达某种本质性的东西，给人以一种不脱离具体形象的深切感受和体会。诗人、作家的锻词炼句，都是为了求得形象感染的强烈，而不是为了求得明确的概念。李白诗："玉阶生白露，夜夜浸罗袜，却下水晶帘，玲珑望秋月。”后人评论“无一字言愁而隐然幽怨之意，见于言外”，就是说他没用一个概念性的语言写思妇的哀怨，却通过白露、秋月、玉阶生露、夜浸罗袜、下帘、望月等富有形象感染力的语言，把思妇写活了，把她的哀愁明确而深沉地表现出来了。这说明，审美和艺术中的理解有意无穷性，即审美是在无限的、偶然的、具体的形象里，捕捉或展现着生活本质的无限、必然的内容，使“微尘中有大千，刹那间见千古”。审美理解的“意无穷”性，是任何确定性的概念所不能表达和穷尽的。《红楼梦》中，林黛玉临死时说，“宝玉，宝玉，你好……”,便浑身冷汗不作声了，到底你好什么？里面包含的意义太多了，很难用概念讲出来。审美理解的难确定性、多义性、体匿性等特点，使我们只能领悟，难以言喻，这正是审美的妙处。正因为有这种“领悟”“妙处”，才使审美理解比确定的概念认识要丰富广阔，可以使人反复捉摸、赏玩不已。

审美理解还具有升华感知、规范想象、调节情感的功能。审美理解渗入、融于感知之中，使感性升华，转变为超感性的直觉，从而使审美能把握和感悟对象形式结构深含的意味；审美理解渗入想象之中，从而规范想象的任意自由性，给予它以统一、规律、秩序。如果说想象提供和把握的是表象的多样性，那么理解给予和提供的则是表象的统一性。有了理性自觉参与，想象才不至于漫无限制、毫无规律，而成为合规律性的自由审美活动；审美理解融于情感，给予情感以理性的协调、制导，使情感从盲目欲望中走向有一定意向的情感。情感经过理性的“剪裁”和净化，才成为审美情感。总之，审美理解的功能主要表现为一种自觉、秩序、规律，在与其他心理机能相互关联、渗透、组合之中起着一种统一、规范、限定的作用。

（三）审美理解的重要意义

在审美活动中，对事物美的感知，只是美感的初发阶段。比如目睹“日出江花红胜火，春来江水绿如蓝”的景致；聆听着莺声蝶舞般优美的旋律；欣赏别有情趣、逼真传神的图画；吟咏朗朗上口、意境深远的诗歌，顿时就会感到它们实在太美了。这是因为美的事物能够引起人们感官的快适和精神的愉悦。然而这种对美的感受还是较低层次的，我们要想获得更加强烈的美感感动，那就必须进一步理解美，即在审美感受的基础上，继续去把握事物美的内容、内涵和意味。

审美理解是美感中不可缺少的一种心理活动，事实上美的感知、联想和想象总是同理解、思维相互结合、相互渗透、相互促进的。正因为如此，人们对美的认识才能

---

① 钱钟书：《谈艺录》，中华书局，1984年版，第231页。

既不脱离美的感性形象，又能把握住美的理性内容，使美感不断地被拓展并深化。

美感不是单纯的感性认识和直觉活动，而是以理性为主导的感性与理性高度统一的意识流动，因此“用思有限者，不能得其神也”。在审美活动中，不论欣赏和认识哪一种美，都离不开理性的思考。

如对自然美的欣赏，或日月星辰、大海森林、崇山峻岭等自然景致，或花卉虫鱼、亭台楼阁、园林宫殿等人造景观，都能引起人们的感官快适和精神愉悦，但是要得到深刻的情感，就必须有理性的认识来加以推动。我们欣赏到的描绘自然美的诗歌、绘画、音乐等艺术作品，无一不是通过作者的情感反映出来的。例如，李白诗《登太白峰》：“西上太白峰，夕阳穷登攀。太白与我语，为我开天关。愿乘冷风去，直出浮云间。举手可近月，前行若无山。一别武功去，何时复更还?”太白峰巍峨高峻、神奇隽秀的自然景色，引起诗人热烈的赞叹和奇特的遐想。“太白与我语，为我开天关”，以致产生“愿乘冷风去，直出浮云间”的愿望，显然已经远远超越了一般的感情愉悦，其中包含着复杂的思想活动在内，实际是在抒发他广阔的胸襟和伟大的抱负。

对于艺术美的欣赏，不能仅凭感性印象就能立即认识。各类艺术作品中的形象，都不是生活现象的简单抄袭，而是经过作者精心选择、提炼、加工、改造的典型形象。它一方面再现出社会生活的审美属性，另一方面又体现了作者的审美理想、审美道德和审美情趣。因此，我们需要反复琢磨，仔细品味，才能深刻认识它所划分出的多种多样的美的范畴，进而深入挖掘其内涵，才能获得正确的情感理解，产生强烈的共鸣。例如我们欣赏《大刀进行曲》，乐曲高亢威武的旋律，豪迈雄壮的气势，会使你感受到一种无坚不摧的巨大力量，动人心魄。而只有当你了解到这首乐曲诞生于抗日战争时期的历史背景，掌握了它的审美价值，才会产生更加深刻的美感。又如当我们在人民大会堂观赏到《江山如此多娇》巨幅国画，画面上的江南景物、北国风光、云海苍茫、旭日东升的壮丽景象，会产生一种波澜壮阔、生机蓬勃之美的享受。如果了解到这幅国画的立意是取材于毛泽东的词《沁园春·雪》，将两者联系起来，由此及彼、由表及里地进行理性思考，那么，才会由模糊的意识进入较高的意识，真正理解这幅画的主题，美感才会加深。

毫无疑问，提高审美理解能力对于形成深刻的美感具有重要意义。要提高审美理解力就应当努力提高自身的文化道德素养和文化艺术修养，有目的、有意识地培养思维品质和思维方式，广泛地与大自然、与社会、与艺术接触，丰富内在的情感生活，积累审美经验，将感受导入理解，学会在形神的统一、情理的统一之中来认识美，经过循序渐进地不断努力，审美理解的能力必定会提高。

四、审美情感

（一）审美情感的内涵

审美感受的一个突出的特点，是它带有浓厚的情感因素。

情感是人对客观现实的一种特殊的反映形式，是人对客观事物是否符合自己的需要所做出的一种心理反应。跟认识过程不同，情感和情绪不是对客观对象本身的反映，而是对对象与主体之间的某种关系的反映，所以它表现为对待客观对象的一定的主观（肯定或否定的）态度。这种态度与人的活动、需要、要求以至理想，亦即与人的利害有密切的联系。对象与主体需要的不同关系产生不同的情感，不同的情感又驱使主体采取不同的活动，以符合主体的要求和需要。与动物的情绪不同，人的情感是社会历史的产物，具有社会的内容和社会的意义。情感和其他心理能力一样，是在人的长期劳动实践中产生和发展的，并且对实践起着反作用。

在审美活动中所产生的情感活动，有时也被称作审美快感，但这容易与生理快感混为一谈。生理快感不过是由生理欲望和冲动得到满足而引起的身心快适，它在本质上是物质性的，而不是精神性的。审美快感则是一种精神的愉悦，它要求的是所谓“赏心悦目”，而不是物质情欲的发泄。因此，它是人的一种高级的情感活动。

审美中的情感活动以对审美对象的感知为基础。一般说来，主体的情感活动与对象的感性形式是密切联系着的。在审美中，审美对象引起的感觉、知觉、表象本身就带有一定的情感因素，而在知觉、表象基础上进行的想象活动，更推动情感活动的自由地扩展和抒发。所谓“登山则情满于山，观海则意溢于海”，就是对古人的审美中情感活动伴随对对象的感知而展开的描述，这也就是“情景交融”的境界。在我国古代的诗论和画论中，对于审美中的这种“情”与“景”的关系问题，有着大量的记述，并把它作为衡量艺术作品的艺术性的一条重要标准。王夫之在他的《姜斋诗话》中说：“情景名为二，而实不可离。神于诗者，妙合无垠。巧者则有情中景，景中情。”又说：“夫景以情合，情以景生，初不相离，唯意所适。截分两橛，则情不是兴，而景非其景。”人们在欣赏艺术作品时，不但感知着作品所描写的景物形象，而且感受着体现于这景物形象中的艺术家的情感体验，从而引起人的共鸣。“昔我往矣，杨柳依依；今我来思，雨雪霏霏。”（《诗经·采薇》）在这短短四句诗中，杨柳飘扬与雨雪交加的景，跟离乡远戍和凄凉归来的情交织在一起，读者从那对杨柳和雨雪的描绘中，感受到诗人的情感的波动，不知不觉地进入诗的境界，深深受到诗情的感染。

审美情感以日常生活的情感为基础，两者有密切的联系，但又有显著的区别。审美情感不同于日常生活情感，在于它是经过理解与想象共同对日常生活情感的形式化、秩序化、组织化。也就是说，审美情感是经过多种心理功能的处理，渗透着理解和想象的情感，是从审美感知过渡到审美想象的必要环节。感知获得的表象由于情感的融入而获得新鲜生命，表象开始活跃地重新组合，进入“浮想联翩”“神思飞扬”的特定的审美状态，构成审美意象。这种情感向感知和想象的表象的融入，造成主客融合，物我同一，即通常所说的“移情”。凡·高创作多用强烈的色彩、笔触，所以能表现他那火似的热情；八大山人画枯枝、昏鸦、秃笔，所以才能宣泄他那满腔悲愤；李后主悲吟“一江春水向东流”，所以能表达他那亡国忧愁。这都是因为物我同一，主客同构对应，才使主体的情感得到充分的表现。

（二）审美情感的重要作用

审美情感渗入想象、理解，不但成为它们协调活动的推动力，而且成为意象构成的亲和力、中介力。在审美活动中，表象与表象之间的有机联系的中介是情感。在马致远的《天净沙》中，枯藤、老树、昏鸦，古道、西风、瘦马，小桥、流水、人家，断肠人、天涯所有这些表象，如果没有情感作中介，简直不可能连接成一组蒙太奇。正是情感推动想象和理解，对表象加工制作才组成新的意象、意境，而这新的意象又将情感形式化、组织化，这就是审美创造中的“情感逻辑”，对审美情感的对象化、客观化。

审美情感还具有一种深沉的体验性，值得玩味，从而引导人们迈入一个更高的境界。马斯洛把审美情感体验称作高峰体验，也叫作超越性的快乐、生命的快乐，实际上就是超越功利的自由快乐和对它的体验。当这种审美情感进入高峰体验时，就超越了感官机能之乐、心理机能之乐、人格伦理之乐，从而进入一种忘却得失、跨越生死的心灵境界之乐，引导人们走向审美极境。

审美情感虽然总的说来是从美的享受中得到的愉悦，但其内容并不是单一的，而是依据审美对象内容的不同而引起不同的情感态度。悲剧所引起的快感与对剧中人物的情感态度（如同情等）不可分割，它与喜剧所引起的快感（例如笑）在本质上便不相同。优美的抒情小调与雄壮的进行曲，其唤起的情感体验也有显著区别。

如前指出，情感是客观对象与自己的关系的主观反映，是主体对待客体的一种态度，因而随着立场观点诸主观条件的不同，随着主体与对象的客观利害关系的不同，具体的情感也有所不同。人们的社会阶级性，在个人生活和教育的不同个性的作用下，渗透于其情感的心理深处的表现形态十分复杂。在人们的日常审美感受中，经常不自觉地表现了种种阶级倾向，就是同一审美对象，对不同时代、不同阶级的人们所唤起的情感态度，既有联系的一面，又有差别的一面，但它在审美感受中都起着重要作用。

五、小结

美感是一种复杂的心理现象，它的过程一般认为是由审美感知、审美想象、审美理解、审美情感等多种心理要素交融组合而构成，每一心理要素都有不可取代的功能，却又彼此依赖、相互渗透。审美感知是审美经验的基础、依托和归宿。审美想象是审美经验的载体、纽带。没有想象而局限于感知，审美就不会扩展和深化。想象如果不以感知为依托，又没有理解的参与，情感的推动，那么它就成为空洞的幻想。审美理解是审美经验的规范性、制导性、认识性因素，没有理解而局限于感知、想象、情感等感性因素，那么审美经验将失去它的深沉意味及可领悟性质。如果审美理解不以感知为依托，没有想象的牵引、情感的发动，那么它将失去感性活动而成为一般纯概念的思维。审美情感是审美经验的动力、中介和价值效应，没有情感的推动、渗透，单纯的感知、想象、理解决不能形成任何审美经验，也不会引起审美愉快享受，所以，审美情感是审美经验的核心和本质。当然，如果没有对象形式感知的激发，没有想象、理解的编织和调节，审美情感就将成为一般情欲的追求和发泄。

总之，审美感知是基础、依托、归宿；审美想象是载体、纽带；审美理解是规范、制导；审美情感是动力、中介、效应。它们互相协调、作用，促成美感的实现。

复习思考题

1. 简述什么是美感。
2. 举例说明美感的特征。
3. 举例说明美感的差异性表现在哪几个方面。
4. 简述美感的心理过程及其相互关系。

第四章 自然美

面对浩瀚的大海，看潮起潮落；仰望茫茫苍穹，观日落日出，看月圆月缺，云卷云舒；眺望广袤的草原，听风儿低声细语。“细雨鱼儿出，微风燕子斜。”“池塘生春草，园柳变鸣禽。”流连于桂林山水，徜徉在西子湖畔。面对种种自然美景，我们不禁会慨叹大自然的鬼斧神工，造化的神奇变幻，更慨叹于人改造自然的伟大。是的，大自然是美的。在人类进化的过程中，我们认识了自然，适应了自然，改造了自然，创造了自然美。本章我们将对自然美的形成、自然美的特征、大学生怎样进行自然美审美等进行探讨。

第一节 什么是自然美

法国雕塑家罗丹说：“自然总是美的。”的确，大自然作为人类的母亲和家园，她从不吝惜自己的一切，总是慷慨无私地向人类献出她所拥有的所有美，黄山的奇峰、阳朔的山水、峨眉的月色、黄果树瀑布、天山的雪莲……是自然美，朝晖夕映、碧涧红叶、青林白云、曲径风荷、云蒸霞蔚……同样也是自然美。大自然是一个千姿百态、万千气象、五彩缤纷、非常丰富的美的世界。无论是高山流水、白云蓝天、鸟语花香，还是彩虹朝霞、清风明月……

都会给人们带来愉悦与满足，令人心旷神怡。由此我们是否可以概括地说，自然美就是现实生活中给我们带来愉悦的自然事物和自然现象的美呢？其实，自然美在现代美学理论中始终是个难解之题，美学界争论颇多。在我国也有不同观点：一种观点认为自然美是客观自在的（蔡仪）；一种观点认为自然美与自然客体自身无关，是主观意识加上去的（朱光潜）；还有一种观点则认为自然美是“自然的人化”（李泽厚）。一般来看，现在美学界中多持第三种观点，即美是自然的人化。而所谓“人化”即指通过人类的基本实践使整个自然逐渐被人征服，从而与人类社会生活的关系发生了改变。

自然界是博大辽阔的，自然美的领域因此也无限广阔。自然美是令人陶醉的，自然美因此也是最容易为人们所接受的。人们对自然美的认识经历了一个逐渐深入的过程。

一、古代人对自然美的认识

自然美是现实生活中给我们带来愉悦的自然事物或自然现象的美。何为自然？《辞海》中的解释为：“天然，非人为的。”依照古代中国人的理解，广义的“天”指的就是大自然，它与现代哲学中所称“客观世界”的天地宇宙同属一个概念（严格意义上讲应是指空间的“宇”，而非指时间的“宙”），所谓“天道”或“天命”，乃是所有不以人们的主观意志为转移的客观规律。其实从字面分析，“自”就是自己；而“然”则有“是”“如是”“这样”“乃”等意义。如此说来，“自然”的词义也可以理解为“我就是这样”。自然界的伟大之处在于天生，它从不复制事物，而是公平地向万物提供演变条件，任其在客观规律的作用下自行淘汰或选择，其结果是适者生存。这种泰然自若、我行我素的坦荡形象本身就值得人们去尊重。现代科学中的生态平衡理论，就是建立在尊重自然界的感情基础之上的。有些西方人因受文艺复兴运动的影响，提倡人本主义，故主张将自然物质加工、改造成纯粹的艺术作品供人类享用。在他们看来，自然界不过是艺术创造的原材料，自然美只是艺术美的陪衬。所以德国美学家黑格尔提出的自然美是初级的，只有艺术美才属于高级阶段的观点，一直被许多艺术家所推崇。古代中国人从没有这样贬低过自然界，在封建等级观念的思想影响下，中国人始终把天看得最大，认为人必须尊重、服从于天。所以儒家在尊重大自然的基础上提出了“天人合一”的理论，而这个“天”指的正是大自然。老子非常尊重自然界，他创造了“道法自然”的理论，庄子更为辩证地提出了自然界中存在着许多“无用之用”的事物的观点，这些都表明了中国古人尊重大自然的立场。总之，在中国的传统文化中，天是神圣不可侵犯的，人们只有怀着崇敬的心情去尊重它、赞美它。这种意识虽然显得有些幼稚，但用辩证法进行分析，却也不难发现其中含有朴素的认知因素。

人类欣赏大自然，不单局限于美学理论的认识，还受到伦理学观点的指导。许多人都肯定置身于大自然中可以陶冶情操这样一种说法，这说明了人们能否正确对待大自然，需要通过他的道德修养水平来检验的道理。旅游者如果学会用人类赋予自然界的评价去对比自身，就能反思错误，使自己的思想认识升华到更高的境界。当美学家们津津乐道于18世纪在西方兴起的“回到大自然去”的浪漫主义运动时，我们可以自豪地宣称：早在两千多年前的战国末期，中国的屈原就已经开始以大自然为题材，娴熟地运用浪漫主义手法来进行文学创作了。此后中国许多古代文人都曾用诗、词、歌、赋或散文、游记等各种形式对大自然进行过赞美，这些名垂青史的作品不同程度地蕴含着无拘无束、任意想象的风范。千百年来，多少文人墨客以浪漫主义的思维方式观察、理解、欣赏、赞美大自然，并用他们的文学作品为后人的自然审美活动提供了理论依据，也为人们的旅行活动增添了充满抒情的文化内涵。从文化传统的比较中我们可以看出，东西方对自然与艺术认识的最大区别在于：西方人是将自然改造成艺术后来进行生活享受，东方人却是用艺术来点缀、美化大自然，以便人们能顺应天命。

对自然的自觉的观赏，并非易事，它需要人类主体意识的高扬。这种自觉的观赏，中国发端于先秦，继之于魏晋（3—6世纪），孔子的“智者乐水，仁者乐山”，陶渊明躬耕自资，醉于田园之美，谢灵运遍游八方，乐于山水之丽堪为代表。而西方则始于文艺复兴时代（14—16世纪），据记载，最早揭开西方人与自然之间那层厚厚帷幕的是意大利著名诗人佩脱拉克，他开启了西方人对自然之美的观赏与追求的时代。

这一时期的自然美观赏在中西方都有了比较明确的价值取向。概括地讲，中国人善于从自然现象中捕捉社会伦理，抒发宇宙情怀；而西方人则长于从自然现象中寻求生命意志，获得即发情感。古代中国，“天人合一”的观念与儒、道、释各相契合，成为主宰我国古人的主导观念。因此，我国古人在欣赏自然美时从来不把它和社会人生割裂开来，并且倾向于欣赏自然的秀丽、幽雅、细腻，认为自然之美在于它能够给予“参天地赞化育”的社会伦理启悟和激发。而古代西方，在体味自然美时往往将目光投向尚未与人类社会发生直接关联的自然，偏爱自然的险峻、荒凉、粗犷，认为自然之美在于它能够提供壮观的生命意志和引起惊惧、欣羡、崇敬的即发情感。

另外，自觉的观赏和明确的价值取向，在这一时期中西自然美理论概括和对于自然美的艺术把握中也有集中体现。就自然美理论而言，古代中国的自然美论表现出显著的经验形态和突出的实用价值。古代西方的自然美论则充满强烈的思辨色彩和明显的理论意识，对于宇宙、自然之美，毕达哥拉斯、柏拉图、普罗提诺、莱布尼兹等人，分别从神秘的“数”“绝对理念”“太一”“预定的和谐”等着眼于主体心灵进行探索，而赫拉克利特、亚里士多德、柏格森、狄德罗等人，则分别从玄奥的“地水风火”、外在形式的“和谐”“爱的情感”“实在的关系”等由对象客体的属性入手进行索解。无论是从主体着眼还是从客体入手，西方古代的自然美论带有鲜明的哲学化倾向。

总之，从对自然美的自觉观赏及其中所蕴含的明确的价值取向，到对自然美所进行的理论概括和艺术把握，都说明古代社会人与自然素朴的和谐关系。这种和谐，是通过自然现象的感情外观和社会人的人本精神相契合或沟通而实现的。在中国，是伦理观念、情感世界中的“和谐”；在西方，是宗教意识、理性精神中的“和谐”。由于这种“和谐”还没有经过近现代对自然的进一步认知与改造，从根本上说仍是自在自发的，因此自然美在古代是以素朴和谐的形态来显示的。

二、近现代人对自然美的认识

近现代人与自然的关系，从根本上不同于古代的素朴和谐，它表现为从对立与冲突中趋于和谐的本真状态的崇高。

这是一个“物质—实践”与“精神—理论”都格外发达的时代。人类对自然的改造有了突飞猛进的发展：改造的目的更加明确，改造的手段更加发达，改造的范围不断扩大，改造的过程一再缩短。人类对自然的认知有了实质性的突破，人类认知自然的深度与广度得以持续的增加和提高，自然的内部结构和客观规律，越来越清晰地呈现出来。以信息技术为核心和先导的新材料、新能源、航天技术、海洋开发、生物工程等，成为当今时代技术革命的集中体现，笼罩于大自然之上的神秘面纱几乎被彻底揭开。在这种改造与认知的基础之上，人们能够借助先进的工具观赏到天外之遥的类星体和核内之微的夸克。在此意义上讲，自然美的范围的确在不断扩大。然而在我们赖以生存的这个星球上，原初本真的自然却愈来愈少。在此意义上讲，自然美的范围又的确在逐步缩小。我们可以欣赏种种“人化”的自然的优美情调，但那些实实在在的“自我”的自然却再也难以觅到。

更令人反省的是，人类和自然正走上一条相互抵触的道路！资源浪费、环境污染、生态平衡遭到破坏是现代生态危机的三大表现，不仅自然本身的和谐一去不复返，而且人与自然的和谐也面临着挑战。在这样的大背景下，人类自然美欣赏的根本特征当然不会再是主客相融、从容不迫的古典式和谐了。在中国，自然之美成了自然现象对失去精神家园的生命个体苛责之后的接纳。表现在文学创作中，如果说沈从文的“湘西风光”还只是对现代文明的无意识否定，那么张炜的《一潭清水》《海边的雪》则是反现代性的直接呈现。从沈从文到张炜，恰好体现了近现代中国人从自然之中寻找“家园”的焦灼感和迫切感，它与古代自然美的社会伦理启悟和宇宙情怀激发形成鲜明的对照。

在西方，自然之美则成了自然现象对人类命运的表征。近现代西方人于自然中对失去“世界”的追索及对人类“命运”的思考得以生动显示，其痛苦感和执着感，也迥异于古代自然美对生命意志的唤醒和对即发情感的催育。焦灼感和迫切感、痛苦感和执着感，都是建立在人类对指向自然的活动由自在自发向自由自觉过渡所导致的对立与冲突的矛盾体验之中的。所以，自然美的近现代形态，是自然现象的感性外观与社会人的忧患意识相碰撞而形成的本真状态的崇高。在中国，是“家园感”的获得；在西方，是“命运感”的唤起。

人类对自然的审美把握，是一个极其复杂的动态网络，它可以发生在指向自然的各类活动之中。自然美观念经历了由古至今的演变，与此相适应，自然美的外观形态也发生着历史性的变化。原始时代，自然美仅仅局限于与人类活动相关联的范围之内，自然美在远古时期是弥散的，又是变化易逝的。进入古代社会，自然美的范围得以扩大，而且也有了独立存在的形态。自然美在古代的外观表现常常是整体的、稳固的。在近现代，自然美范围在显性缩小的同时又出现了稳性的扩大，或者说自然美在量的减少之时又有了质的提高。再生自然的逐渐增多，也弥补了自然美显性范围缩小的空缺。自然美在近现代的外观表现往往是局部的、变易的、有时甚至是动荡的。简而言之，自然美内涵从原始到现实的历史性演变，是与人类各个时期的自然观密切相关的。自然美作为一个流动性的历史范畴表明，它既不是客观论所说的自然现象的客观属性（或“典型性”），也不是主观论所主张的人对自然产生的主观观念，实际上，它是自然现象的感性外观与社会人的主观意识相交会而成的，它表现为自然的人化，这自然的人化，是历史地生成、又历史地变化着的。

从理论上说，现代人应该更有条件领略自然美，因为我们较之古人掌握了更多有关自然物的文化观念，可是事实表明我们现代人不仅未占优势甚至有所不及。原因是多方面的：其一是现代人一般都已经历长期的科学思维训练，已不善于发现自然物形象的生命情调；其二是现代人受到功利欲求的强烈促迫，大多失却了古人的（如我国唐、宋士大夫阶层）那种闲情逸致；其三是文化包袱越来越重，人们很难从同一自然对象上获得新鲜而独特的审美感受；等等。这些情况既是从事美的欣赏的障碍，又是从事美的创造的困难，特别是前两种情况普遍造成人的艺术家天性的逐渐丧失和科学家或商人素质的不断提高。这也许是当代审美文化总体上趋向散文化、俚俗化的基本原因。

第二节　自然美的形成

朝霞满天、金光四射的日出景象，给人带来朝气蓬勃的生命力量和对美好生活的憧憬；月光融融、万籁俱寂的月夜景观，给人一种宁静温馨的心境和诗意的享受；波翻浪涌、奔流不息的滔滔江河，让人们精神焕发，胸怀开阔，充满浩然正气；而那些以绚丽的色彩点缀着浩荡春风的鲜花，那些以生命的律动唤醒沉睡大地的芳草，又让人们感受到无限生机！

这些自然美的现象人人都能感受得到。那么，这些美丽的自然美是怎样形成的呢？

一、自然美出现的时间

我们认为，自然美作为美的一种特殊形态，是人类在社会实践基础上产生的。社会实践是包括自然美在内的所有的美得以产生的摇篮。人类社会出现之前，无美可言。从原始发生的角度看，它与史前工具美的产生几乎是同步的，但在原始美中居于主导地位的最初是自然美，而非社会美和艺术美。这是因为，在原始社会中，人与自然的关系是一种基本的矛盾关系，人与社会的矛盾关系还处于从属的地位。直到距今约八千多年到五六千年时，随着母权社会向父权社会的转换，先民们的人文精神日益增强，人与社会的矛盾才逐步上升到主导地位。正是由于在漫长的原始社会中人与自然的矛盾关系基本上处于主导地位，自然美的出现早于社会美也就不足为奇了。从世界各地数以万计的原始岩画和洞穴壁画来看，在许多岩画中，人物形象画得很小，动物形象却画得很大，可以看出自然美在当时社会生活中占有突出位置，远远超过社会美的事物。

有的学者认为，在美的创造历程中社会美的出现早于自然美，直到宋元时代人们才注重观照自然美，这显然是把人们对自然美的自觉把握能力的形成时期，当成了自然美本身出现的时期造成的。也有些学者认为，自然美是人类出现以前就存在的。我们的观点是：自然美是在人类出现以后，在人的社会实践作用下，由自然物逐渐转化而成的。为什么这样说呢？我们知道，美的形象是客观实体，即具有美这种本质属性的具体可感的事物，而客观事物的形状、姿态、色彩、色泽、肌理、声音、气味等自然事物的属性是自然事物自身所固有的，但是在人类出现以前，它只能作为自然属性而存在，还不能作为人的本质力量的对象而存在，那时的自然事物虽然是客观存在物，但是它的属性尚未成为美这种本质属性，所以它不存在美丑之分，还不存在自然美形象。自然物是按照自然规律生成发展的事物。由于自然美是具有美的本质属性的自然事物或形象，即自然美和自然物是同一个实体，并非在自然物之外另有一个自然美实体，因此，容易引起人们把自然物和自然美混为一谈，得出“自然美是人类出现以前就存在的”之类的看法。然而，它们毕竟是存在区别的。主要区别在于：自然物在人类出现以前，纯属自然运动性质；自然美因为是在人类出现以后经人的社会实践由自然物转化来的，所以既具有自然运动性质，又具有社会运动性质。注意了这个区别，才不至于把自然物等同于自然美，才可能进一步探求自然美究竟是怎样形成并发展的。

二、自然物转化为自然美的条件

按照辩证唯物主义的观点，一事物在一定条件下可以转化为他事物。自然物转化为自然美，即自然美的发生，也是在一定条件下实现的。其一是审美主体条件，其二是审美中介条件。

（一）审美主体条件

审美主体条件，指具有审美生理和审美心理的人。世界出现人类以后，开始了社会运动。人类在漫长的社会实践，主要是生产实践中，一方面改造着客观世界，另一方面也改造着自身。这样，就使自己逐渐形成了审美生理和审美心理，成为具有审美可能和审美需求的人，亦即审美主体。所谓具有审美可能，一是形成了以眼睛、耳朵、神经及其控制中心大脑为主，以身体其他器官和组织为辅的一整套能够审美的有机生理结构；二是形成了由审美经验积累和上升而成的审美心理，即审美意识。这是除人以外的其他动物都不具备的。所谓具有审美需求，则是以从审美对象身上获得情感愉悦及生理快感为必要的生存条件。人与动物不同，动物虽然知道追求物质生活，但是没有精神生活。虽然某些高级动物也追求自己情感的满足，但这不是具有社会意义的精神生活。人除了追求自己的物质生活以外，还追求精神生活。而精神生活的一种极为普遍、极为重要的形态，便是审美情感愉悦。于是，随着人类社会实践的发展，审美主体条件逐渐具备了。审美主体条件的具备，为自然物提供了发挥自己某些功能的对象，从而使自然物的某些属性有了转化为对人的悦情性这种美的形象的本质属性的可能，使某些自然物有了转化为自然美亦即人的审美对象的可能。

（二）审美中介条件

审美中介条件，是使审美主体和审美对象发生交互作用的媒介，在这里指人与自然的一切交互作用，主要包括生产活动，也还有生活活动。在人与自然的交互作用中，凡是能引起人的情感愉悦的自然物的自然属性都逐渐转化为美这种本质属性，凡是能引起人的情感愉悦的自然物都逐渐转化为自然美。自然物转化为自然美，就是在上述两个条件下实现的。而这个过程，同时也是某些自然物转化为自然丑的过程。在这个过程中，凡是能引起人的情感厌恶的自然属性和自然物则都转化为丑的这种本质属性和自然丑形象。

如果世界没有审美主体和审美中介这两个条件，那么自然物的属性就永远只是自然属性，而不能转化为美丑属性，自然物就永远只是纯自然物，而不能转化为自然美、自然丑。世界在进入社会运动以前，是由无数自然物构成的纯自然界。那时，自然物虽然具有各种各样的自然属性，如机械的、物理的、化学的、生物的，但是唯独没有美丑属性，自然物之间虽然存在着各种各样的关系，如生态平衡、食物链、弱肉强食等，但是唯独没有审美关系，整个自然界无所谓美丑。究其原因，就是因为那时尚无作为审美主体的人类，尚无作为审美中介的人与自然的交互作用。

三、自然美的形成

自然美发生的根源，即自然物转化为自然美的原因，在于人与自然的对立统一这种矛盾运动，其中主要是人的生产实践。在人与自然的对立统一关系中，人的实践的广度和深度不同决定着人与自然的地位的不同，从而也决定着自然美发生的情况的不同。当人类处于幼年时期，实践缺乏广度和深度的时候，社会生产力水平极其低下，人类认识、改造自然的能力极其低下，处于被自然控制的地位。这时，人类很难从大自然那里获得物质功利，从而引起情感愉悦的情况是比较少的；即使从大自然那里获得了某些物质功利，也往往认为是神的恩赐，很少对大自然产生情感愉悦。这些情况说明，这时的自然物还很少遇到自己的知音——具有审美生理和心理的人这个能使自然物发挥功能的对象，因此其自然属性还很少转化为美这种本质属性，其自身还很少转化为自然美。然而，人类为了生存和繁衍，一开始就一直离不开大自然，一天也没有停止过生产实践，总是在不断地制造、使用、改造生产工具，用以从大自然身上索取生活资料。这样经过上百万年的艰苦历程，实践逐渐广泛深入，社会生产力水平逐渐提高，人认识、改造自然的能力逐渐增强，人便逐渐摆脱受控于自然的地位。于是，人从大自然那里获得的物质功利越来越多，由此引起的情感愉悦也越来越多；人对自然有了一定的认识，逐渐摆脱了神的羁绊，从而对大自然产生了好感；尤其是人逐渐形成了审美意识，更拓宽了自然美的审美领域。这就意味着，自然物日益遇到了发挥自己功能的对象，其自然属性日益转化为对人的悦情性——美这种本质属性，其自身也越来越多地转化为自然美。

自然美从人与自然的对立统一关系中萌发和成长起来，是一种历史的必然。因为只要有人类存在，就必然有社会实践；只要有社会实践，就必然引起自然物向自然美的转化。自然物在人的实践中转化为自然美，是经由人与自然的不自觉的磨合与磨离状态发展到人的审美意识起能动作用状态的。早期人类因为在实践中与大自然发生了亿万次交道，经历过亿万次成功与失败，产生过亿万次愉悦与苦恼，便逐渐使自己的生理和心理同大自然磨合与磨离。人从大自然那里每获得一次物质功利，便引起一次身心愉悦，从而便自然而然地在生理上和心理上与这样的自然物亲近一步，其实这就是从肯定自然为美的角度逐渐形成自己的审美生理和审美心理，而能为人所肯定的自然物也就转化为自然美。随着社会实践的广泛深入开展，社会生产力水平提高了，人与自然的对立统一关系便经过长期的量变终于发生了质变——人由受控于自然的地位转化成了有一定能力认识自然、改造自然的主导地位。这时，一般来说，自然不再是令人恐惧的对象，而是令人可亲近的对象了。这时的人与自然的审美关系，也逐渐从自发状态进入自觉状态。人的审美意识一经形成，也就必然在人与自然的关系中发挥能动作用。在审美意识的支配下，人能突破物质功利的圈子来看待自然，对于只要是能引起自己情感愉悦的自然事物，不管它能否给人带来物质功利，就都能以美的肯定。这样，一切自然物，不管它们能否给人带来物质功利，只要是能以自己的自然属性引起人的情感愉悦者，其自然属性便转化为对人的悦情性——美这种本质属性，其自身便转化为自然美。于是，自然美领域大大拓宽了，即由实用功利物的狭小范围拓展到具有悦情功能的一切自然物。凡是能适应人的需要，引起人的身心愉悦，尤其是引起人的生命活力感的自然物，都转化成了人的审美对象，即自然美。由上观之：实践造就了审美主体；实践成了人与自然的主要审美中介；实践由于造就了审美主体和成其为主要审美中介，所以使得自然物的某些自然属性转化为美的本质属性，使得自然物转化为自然美。

四、自然美产生的真相

肥沃的田野、绿化的山峦、平坦的道路、兴修的水库、整洁的公园是美的；火红的太阳、奇妙的星空、绚丽的朝霞、汹涌的大海、奔腾的河流、一望无际的大草原，以及莺飞草长、花开花落等现象也是美的，可以说大自然的美数不胜数。恩格斯说：“大自然是宏伟壮观的，为了从历史的运动中脱身休息一下，我总是满心爱慕地奔向大自然。”① 大自然，就是这样在审美的层次上与人类建构起了复杂的精神联系。自然美由自然物转化而来，自然美的根源是人化的结果，而唯心主义者却认为自然美是人的主观作用于自然的结果，是主观意识的产物，因此认为美不在现象，而在现象之后的更高本质；旧唯物主义者认为自然美在于自然物本身，是自然物本身固有的属性，这些看法无疑都是片面的。正如马克思所说，他们“对事物、现实、感性，只是从客体的或者直观的形式去理解，而不是把它们当作人的感性活动，当作实践去理解”②，他们因此并不能真正揭示自然美的本质及其根源。马克思主义把自然美纳入人类实践活动过程中进行考察，认为自然美产生于人化自然，是人类实践活动的直接成果。这一辩证唯物主义的观点，使自然美的产生及本质得到了合理解释。它告诉我们，必须从人类实践活动入手，从人与自然的关系入手，才能弄清自然美的真相。

（一）自然美产生于自然的人化

自然美产生于自然的人化，这是基于“劳动创造美”这个基本命题之上的。在《1844年经济学哲学手稿》中马克思说：“劳动为富人生产了珍品，却为劳动者生产了赤贫。劳动创造了宫殿，却为劳动者创造了贫民窟。劳动创造了美，却使劳动者成为畸形。”在这里马克思直接提出了“劳动创造了美”的观点。结合《1844年经济学哲学手稿》其他地方的论述，我们知道“劳动创造了美”的基本含义是劳动能生产出美的产品，创造出美的成果，这是马克思主义美学的一个最基本的观点，它合理地解释了美的本质及其产生途径。那么，劳动何以能够创造美呢？一般理解为劳动能使人的本质对象化，使人能在对对象的感性观照中看到自己的力量与智慧，即在他所创造的世界中直观自身，这种直观能使人获得情感的满足愉悦，因而也就可以说那种体现了人的本质力量的感性事物是美的。在这个层次上，所谓“劳动创造美”便从一种现实行为，上升到一种观念状态。譬如原始的没有被驯服的羊，在原始人眼里不会是美的，但它一旦被人驯服，身上就体现着人类的力量，这时它就成为美的对象，人们观照它就能获得情感的满足愉悦，在这种情况下，被驯服的羊越大这种满足愉悦就越大，这也许就是有人要将汉字里的“美”解释为“羊大为美”的一个原因吧。我国早期对美的这种认识，在其他民族那里也是一致的，这也从另一个角度印证了马克思“劳动创造美”的观点。

从“劳动创造美”这一前提我们知道，自然美必然取决于人对自然的改造，具体地说就是取决于自然人化。所谓自然人化，就是指自在的客观自然界，通过人类的实

---

① 《马克思恩格斯全集》（第39卷），人民出版社，1979年版，第63页。

② 《马克思恩格斯全集》（第3卷），人民出版社，1979年版，第6页。

践活动变为“我”的对象，对于主体（人类）来说它成为顺己力量，体现着主体的本质能力。“自然的人化”产生了“人化的自然”，在人化自然之上，人能直视自己的力量，因而能够获得美感。

当然，人类实践活动促使自然人化，必然要经历一个复杂的过程，形成多种多样的体现。在人类历史初期，人对自然的认识能力、改造能力很低，正如马克思、恩格斯所说：“自然界起初是作为一种完全异己的、有无限威力的和不可制服的力量与人们对立的，人们同它的关系完全像动物同它的关系一样，人们就像牲畜一样慑服于自然界。”① 在这种状况下，自然物不可能成为体现人的本质力量的对象（甚至可以说此时人的本质力量尚未形成，人也是一种直接的自然物），它们处处阻碍着人，威胁着人，它促成的只会是恐惧感、神秘感、压抑感，绝不是美感。从这个意义出发，所谓自然的人化，首先必须理解为作为自然物的“人”的人化，人在这个过程中经由劳动实践完成了自身进化从而逐步获得了人的本质。这不仅是自然美得以产生的前提，也是美产生的前提，它创造了能够审美的主体，使人成为心灵化的人。当然，人在“心灵化”的同时，人之外的自然物也随人类实践活动的展开和深入发展而逐渐人化，它创造了作为客体的自然美现象，在自然领域审美作为一种精神活动才成为可能。就理论意义而言，科学越发达，生产力水平越高，自然人化的程度就越大，自然美的领域也就越大。

（二）人化自然美的分类

提到“人化”，人们通常想到的是对自然物进行加工改造，使之发生形态上的变化。实际上，“人化”包含两层含义：改造、加工的实践活动，其结果是改变了事物的天然形态；支配、征服的实践活动，其结果并未改变事物的天然形态，但改变了相对关系，提升了人的情感。两者都是人的本质力量的确证，都有审美价值，所以，人化自然美又可进一步划分为形化之美与情化之美。

1. 形化之美

当农夫通过辛勤耕耘，把昔日的荒地变成整齐的良田，面对翻滚的麦浪和金黄的菜花，会不禁由衷赞叹道：“可真美啊！”当我们散步在修剪得错落有致的花草丛中，看着蜂飞蝶舞，内心会不由感叹道：“太美了！”据此，我们不难看出，这些自然事物是人类劳动改造的结果，它们之所以美，是因为其中闪耀着人类的实践和创造的光辉，人们将自己的活动作用于外界事物上，使之发生了形态上的变化。从这个角度说，对人化自然美之惊叹，实质是对人本身创造力的惊叹。

马克思在《1844 年经济学哲学手稿》中明确指出，人类通过劳动对自然进行加工改造，从而显示出自己的本质力量。正是劳动者对自然进行改造、美化，才“生产了奇迹般的东西”。只要劳动者遵循美的客观规律，在自然物上付出自己的智慧和辛劳，

① 《马克思恩格斯选集》（第 1 卷），人民出版社，1995 年版，第 81－82 页。

就能生产出人类劳动和智慧的结晶。之所以将自然美的一种形态称为“人化自然美”而不是其他动物对自然产生作用形成的美，是因为动物只是根据它自身生存的物种需要进行活动，而不能去改造自然、支配自然；而人类则“懂得按照任何一种尺度来进行生产，并且懂得怎样处处把内在的尺度运用到对象上去”①。只要人类能正确认识和运用自然中的规律，并不断地赋予自己的创造力，且将二者结合起来运用到自己改造自然的实践活动中，就能创造出比原来丰富奇妙得多的自然界。

2. 情化之美

宋初著名山水画家和绘画理论家郭熙在他的《林泉高致集》中指出“天台、武夷、庐霍、雁荡、眠峨、巫峡、天坛、王屋、林虑、武当，皆天下名山巨镇”，原因在于这些名山是“天地宝藏所出，仙圣窟宅所隐，奇崛神秀，莫可穷其妙”。那么，古人何以知道它们有天地宝藏、仙圣窟宅、奇崛神秀呢？那就是登山。在从山脚向山顶攀登途中，可以欣赏到绝美景色。然而，对于现代大多数登山的人，尤其是登山爱好者来说，登山的乐趣恐怕就在于“会当凌绝顶，一览众山小”的豪情了，而这种豪情就建立在登上高山之后的一种情绪、心理、征服感上。虽然高山作为自然物存在的物质形态没发生什么变化，但就在登山的一步步过程中，人们通过这样的活动，证明了自己的能力，人们为在历尽艰辛之后获得的新感受、新眼光而兴奋不已，从而使再险峻、再陡峭的山也成为美的对象。

类似登山的感受每个人都可以体验到。这种征服自然的美感间接地肯定和显示着人类的实践能力，不能不说也是人的本质力量在自然界的一种显现。甚至可以说，这种美更体现了人的本质。在古代，星空及其他宇宙天象被我们的祖先视作吉凶之兆，人们往往先观天象后才敢去有所行动。然而到了近现代，人类开始将宇宙作为自己的研究对象，月球、火星乃至更遥远的星系，都已成为人类涉足研究的目标。闪烁的繁星、浩瀚的宇宙变成了给人们增添无穷乐趣和美感的事物。由此可见，人化自然美不一定非要由人更新了它的物质形态，那种通过人的活动改变了人与自然的关系（如对高山由盲目敬畏到征服它），确证人的本质力量所表现的美，同样也是人化自然美的应有之意。

普列汉诺夫曾经写过一段关于“狩猎胜利品”发展过程的描述：在原始社会初期，猎人打死飞鸟是为了吃它们的肉，但被打死的动物的许多部分——鸟的羽毛、野兽的皮肤、脊骨、牙齿和脚爪等是不能吃的，或是不能满足其他需要的，但是这些部分“可以作为他的力量、勇气和灵巧的证明和标志。因此，他开始以兽皮遮掩自己的身体，把兽角加在上自己的头上，把兽爪和兽牙挂在自己的颈项上，甚至把羽毛插在自己的嘴唇、耳朵和鼻中隔”②。于是，这些狩猎的胜利品，开始逐渐地引起猎人愉快的

① 《马克思恩格斯全集》（第 42 卷），人民出版社，1979 年版，第 95 页。

② 普列汉诺夫：《论艺术》，曹葆华译，三联书店，1973 年版，第 117 页。

感觉，一旦猎人意识到他们所显示出的自己的征服力量，这些东西就成为引起审美快感的事物。也就是说，人类通过自己的活动，从维持自己生存的需要发展到实现自己、证明自己的需要，人们所“人化”的自然事物，已不能作为一种纯粹的物件摆放在那里，而要能从中显现出人的痕迹。社会越发展，人们就越需要从一些以前难以改造或征服的事物上展现自己。因而，原来对人敌对、疏远、恐怖的自然，在人类的征服和驾驭下，变成对人可亲、可爱的自然。正是在征服欲的刺激下，人在自然力量的闪耀中，通过自己的活动使其发出更灿烂的光辉，这就是人的力量之光。

五、人化自然美与天然自然美

人化自然的美是非常丰富多彩的，但自然界是先于人类社会存在的，大自然遵循一定的规律运动着，而人类社会产生于自然界的基础之上，人的力量再大也要受到它的制约。无视这一明确的事实，将自然中的一切成就都归功于人类，就是把人抬高到了万能造物主的地位。所以，我们不能忽视自然界中人的力量没有涉及的领域。在现实生活中，秀美雄奇的山水、五彩斑斓的雨花石、活泼可爱的小动物，无不成为我们的审美对象，而人类却并未对它们施加任何的劳动。鉴于此，美学界有一种颇有势力的说法，即认为“人化的自然”的理论并不能解决全部自然美问题。理由是自然美包括两种状态：一种是经过人类认识和改造过的自然美；一种是未经人类认识和改造过的自然美。“人化的自然”的理论只能解决前一状态的自然美的问题。

我们认为，可以说有未经人类认识和改造过的自然物，却不能说有未经人化的自然美。前者作为客观存在，后者作为关系存在。而“凡是有某种关系存在的地方，这种关系都是为我而存在的”①，凡是被我们作为审美对象加以观照的自然事物，都至少是已经意识和体认的对象，都是已经纳入了人的意识结构中的意象。对象已成为人的某种精神力量的对象化的存在，而不再是纯粹的生野的存在。换言之，都经历了不同性质、不同程度的“人化”。马克思在《1844 年经济学哲学手稿》中指出：“植物、石头、空气、光等等，一方面作为自然科学的对象，一方面作为艺术的对象，都是人的意识的一部分，是人的精神的无机界，是人必须事先进行加工以便享用和消化的精神食粮。”所谓“人必须事先进行加工”不正是指“人化”吗？而“加工”不外乎两方面，作为自然科学的对象，指的是物质实践的加工；作为艺术的对象，是指精神意识的加工。后者，不正是指精神的“人化”吗？

因此我们可以说，在自然美中，有一种类型的美是未经人类直接形化或情化过的天然事物进入人的审美领域，直接形成美的对象，这就是天然自然美，我们将其姑且叫作天然美。

与人化自然美相比，天然美不需要人做出什么行动来参与创造或做出巨大努力加

① 《马克思恩格斯选集》（第 1 卷），人民出版社，1995 年版，第 81 页。

以驾驭，它只须自然事物进入人的审美领域，建立审美关系。人们面对有审美价值的天然事物，总是惊叹其鬼斧神工、造化奇妙。天然美与人化自然美之不同，从审美过程也可以看出来。对于天然美，审美关系的建立和审美的体验是同时的。人化自然美重点在“化”上，即这种审美要经历一个有人参与的动态的过程（包括形化和情化），也就是说，它的审美关系的建立与审美体验不是同时发生的。这种情况下的事物的本然状态，常常不是审美价值，而是人在劳动中将合目的性赋予客体，逐渐体验到自己本质力量的光辉，因而对于自己所改造、创造了的事物产生出认同感，很自然而然地将之纳入自己的审美对象中去。那么，天然事物成为人的审美对象的基础是什么呢？自然史告诉我们，自然事物从产生之初到现在，经历了无数次否定之否定的过程，之所以能生存下来，发展成目前的状态，就在于它们的现状符合自然界中的生存规律。这些天然事物只有按照生存规律发展，才能使自己继续存在下去，正是自然界的生存规律造就了整个自然的和谐，因而生存规律也是美的规律。人本身是“属于自然界，存在于自然界的”，所以，人当然也受自然界中的这种生存规律的制约，他的生存发展也符合这种规律，因此，人便具有感受到这种来自自然的生存规律的可能性。基于这一点，人与自然事物之间得以沟通，人对自然事物中的这种生存美形成了与生俱来的内在认同感。为什么人们对天然美的感受总是大体相同呢？这也可以得到合理说明。因为人们感受天然美，往往是直接诉诸感官的，而正常人之间在感官上的差别是很小的，因而运用感官所产生的审美体验的区别也就不会太大。这样，天然美就能够很容易地在各人的感觉上形成同一种类的沟通，使得大多数人对同一种天然景致能产生类似的审美体验。基于以上的原因，我们认为天然事物的美自有其特质，不应被人化自然美所吞没。

综上所述，我们可以将自然美分为实践力量对象化的自然美与精神力量对象化的自然美两大类。具体来说，后者就是那些虽未经人的实践力量直接加工改造过，但已为人所意识到、审视过，亦即事先进行了精神意识加工的自然，如日月、星空、崇山峻岭等。前者就是那些不仅为人所意识到、审视过，而且经过人的实践力量改造过的自然，如田野风光、园林景致等。

有的人只承认经过人的实践力量改造过的自然物是“人化的自然美”，而不承认那些未经过人的实践力量改造过的自然物是“人化的自然美”。他们通常所举的例子是太阳、月亮，因为日月上没有任何“人化”的踪迹，它们只是以其自身固有的自然形象、自然形式客观地呈现出来。这其实是把“人化”做了狭隘理解的结果。实际上太阳与月亮也只是地球人所感觉和意识到的太阳与月亮。太阳的升落、月亮的圆缺于日月本身不过是一种假象，但在人看来却是真象。旭日夕阳的美，弯月圆月的美，是太阳、月亮、地球这些天体本身的性质与人的本质力量的性质所构成的某种关系的规定性形成的。进一步说，虽然人的物质的实践力量迄今未曾对太阳、月亮有过什么改造，但人的精神力量已经对它们做过无数次改造，虽然都是虚拟地改造。古人说，目击其物，便以心击之。人不仅以目，而且以心迎击着日月。日月对人来说，不再是生野的，而是亲切的，已经成了人的精神生活的组成部分。它们作为每一个人可以直接面对的审美对象，早已成为人们本质力量的对象，以其活生生的存在的独特形式，而且作为体现人类的普遍精神的审美意象，反复出现在古代神话传说及历代诗词歌赋中。

马克思在《资本论》中说过，金和银，一从地底下出来，就是一切人类劳动的直接化身。金、银作为自然物，它们的美固然同它们的属性、颜色、光泽等自然条件有关，然而这些自然性状之所以成为美的，或者说被认为是美的，正是因为它是人类劳动、人类意识、人类情感的化身。我们明乎此，则可解开一切自然美的奥秘。这就是马克思“人化的自然”这一深刻命题给我们的启示。

从远古到现在，自然美观念的历史演变与自然美形态的历史更替，都在启发我们：自然美的诞生与发展，离不开“自然的人化”。“人化的自然”是以其合规律性与合目的性的统一、自然性与社会性的交融而展现出的。

自然美诞生与发展的基本前提，都是“自然的人化”，而“自然的人化”却又暗含着“人的自然化”。换言之，人类只有在承认、尊重自然的前提下，才能认知与改造自然；只有在真正认知与改造自然的基础上，自然之美才能彻底释放出她应有的绚丽夺目的光彩。自然美从诞生到辉煌的艰难历程，一直在启迪着人类——劳动创造了美。

第三节　自然美的特征

一、天然形式的生动性

自然美的第一个特征，就在于它的天然形式美，就在于自然事物所自有的形式（形、音、光、色）及其组合关系（对称、比例、均衡、节奏、多样统一等）所显现出来的感性形象的美。万紫千红的花草，各种金属的自然光芒，一些矿物的有规则的结晶，动物、植物体形构造上的比例、对称、均衡，鸟类的和谐啼鸣，水上的涟漪，天空的云雾，整个自然界的多样统一，等等，这些“天地之文章”，都是以它们形态美、现象美的生动形式直接唤起人们的美感的。绿水青山、蓝天碧海、红日彩霞、紫岩白石，是以其色泽之美取悦于人的；江水滔滔、溪流淙淙、百鸟鸣唱、草虫啾啾，是以其音响之美取悦于人的；杨柳婆娑、松柏挺拔、碧波荡漾、峰峦叠嶂，是以其形态之美取悦于人的；霞光万丈、月光如水、电光闪烁、星光灿烂，又是以其光亮之美取悦于人的。换句话说，人们欣赏自然美时，一般不多究其内容，而注重其形、音、光、色等生动的美的形式。诚然，任何美的事物都有其内容和形式两个方面的美，自然美当然也不例外。但是在有的情况下，自然美的内容不确定。如人们培植的花草、绿化的山林、田野的庄稼、草原的羊群，这些自然物所显示的美，就其内容而言，与人们美好的生活、美好的理想、美好的情感、美好的道德观念虽然发生联系，但毕竟不明确、不具体，因而不具有内容方面最本质的倾向性和时代性。同时，这中间还有许多中介物在起作用，因此，它们具有的内容朦胧而含混，只能说这些自然美凝结着人们的审美意识或实践性加工的美的“内容”。而浩瀚的海洋、皑皑的冰川、明丽的湖泊、广阔的森林、苍茫的天宇等自然美的生动形式则实在、具体、清晰。人们爱山谷的宁静，也爱大海的奔腾；爱星空的肃穆，也爱旷野的神奇；爱动物的灵巧、温顺、健壮，也爱植物的鲜艳、茂盛、蒸蒸日上。所有这些“宁静”“奔腾”“肃穆”“神奇”“灵巧”“鲜艳”，或现象美，或形态美，都十分清晰、具体、实在，非常生动。自然美之所以有以形式美取胜的特征，一方面是自然事物属性所显示出来的形、音、色、光及其组合关系的生动形象具有向人性、宜人性的品格，另一方面是由于人们在长期的审美活动中积淀了丰富的审美经验的心理定式，从而对大量美的事物的形式进行抽象和概括的结果。在人类审美历史的发展过程中，人们千百次反复接触到自然事物的各种形、音、色、光的美的形态、美的现象。而这些形态与现象和审美主体的人的与生俱来的生理结构、心理结构，人对各类事物的感受性与适应性是和谐默契的，或者说是同人的审美的内在固有尺度（如形体等的“黄金律”比例）相吻合，久而久之，人们便形成了一种条件反射，具有了掌握形式美因素的敏感性。于是人们仅仅看到美的事物的形式而不去考虑其内容，便能引起多种美感。这也即是自然美的审美真谛。

自然美依赖于自然物天造地设的自然形式和感性特征，是天然的本色美、真实美。而天然的美景是任何人为的艺术品都无法代替的。因为天然美景具有真实的三维空间，审美主体可以从不同的方向、不同的角度、不同的距离进行欣赏；有时还可以置身于美景之中，真切地、全身心地体验自然美的种种韵味。特别是山水美景，生物体与非生物体融合交织，有形有色有味有声，这种全方位的、原汁原味的、具有无限生命力的美，是一般的艺术美难以企及的。如“甲天下”的桂林山水，以其天然的清秀、妩媚之美，吸引了古今中外无数的游人。“天下奇”的黄山、“天下秀”的峨眉山、“天下幽”的青城山等大自然的杰作，均以各自独具特色的美使无数的游人陶醉于其中而流连忘返。历史上许多文人都纵情于山水之中并写下了许多赞叹自然美的作品。南朝诗人谢朓在《游东田》一诗中写道：“不对芳春酒，还望青山郭。”其大意是说，由于被东田的山水美景所陶醉，连酒都不想喝了。苏东坡对杭州西湖的美也大加赞叹：“水光潋滟晴方好，山色空蒙雨亦奇。欲把西湖比西子，淡妆浓抹总相宜。”西湖景区的湖光山色在各种气象条件下都显出不同的美，这种“天生丽质”之美是人为的艺术品所无法比拟的。著名作家郭沫若于1963年游览桂林七星公园的月牙楼时，因惊叹自然景色之美而写下了《桂林登月牙楼》一诗：“月牙楼是画廊楼，八面奇峰豁远眸。毋怪楼中无一画，画图难及自然优。”这说明天然的美景胜过人工的风景画。关于这一点，刘勰在《文心雕龙·原道》中也说过：“云霞雕色，有逾画工之妙；草木贲华，无待锦匠之奇。”自然美来源于自然的造化之工，是一种天然本色之美，是一种真实美。对于人类来说，自然美的吸引力往往胜过艺术美的吸引力，一个重要的原因就是自然美是真正意义上的真实美。当然，社会美也是真实美，但它也属于人为之美，因而缺乏天然美的魅力。当代各国人民对自然美的兴趣越来越浓厚，这一事实印证了天然形式的生动性是自然美的显著特征之一。

倘若说社会美重在内容，艺术美是内容与形式兼重，那么，自然美则重在形式，重在其形状、色彩、声音等生动的形式，钱塘江汹涌的浪潮，牡丹花艳丽的花瓣，黄莺鸟悦耳的鸣叫，无不如此。

在自然美中最有代表性的当数山和水了。对于水之美，车尔尼雪夫斯基曾做过这样的评价："水，由于它的形状而显出美，辽阔的、一平如镜的、宁静的水，在我们心里产生宏伟的形象。奔腾的瀑布，它的气势是令人震惊的，它的奇怪突出的形象，也是令人神往的。水还由于它的灿烂的透明，它的淡青色的光辉而令人迷恋。水把周围的一切，如画地反映出来，把这一切屈曲摇曳着，我们看到水是第一流的写生画家，水由于它的晶莹透明而显得美。浪花所以美，是因为它顺着波涛飞跑疾驰，是因为它反映着太阳光，当波浪迸散的时候，浪花就像尘雾一般飞溅开去……"① 这番话把水的晶莹美、沉静美、流动美概括无遗。

对于山石之美，我国古人曾把它概括为透、漏、瘦三个字。所谓"透"是指山岩上要有穿穴之洞，极尽回环曲折之妙。所谓"漏"是说山石表面不能是平平坦坦、光秃秃的，而应当充满孔隙、皱褶，显得玲珑剔透，富于变化和立体感。所谓"瘦"，指山势要峻峭嶙峋、峰棱毕露。去过黄山的人看到那拔地而起、危耸兀立的群峰，都会感到一种惊心动魄的崇高美。自然物的生动的形式美不但是激发人们美感的主体，也是它的本质所在。失去了生动的天然形式，自然美便不复存在。

从人类学的角度看，自然美的其他特征不能取代自然美的生动的形式。因为自然为人类审美所提供的是"不可缺少"的条件，这也是一些美学家主张美是纯属自然性的合理成分之所在。马克思认为，如果没有自然，没有感性的外部世界，劳动者就不能创造什么。大自然是有规律的，自然界的一般形式便是规律，这种规律寓于具体事物之中，并通过一系列的形式表现出来：水从高向低流，鸡蛋在一定温度下孵化，冬冷夏热，等等。毛泽东的著名诗句"已是悬崖百丈冰，犹有花枝俏"，是借梅花耐寒，在恶劣环境下顽强生长的生动的形式，赞美无产阶级革命英雄的品格美。

正因为自然美具有生动的天然形式，使得自然美区别于重在内容的社会美和内容与形式兼重的艺术美而成为重在形式的美。

二、审美形态的丰富性

在各种美之中，自然美数量最多，分布最广，品种最繁，最令人心旷神怡。在人

---

① 车尔尼雪夫斯基：《论文学》（中卷），上海译文出版社，1979年版，第103页。

类的生活领域中，从天上到地下，从无生命的无机物，到有生命的动植物；从宏观的宇宙天体，到微观的虫翅叶芽，都各有其不同的形态美、色彩美，其丰富多彩、生动活泼，是其他一切美无法比拟的。东晋大书法家王羲之对此深有体会，所以他在《兰亭集序》里写道：“仰观宇宙之大，俯察品类之盛，所以游目骋怀，足以极视听之娱，信可乐也。”毛泽东对现实美的丰富性和生动性也做过充分的肯定，他说：“人民生活中本来存在着文学艺术原料的矿藏，这是自然形态的东西，是粗糙的东西，但也是最生动、最丰富、最基本的东西；在这点上说，它们使一切文学艺术相形见绌，它们是一切文学艺术的取之不尽、用之不竭的唯一的源泉。”① 这“源泉”中当然也包括了自然美，因为人类的社会生活是离不开大自然的。黑格尔也认为：“靠单纯的摹仿，艺术总不能和自然竞争，它和自然竞争，那就像一只小虫爬着去追大象。”② 在人类的生活领域中，随时随处都有自然美景，日月星辰、山川湖海、树木花草、鸟兽虫鱼、雨雪云霞，都各有其独特的形态美、色彩美，其丰富性是其他一切美无法相比的。

自然美的审美形态的丰富性，首先表现在大自然瞬息万变、气象万千的景色美的变幻上。自然界本是一个多元统一、永恒运动的物体。四季的变更，时序的交替，使人们领略到大自然不同的风光美。以闻名天下的杭州西湖之景为例，人们发现：早春，整个湖滨垂柳含翠，桃李吐艳，一派“湖上春来似画图”的妩媚美显现在眼前；盛夏，则满湖清香四溢，碧莲接天，“映日荷花别样红”又闪闪而来，湖景呈现出一片典雅美；清秋，桂花从环湖飘向“天外天”；寒冬，红梅斗雪直逼“放鹤亭”，由锦奇之美一变而为神奇之幽。四时时令的更替使它显示出各种“别样”的美态来。西湖景色，与别处自然美一样，于一日之间也时有变幻之美：清晨，柳浪闻莺啭，微风拂湖水，现出恬静柔美之貌；傍晚，斜阳画青山，彩霞绘碧波，清丽、娇艳之美历历在目。白昼，湖上波光粼粼，山野花光闪闪；月夜，湖色朦胧缥缈，山峦苍茫空灵。明艳之美与朦胧之美成了鲜明的对比。概言之，一切景物皆因时令、时序的不同而产生各种变幻之美。显花植物有春花秋实的变化美；落叶乔木有“一岁一枯荣”的差异美；月亮有“阴晴圆缺”和“转朱阁，低绮户”的变形美；湖海有“阴风怒号，浊浪排空”“春和景明，波澜不惊”及“海上明月共潮生”的不同变幻美。至于山景，“春山淡冶而如笑，夏山苍翠而如滴，秋山明净而如妆，冬山惨淡而如睡”，也有季节的差别美。大自然因时光流逝而呈现出各种异样美态是变幻美的一种基本形式。

自然美的审美形态的丰富性，其次表现在自然事物的运动及自然事物之间联系、制约所形成的相对运动中，从而使人们欣赏到大自然静态、动态、互为条件的结合美和变幻美的景色。黄山云景即为一例。当人们站在雨后初晴的文殊台上，眼前便是一片白浪滚滚、无边无际的云海。云海有时浪花高卷，漫上峰顶，给远处的山峦披上一

---

① 《毛泽东选集》（第 3 卷），人民出版社，1991 年版，第 860 页。

② 黑格尔：《美学》（第 1 卷），商务印书馆，1979 年版，第 54 页。

层透明的轻纱；有时烟消云散，只留下几缕云气在空中飘荡。那云气一旦沐浴着阳光，便显出各种异样的色彩，时而白为雪，时而黄如金，时而幻成紫，时而又扩展成愈来愈浓的弥天大雾。这是彩云本身飞动的变幻美。云雾之中，群峰时而拔空屹立，露出洗尽云气、秀色葱翠的峰尖；时而又在云蒸雾荡之中若隐若现或隐然消失，这是静态的山峦在飞云的作用下形成动态的幻变美。钱塘江潮水又是一例。每年农历八月十八日前后，是钱塘江潮汛期。在钱塘江的入海处，潮水未来时，江海一色蔚蓝、平静、肃穆。突然，海天连接处出现一道白线；接着，万里江空隐隐有声；继而，白线飞疾滚来，愈滚愈快，愈猛愈粗；霎时，风劲、潮响，白线变成白虹，白虹变成白墙，白墙高达三米，喷银溅沫疾驰江岸；顿时，一声巨响："轰——"犹如冰峰爆炸，"墙"倒浪飞；随后，又悄然匿迹，平复如常。这是动态与静态互为条件的幻变美。日出奇幻景色也是一例。不论人们站在泰山之巅还是立于海轮甲板，都可于朗日凌晨看见：先是空中游动着一线微明，伴随着是一条狭窄的暗红色长带铺在东方天边，带子的上面露出一片清冷的淡蓝色的晨曦，慢慢地，红带泛成红云，夜空映红了。一转眼，红云染红了大海，海上红光动荡，淡蓝的晨曦变成墨蓝色的云霞，变成磁蓝色的光芒。突然，在色彩缤纷的云霞与光芒之间凸起一道细细的抛物线，这道线红里透亮，金光闪烁，如同沸腾的溶液一下抛溅上去。随后，线下闪出几个更红更亮的小片，小片渐渐密接起来，融合起来，终于成为一个红彤彤的圆球，红日飞跃而出，光明普照了大地。这是水天云日相互作用又相互制约而产生的日光变幻美。总之，由于自然事物本身的运动规律和物与物之间的相互关系而出现的奇幻美态是俯拾皆是的。

自然美的审美形态的丰富性，还表现在自然界与人类不可分割的关系上，更使人们领略到大自然因人的"步步移"或"面面看"或其他心理因素而呈现出各种奇幻的景色美。中国古代曾有"山形步步移""山形面面看""一山而兼数十百山形状"的至理名言，而在现实的山水林泉中确实可以找到许多佐证。例如，桂林的阳朔有一座"月亮山"，当人们乘坐汽车由西北往东南环山绕过时，便可见那贴在山巅的"月亮"徐徐地由月眉初露到孤月悬空到月钩如镰再到月牙西沉的整个幻变过程。即"月"与人融合一起，既"面面看"，又"步步移"。其奇美、柔美、壮美、倩美之景都在动态变幻中逐一涌现出来。这是山形因人的角度摇移、变异而使"一山而兼数十百山形状"的变幻美。山势因云而变，雪景也因人的落眼或联想的不同而使"其状千变"。有"大雪纷飞"的雪，有"冰冻三尺"的雪，也有"空中撒盐拟可比"的雪。而"忽如一夜春风来，千树万树梨花开"的雪，更是景色奇幻而壮伟。在八月北风卷地的"胡天"，"一夜"之间竟出现了铺天盖地的大雪，这大雪不是"六出冰花"，而是幻化成"梨花"，不是"未若柳絮因风起"，而是竞开在"千树万树"之上，它使人们眼花缭乱，根本不辨人看"雪花"抑或"梨花"。这是人与自然异质同构的关系中所形成的一种奇峭而俊丽的变幻美。而瀑布的变幻之美，也使人"作诗火急追亡逋，清景一失后难摹"的。雁荡山的"大龙湫"瀑布，水从高约一百九十米处的连云嶂凌空而下，"五丈以上尚是水，十丈以下全是烟，况复百丈至千丈，水云烟雾难分焉”（清·袁枚诗）。庐山“三叠泉”瀑布，“悬注大磐石上，袅袅而垂垂练，既激于石，则摧碎散落，蒙密纷纭，如雨如雾；喷洒二级大磐石上，汇为洪流，下注龙潭，轰轰万人鼓也”（《桑记》）。至于贵州的黄果树瀑布，更是颠跌落浪，云垂烟直，“可谓珠帘钩不卷，飞练挂遥峰，俱不足以拟其状”（《徐霞客游记》）。人们近观瀑布，眼前便是万练扑面、浪花四溅、水珠轻扬的景观。隔岸欣赏，前方飞瀑纵横，雷奔云泄；旁侧长虹一道，五彩缤纷，使人忽觉神飞体轻，如痴如醉。遥望飞瀑，银滩飘荡，轻纱薄雾之中，白练时明时暗，幻景憧憧。其滴水分光的艳丽景色，又把人们带进了梦幻的仙境。瀑布，也是“第一流的写生画家”，它在不同的四维时空里，灵巧地绘出各种如龙、如柱、如珠、如玉、如云、如烟的变幻美。

自然美的审美形态的丰富性，有时也表现为大自然的生物多样性。距美国洛杉矶300公里处的“死亡谷”，是1933年美国政府公布为“国家自然博物馆”的超自然奇观的自然保护区。它本是火山遗址（最近的一次火山爆发是两千年前），地震、酷热、干旱是它的总特点，“美”似乎不在其中了。然而在这片曾被判为人类不能存活的“死亡谷”里，如今每年却有5 000万美国人和外国人涌向它，观赏它，为什么？因为：① 在高大的山峰上，有终年的积雪，有矮松、冰松，风光独特而旖旎。② 在两三百万年前形成的断层峡谷中有一条直通魔鬼洞的盐水溪，溪中的水温为110℉，溪水盐分的浓度为海水的六倍。就在这样特殊的条件下，溪里存活着不能繁殖的约五百来尾盐溪水小鱼。③ 在断层根底之外是一片茫茫的沙漠，其温度在190℉以上。可是在这片广袤、酷热和干旱的沙漠上，有专吃该沙漠所特有的长尾鼠的美洲狮，有不长汗腺的小袋鼠，有短尾猫、长尾野兔，有大角羊、地下獾及响尾蛇，还有两百多年前数百名淘金失败者留下的专吃仙人掌的驴群。集多样的生物生存于一处，可谓自然美审美形态的丰富性的最好证明。

审美形态的丰富性是自然美的一个显著特征。它那气象万千而又生机勃勃的美态，给人们带来了无穷无尽的清丽的、娇艳的、清新的、奇诡的、壮丽的、优美的、神奇的、明晰的、朦胧的娇美、奇美、柔美、壮美。正是因为它具有千变万化、奇幻多姿、丰富多彩的审美形态，所以给我们带来了美的享受。

三、自然属性的恒久性

在美学界，有些学者从“艺术美高于自然美”的既定立场出发，认定艺术美具有稳固性、永久性，而自然美由于受时空变动的影响，常常处于活动状态，因而是不稳固的、易于消逝的。这种看法有一定的代表性，但并不正确，理由如下：

其一，作为非生物体的日月山水等自然景物，由其特定的自然属性所决定，其“寿命”比任何人工产品都长，它们给人类留下了恒久的美的享受。太阳的灿烂之美，月亮的皎洁之美，华山的险峻之美，黄山的奇特之美，峨眉的秀丽之美，青城的幽深之美，海洋的壮阔之美，草原的广大之美，大江大河的汹涌澎湃之美，都是恒久稳定的自然美，古人欣赏它们，今人同样欣赏它们，后人也将会欣赏它们。当然，日月山水之美的稳定性是相对的，因为任何事物都处在不断的运动变化之中，但日月山水作为人类的审美对象，这一点是长久的、稳定的。

其二，作为生物体的动物和植物，它们中的大多数的生命过程都比较短暂，因而从某些特定的个体来说，它们的美是不稳固的，易于消逝的。但是，由其特定的自然属性所决定，生物体的生命具有再生性，它们通过生命的繁殖活动，使物种的生命代代相传，从而使个体的生命从短暂走向恒久。

其三，艺术美的所谓稳固性和永久性只是相对于自然物的某些个体而言。例如，相对于一朵花或某一棵树或某一条河而言，某些艺术品存在的时间更长，形态更稳定。如古希腊的史诗、雕塑，中国古代数量众多的山水画、山水诗和游记散文，都长久地流传了下来。但与整个自然界存在的恒久性相比，任何艺术作品都是短命的；甚至仅仅与某些自然物（如月亮、大海、高山）相比，艺术作品也是短命的。而且，并非所有艺术作品都能长久而稳定地保存下来。众所周知，由于种种原因，不能长久保存下来的艺术作品不计其数；有些虽然流传了下来，但由于人为或非人为因素的影响，其稳定性也难以保证。如中国秦代的许多精美的宫殿式建筑就毁于秦亡之时，古埃及的狮身人面雕像就因受到环境因素的影响而难以保持原貌。至于社会美，包括人的美，人的实践活动的美、实践成果的美，其不稳定性和短暂性也是显而易见的。

其四，自然美的自然属性使得其审美价值恒久。在各种美中，唯有自然美不存在任何负面的审美价值。因为自然美主要是一种形式美，不具备任何明确的意识形态性和伦理性内容，人们对它的欣赏是一种纯粹意义上的审美欣赏，不会涉及政治、道德和伦理问题。即如车尔尼雪夫斯基所说，自然美能“暗示”生活，那也仅仅是一种“暗示”或“象征”，并不是把生活明摆在那里；而且这种暗示或象征都是美好的、正面性的。如星月之美、海湖之美、山水之美、花鸟之美，由其特定的自然属性所决定，你怎么欣赏都不会使你“反动”或走向堕落。因此，没有人担心青少年对自然美的欣赏会对他们的健康成长产生什么不良影响。因此，自然美的自然属性使得其审美价值具有恒久性。

但艺术美和社会美则不同，它们的审美价值都具有“双面”性。艺术美是艺术作品之美，而艺术作品是人工制品，它总要体现创作者一定的审美趣味、人生理想、道德观念甚至政治倾向。从总体上来看，创作者这些主观因素的存在势必导致艺术作品的审美价值存在负面因素。社会美的主要特点是重在内容的善，具有明显的社会功利性、社会历史性、意识形态性，与道德伦理、价值取向有着密切联系。因此，对具体存在的艺术美、社会美的认定，就不可避免地存在着时代性、地域性、民族性、阶级性、政治性等因素，使得艺术美与艺术丑、社会美与社会丑的区分变得比较敏感而“灵活”。彼时彼地的人们认定为美的人物、事件或劳动产品，此时此地的人们有可能认为是不美的或者是丑的，反之亦然；在同一个“社会”中，那部分人认为是美的人物、事件或劳动产品，这部分人有可能认为是不美的或者是丑的。这样一来，对艺术美和社会美的认定、宣传和欣赏就难免出现一定的“误差”和风险，导致其命运难料，随时有消亡的可能。而自然美的悦目的色彩、宜人的形状、悦耳的声音等自然属性常常为不同时代、不同地域、不同民族、不同阶级的人共赏，从而得以恒久。

四、社会内容的易变性

自然美也有一定社会性的内容，它往往通过移情、暗示、象征体现出来，例如青松意味着高洁、坚毅，春风暗示着生机、生命，但这种内容完全是凭借人的联想和想象，带有明显的主观色彩。在内容和形式的关系上，自然美可以说突破了内容决定形式这一常规，颇有形式决定内容的味道。人们往往根据自然美的形式特征去赋予它某种内容，成为所谓“有意味的形式”。例如，人们常用荷花“出淤泥而不染”形容人在恶劣的环境中仍保持清白、清静，就同荷花的形状直立挺拔、形态清洁美好相关。

由于自然美的社会内容往往通过移情、暗示、象征体现出来，不同的人欣赏同一自然美的物体会有不同的移情，这就给自然美的社会内容带来了易变性。所谓易变性，是指同一自然事物往往具有美与丑的二重性或美的形态的多样性。“夜是造化所织的幽玄的天衣，普复一切人，使他们温暖安心”（鲁迅《夜颂》），因此夜是美的。然而它具有多面性，虽然是夜，但也有明暗。有微明，有昏暗，有伸手不见掌，有漆黑一团糟。在这里有明暗的对比美，有微明、昏暗的层次美，有天宇、夜色的映衬美，它们组成了一种“超然、混然、恍然、勃然、灿然”的统一和谐的美。但同时又包容着“漆黑一团糟”的丑。所以“夜”，具有二重性。“共产党像太阳，照到哪里哪里亮。”这时的“太阳”非常之美，可是“赤日炎炎似火烧，野田禾苗半枯焦。农夫心内如汤煮，公子王孙把扇摇”的“太阳”却是丑的。所以“太阳”也具有二重性。长江、黄河，水势浩森，气魄雄伟，铸造了《我的中国心》《黄河颂》，显现出一种高昂壮伟的雄浑之美。然而，同样的水势，一旦决堤裂岸，水流千里，树倒房塌，“人或为鱼鳖”，这种危害人们生命财产的水灾，就绝无美可言了。所以“水”也具有二重性。自然美的社会内容的易变性导致了它的多面性，同一自然景物在不同境况条件下其美的层面、美的程度、美的风貌、美的表现往往各不相同，这就使自然美的审美意蕴也朦胧多义，比如南宋诗人吕本中的《采桑子》写得更妙，同一词中把月亮从正反两义相比：“恨君不似江楼月，南北东西。南北东西，又有相随无别离。　恨君恰似江楼月，暂满还亏。暂满还亏，待得团圆是几时?”表达了诗人矛盾复杂的情感。

无生命的自然物有美丑合二而一的特点，有生命的动植物也一样。同是老虎，在动物园的笼子里，它那五官对称的头面，矫捷、强壮的身躯，以及褐黑黄白相间的皮毛颜色，都是伟丽美的表现。可是在野地里，它便是凶恶的象征、美的反面，与豺狼同义语。猿、猴之属，当它们在攀枝跳跃时，其轻快、敏捷、灵巧的动作，从四肢到体形、姿态，都显示出其力健美的形象。可是，当它们蹲踞在人们的跟前时，其面貌与躯体，都立刻使人生畏生厌，美态消失殆尽。

美丑同生于一物表现在植物方面的如“去年今日此门中，人面桃花相映红。人面不知何处去，桃花依旧笑春风”。在唐代诗人崔护的《题城南庄》中，桃花无疑是美丽的象征。而杜甫有诗云：“肠断春江欲尽头，杖藜徐步立芳洲。颠狂柳絮随风舞，轻薄桃花逐水流。”诗中借桃花讽喻轻薄之人。明人丰坊也有诗责桃花轻薄：“开时不记春有记，落时偏道风声恶。东风吹树无日休，自是桃花太轻薄。”同样是竹子，苏轼认为“宁可食无肉，不可居无竹。无肉令人瘦，无竹令人俗。人瘦尚可肥，士俗不可医”（《于潜僧绿筠轩》），而杜甫却“新松恨不高千尺，恶竹应须斩万竿”（《将赴成都草堂途中有作先寄严郑公五首》其四）。董必武则是“竹叶青青不肯黄，枝条楚楚耐寒霜”（《病中见窗外竹感赋》），显然是表达“竹叶”和“枝条”的“崇高美”的寓意。郑板桥的竹石题画诗，又是通过赞颂竹、石风骨，来讴歌其理想的人格美……由此可见，美丑共存一物的现象是自然美社会内容易变性特点的一种表现。

再从自然美的内涵来看，也同样可以说明这一点。譬如文学家、艺术家们常常把自然景物的美用来比喻和象征某一社会生活的美，就说明他们也认为这些景物是美的：屈原以兰花、善鸟比喻正直的忠臣；高尔基笔下的海燕象征英勇无畏的革命者；诗人笔下的风花雪月，画家笔下的松、竹、梅、菊……都是用来寄寓或表达他们的某种特殊情感的。可见人们欣赏、赞美自然，是结合或者说是糅合着对生活的一种想象和联想，是人们的一种感悟和情感的寄托，这种“感悟”“情感”是将自然物的特点看成人的精神的特点的。因此，人们赞美山的巍峨、水的秀丽、海的壮阔、菊的勇敢……也是赞美人——赞美与自然特点相类似的人的精神；反之亦然。因此我们说，自然物之所以美，除了它本身的自然属性之外，更重要的是由于它有与人类社会生活相类似的美的特征，不同的人根据其不同的特征赋予其不同的社会内容，从而使得其产生易变性。也正是因为自然美具有易变性，才使我们的艺术家们仁智各见，创作出丰富多彩的艺术作品。

第四节　大学生怎样进行自然美审美

一、众多的自然美形态

自然美是美的一种基本形态。自然界是丰富多彩的，因此自然美也有着各种形式。无论是洁白无瑕的珊瑚或晶莹透明的水晶，还是金银的耀眼光辉或蜂房的精密机巧，无论是星空海洋，还是花木虫鱼，都能表现出自然美。可以说，自然界中能引起我们美感的一切事物都具有自然美。面对这美丽的自然风光，谁都会从心底泛起一种说不出的舒适、愉悦之感，这就是大自然的美丽风光对我们心灵的怡养和陶冶。要欣赏大自然的美，并从中得到享受，就必须对自然美的表现形式及风格特征等有所了解，才能真正领略大自然的美赋予人们的感受。

自然山水风景纵然变幻不定，山山有别，水水不同，但自然风景美是一种整体的空间美，它不是自然美的单独显现，而是多种自然美按一定规律的有机组合，是造化的巧妙安排，因此，也必然存在着某种形式的规律性，而这种规律的形式特征，就是自然风景的形态。总括起来，自然风景美的常见形态有以下几种。

（一）雄伟美

雄伟美主要指的是形象高大而言，高尤指其相对高程要大，当然也不能忽视绝对高程，这是自然中最能激励人心的美，它是一种壮观、壮美、崇高，一般表现在山的形态上。一般说来，山的雄伟与山的高度有一定关系，但作为一种崇高博大的美，主要是景观的气势所决定的。如五岳独尊的泰山，攀上南天门，登上瞻鲁台，上见苍天，东望大海，就会给人一种雄伟的感觉。其实泰山与其他诸多名山相比，不如天柱之秀丽，更不如黄山之奇特。但泰山相对高差硕大，因它位于辽阔坦荡的华北大平原之上，以磅礴之势凌驾于齐鲁大地，故杜甫有诗云“会当凌绝顶，一览众山小”。当然泰山的美除了由它宏大、雄伟的形象而显示出来外，也得益于它的历史渊源。汉武帝游泰山时赞美说：“高矣，极矣，大矣，特矣，壮矣。”孔子说：“登泰山而小天下。”自秦皇、汉武登山封禅开始，泰山就成了天神的化身，登上岱顶，就意味着到了天宫。因此，泰山在人们的心目中更是高大无比了。再如有“雄秀西南”之称的峨眉山，其雄也在其高，金顶海拔 3 099 米，所以有“峨眉一派出昆仑，平畴突起三千米”的诗句。在我国的风景名山中，无论相对高程和绝对高程，峨眉山都是最高的，尤其在山之西北坡更显雄伟。又如河南的嵩山，峰峦如屏，达到断云隔天的程度，亦属雄伟壮观之列。贵州黄果树大瀑布，落差 74 米，宽 81 米，白水河的水从 70 多米高的悬崖陡然落下，比起“飞流直下三千尺”的庐山瀑布来，气势更磅礴、更雄伟，更能显示出崇高美。还有黄河，其雄伟就在于“奔流到海不复回”的汹涌波涛；长江，其雄伟就在于两岸的千仞绝壁。这些都是典型的雄伟美。

（二）奇特美

奇特美是指山水的存在形式与一般的均衡、对称、和谐等形式规律相对抗，其最引人注目的是具有一定造型的风景地貌。这种风景地貌一般分为大、中、小三种尺度。像昆明西山、霍山黑石渡的仰卧美人、佛子岭的睡佛都属大尺度之列；桂林的驼峰山、黄山的“鳌鱼驼金龟”可算中尺度的造型地貌；黄山的“飞来石”“梦笔生花”、承德的棒槌山、路南石林的“阿诗玛”“母子偕游”等只能称为小尺度造型地貌。还有一种称为变幻造型地貌，最著名的有：在黄山，从半山寺门前可看到天都峰的“金鸡叫天门”，但登龙蟠坡左望那只叫天门的“金鸡”却变成了“五老上天都”；另外雁荡山的灵峰，它有左右两峰，右称灵峰、左叫倚天峰，两峰相依形似如来合掌，所以也叫合掌峰，但每当夜幕降临，影影绰绰又极似相依的情侣，所以又叫夫妻峰。这种移步变景的主要原因是从不同角度观看，加上夜晚依稀的轮廓，这些特写便形成了丰富多彩的变幻造型。

当然最显奇特之美的还要数黄山，因而有“黄山天下奇”的说法。黄山最奇的景物有四，即云、石、松、泉。黄山的石奇形怪状，人们给它们取名为“喜鹊登梅”“梦笔生花”“松鼠跳天都”“蓬莱三岛”“丞相观棋”“猴子观海”等。黄山的云雾，如缎如锦，飘荡于千山万壑，变幻无穷，素有“黄山云海”之称。黄山“无石不松”“无松不奇”，有的松树盘结在危岩上，有的松树在峭壁上破石而出。黄山还有瀑、泉、溪、潭，喷泉终年喷涌。

泰山也有六大奇景，即旭日东升、云海玉盘、夕阳玉照、黄河金带、碧霞宝光、雾凇雨凇。站在南天门到天柱峰一段的岱顶，如立天宫，纵目四望，即可欣赏到这六大奇景。我国奇特的风景还有雁荡山的山水、峨眉山的“佛光”、蓬莱的“海市蜃楼”等。

除此之外，有些地方至今仍保留了冰川和断层等原始的、地质运动的痕迹，如广西桂林山水、云南石林和安徽黄山，都是以奇制胜的自然美。

3. 险峻美

险峻美和奇特美一样，能以特殊的夸张形式打破某些平庸的调和而引起人们强烈的兴趣。险常和峻共生，一般说来，险是由山的坡度陡、高低悬殊、山路狭窄所成。如华山的千尺幢、百尺崖，黄山天都峰之鲫鱼背等都是如此。还有“无限风光在险峰”的庐山仙人洞、黄山的天都峰、峨眉山的金顶，都是极险峻的风景。天柱山的卧龙脊，天山的前峡、后峡都以险峻蜚声于天下。王安石在《游褒禅山记》中写道：“险以远，则至者少，而世之奇伟、瑰怪、非常之观，常在于险远，而人之所罕至焉。”无限风光在险峰，说明了险与风景的关系。“不登天都峰，游黄山一场空”，“上九华不上天台，等于没来”，充分说明险峰给游人带来美的享受是非同寻常的。

4. 秀丽美

秀丽美是指自然景物姿态的苗条、外形轮廓的飞舞和开合转曲分明的美，这是自然美中最常见的一种审美形态，其主要特征是柔和、秀丽、优美，如朝霞、夕阳、明月、桃花、香兰、弯弯的小河、潺潺的流水、河边随风摇摆的垂柳、青罗带似的碧绿的漓江、浓妆淡抹总相宜的西湖等。

就山水而言，秀者主要是植被深厚，岩石、土壤很少裸露，线条柔和所致。中岳嵩山，高至断云隔天，虽能入五岳之列，但植被覆盖面积太小，岩石裸露无遗，所以，很难与秀色联系在一起。而南方雨水充沛，植物繁生，不少风景区带有“秀”的特色，如黄山之奇秀、庐山之清秀、雁荡山之灵秀、武夷山之神秀、峨眉之雄秀、西湖之娇秀、富春江之锦绣、桂林之明秀等。

另外，秀者常现山水相依。青山绿水之间的变幻搭配的构景关系，才钟灵毓秀造化出千姿百态的娇艳风光。秀丽美常与色彩美、嗅觉美有连带关系。在南方（主要指南岭以北、秦岭以南季节分明的地区）的名山由于植被深厚，随着季节的变化都会有“春翠、夏绿、秋金、冬银”的色彩变换，尤其是群山延绵、广袤无垠的大面积景区，这种色彩美十分令人陶醉。杜牧就特别欣赏植被色彩变化的美感，更钟情于枫叶，枫叶层层簇簇，漫山遍野，其色胜过二月的鲜花，它们与白云、蓝天相辉映，色彩更显得绚丽多彩，故有“远上寒山石径斜，白云生处有人家，停车坐爱枫林晚，霜叶红于二月花”的诗句。另外，在诸多名山有许多特征性植物分布。如四川的峨眉山，峨眉山高达3 000多米，植物的垂直分带十分明显，自山麓的报国寺到金顶仅60千米，就能欣赏到亚热、温、寒带的植物。九寨沟金秋的斑斓色彩也是十分迷人的。桂林秋高气爽之际满城金桂如火如荼，香飘数里，嗅觉美得到充分体现。

欣赏秀美的自然景物能使人的情绪得到稳定、安慰，性情得到陶冶。

5. 幽深美

幽深景致的特点是欣赏空间的范围较小，视线常被阻挡。这种风景常以丛山深谷和伸展的山麓为地形基础，并辅以铺天盖地的高大林木，景点视域窄小，光照量小，空气清新，景长而富于层次，有深不可测而无一览无余之直观，繁密的乔木灌林，加上山谷的自然转曲，形成明暗阴影变化异常丰富的景色，幽深而不局促，景浓而有层次，给人以神秘的感觉。“山重水复疑无路，柳暗花明又一村”就是这种风景美的写照。

在不少著名景区都可以找到幽深美如“青城天下幽”的青城山。整个青城山就像一个天然铸成的大青瓷瓶，幽雅古朴，沿山间小道上山，两侧满是苍松翠竹，碧绿成荫，溪泉清澈见底，水声潺潺入耳，偶尔传来鸟鸣声，正如王籍诗中所写的“蝉噪林愈静，鸟鸣山更幽”，有一种幽深莫测的神秘感。这些幽深的景物构成一种意境美，使人感到安逸、舒适、悠闲自得，所以历来有“青城天下幽”的说法。

6. 色彩美

色彩是事物各种审美条件中最重要的感性质料之一，我们所欣赏的朝霞、彩虹、青山碧水、红花绿草都与色彩有关。色彩以其独有的特性，不仅把世界装扮得绚丽夺目、富有生机，而且对人的生理和心理也会产生很大影响。色彩作用于人的视觉，产生视觉表象，这对于我们认识物体是不可缺少的。

自然界的树木花草、烟岚云霞、日月之光等，形成丰富多样的色彩美。人们登泰山观日出，或平常欣赏朝霞、夕阳、明月，也是欣赏其色彩美。蓝天白云、青山绿水，自然界中绚烂的色彩，给了人类以强烈的美感享受。毛泽东描写雨后彩虹“赤橙黄绿青蓝紫，谁持彩练当空舞”，也是着眼于色彩美。李白诗“朝辞白帝彩云间”，白帝城建在山上，好像矗立在彩云间，多美！白居易的《忆江南》描写江南的美“日出江花红胜火，春来江水绿如蓝”，也是从色彩着手的。庐山多云，清代作家张维屏在《天池看云记》中写道，庐山云“瞬息之间，弥漫四合，其白如雪，其软如绵，其光如银……反照倒映，倏而紫翠倏而青红，滔滔滚滚，蓊蓊蓬蓬的”，写出了庐山云的色彩变幻莫测，美不胜收。古代鉴赏家经过深入观察研究，发现山景四时不同：春山淡冶而如笑，夏山苍翠而如滴，秋山明净而如妆，冬山惨淡而如睡。山景的这些变化，主要由其色彩美而区分。刘鹗的《老残游记》写济南千佛山的风景美，主要也是从色彩入手，他写道：“千佛山上，梵宇僧楼，与那苍松翠柏高下相间，红的火红，白的雪白，青的靛青，绿的碧绿，更有那一株半株丹枫夹在里面，仿佛宋代赵千里的一幅大画，做了一个数十里长的屏风。”至于现代作家朱自清的散文《春》中描写春天的花“红的像火，粉的像霞，白的像雪”，更是脍炙人口。

7. 动态美

自然景观的动态美，一是指景观中动的形象，如云台山的瀑布、五龙口的猕猴等；二是指景观中富有比喻意义的动态形象，如黄山的“猴子探海”“松鼠跳天都”等山石，虽然本身是静止的，但是表现出来的动态常常令人心醉。自然景观的动态美常常伴随着气候景观的变化而出现。一般来说，人们习惯于晴好的白天外出赏景，但夜晚或是雨雾条件下，往往是观赏动态的宝贵时机。一位去云台山的旅游者，在春雨过后，观赏云海变幻，看到云雾从山坳里奔涌而出，“时而浓，时而淡，浓时如泼墨，山峰尽掩，黑云压山山欲摧；淡时丝丝缕缕，缠绵袅绕，如轻纱一般拂拭山梁”，从而发出了“人生恬淡为真”之感。读过徐霞客《游黄山记》的人们都知道“独上天都，予至其前，则雾徙于后；予越其后，则雾出于左”的句子，那里的雾就像和游人捉迷藏似的，你来我往，令人乐而忘返。自然景观的动态美，尤其和自然界有规律的时间变化有密切关系。那些遍布全国各地的名胜景观，几乎都有观日出、看夕照的风景点，如泰山的“观日峰”、承德避暑山庄的“棒槌夕照”等。黄山上，在涌金流银的霞海边，每日都有成千上万的人来观看辉煌绚丽的云海日出。当初升的太阳刚透露出第一颗微粒后，刹那间，火球腾空，凝眸处彩霞掩映，松林绚丽。壮观的场面，使无数慕名而来的游人为之倾倒。欧阳修在《醉翁亭记》中写道：“若夫日出而林霏开，云归而岩穴暝，晦明变化者，山间之朝暮也。”又说：“野芳发而幽香，佳木秀而繁阴，风霜高洁，水落而石出者，山间之四时也。朝而往，暮而归，四时之景不同，而乐亦无穷也。”可见自然景观因朝暮、四时的变化而呈现出不同的美景。这是欣赏动态美的一个显著特点。

大部分的自然美中的动态美是由波涛飞瀑、溪泉及云雾的飘动引起的，其动力是风，风虽无形，但能驱散浮云，掀起波涛，拂动柳枝，传送花香……动态美使风景变活。流云飘烟从深谷冉冉升起，峰峦在云雾中若隐若现，产生“山在虚无缥缈间”的意境，风吹云动，云飘“山移”，从而产生奥妙无穷的动态美。

有了汹涌奔腾的长江水，才有三峡风光的动人心；有了黄河壶口瀑布的巨大水流，才能使人惊心动魄；有了八公山上的松涛，才有“风声鹤唳，草木皆兵”，才能使谢玄在淝水之战中大败秦兵而名存千古。

在自然风景中动与静是相辅相成的，没动无所谓静，没静无所谓动，动有动的气势，静有静的韵味。如汹涌澎湃的大海和潺潺小溪，狂风中的树，微风中的云，都是在动，但给人的感觉是不一样的。平静的湖面和无风中的植物，都是静，但给人的感觉也有很大的区别。自然界是不停地运动着的，这种动通过不同的形式反映到风景中。“林无静树，川无停流”，古人已经很辩证地看到了风景的动态变化。变幻多姿的自然动态美是自然风景富于生气和魅力的重要原因。

8. 朦胧美

朦胧美的事物由于若隐若现，模模糊糊，虚虚实实，捉摸不定，于是便会产生神秘、玄妙的特征。大海朦胧时，水天一色，茫茫一片，天水难分，海里飘荡的游船，不知是游在水里，还是行在云里。朦胧的群山，层层烟云掩其真面目，云雾山峦连成一片，远远望去，显得格外深远莫测，给人们一种特殊的魅力。

人们在审美时常有这样的体验，有云的山峰比无云的美，水中的倒影比岸上的真景美，月光下的田野比白天美，披上轻纱的少女比本来面目美……这一切就是朦胧美的魅力。任何美都是客体和主体相融合的产物，而山水景物所呈现出来并为人们所感知的朦胧美，也不例外。“烟笼寒水月笼纱”（杜牧《夜泊秦淮》），“香雾空蒙月转廊”（苏轼《海棠》），这样的诗句脍炙人口，就因为诗人写出了他在彼时彼地所感知到的而又为客观实际所具有的一种空幻迷离的朦胧意境。

朦胧的景色大多以静态为主。月色的恬静，湖面的温柔，烟云的弥漫，乍看起来都似凝结不动，给人一种宁静、安详的美感，然而细细观察，它们又大多处于缓慢而轻微的流动之中，呈现出一种闪烁多姿的动态美。水中倒影之所以耐看，就在于波光粼粼中，它在微微晃动，使陆地上那凝固的静态的景物变成了水中活跃的虚影。登上高峰看云海也有同样的感觉，随着风力、气候的变化，那云海真像平静的大海一样，微微浮动着，起伏着。月亮本来是不动的（月亮本身的移动极为缓慢，在审美时可以不计），然而一配上月边的云彩、星星，情形就不同了。宋代张先的名句“云破月来花弄影”，就是一个“弄”字，写出彩云追月的妙境：当月亮钻出云缝，月光明亮时，花影呈现得浓而清晰；当月亮将进云层，月色迷蒙时，花影就显得淡而朦胧；当月亮被云层全部遮拦时，花影也就消失。所以随着云与月相移，构成了花与影相戏。再加上清风徐来，花移影动，更增添一层风韵。德国著名评论家莱辛在《拉奥孔》中认为，化静态美为动态美能达到“化美为媚”的效果。媚是一种招人喜欢的富于柔情的美，而朦胧产生的媚，更有一种若即若离、若隐若现的变幻美，更加迷人。

我们透过云雾看景物时，因朦胧而产生幽邃、神秘、玄妙之感，并能引起鉴赏者许多想象，促使人们进行形象思维，注意观赏，仔细琢磨。如雨注太湖如烟、云满黄山似海、雾失楼台、月照佳林、暗香浮动、烟柳絮影等。苏轼写雨中西湖“山色空蒙雨亦奇”，写的就是雨中西湖的朦胧美。

本来，自然间的事物状态不静就动，不动就静，所以，从审美角度看，似乎只有静态美和动态美两大类。亭亭玉立的鲜花是静态美，春风飘拂的柳枝则是动态美。然而朦胧往往介于二者之间，它似动非动，似静非静，若静还动，欲动又静，这种独特的效果，主要是朦胧景象的结构方式引起人的一种错觉所致。朦胧景象往往由动静两种因素交错组成，比如月色的朦胧是由相对静止的月亮同轻轻浮动的云彩组成。

朦胧的想象多趋向于幻想。朦胧因它的模糊、缥缈，常会使人产生一种深邃莫测的恍惚感、神秘感，引起一种奇妙的遐想和幻想。它或者深入人心灵底层，唤起某种消逝了的回忆、梦幻般的潜意识；或者飞升到陌生的宇宙苍穹，恍如进入了超离现实的神话世界。迄今，人类对大自然奥秘的认识是远远不够的，宇宙间还有许多神秘的雾纱未被揭开，从这个意义上来看，神话时代尚未完全结束。所以人类在面对朦胧的自然景象时，最易产生虚幻、神秘的联想。

9. 意境美

所谓意境，意当是主观之情，境当是客观的景。意境是主客观的统一，情与景的统一。而意境美则是指观赏自然景物时达到情景交融、物我两忘而生成的意象。

意境美是游人触景而生情，由实到虚的一个过程，“情以物兴，物以情观”（刘勰《文心雕龙》），这是认识的一个飞跃，这种美的欣赏是较高层次者方能享受到的。峨眉山有一景叫清音阁，这里是白龙江与黑龙江汇合之处，江水在玄武岩的嶂谷里汹涌澎湃，水借位势，如长风之出谷，如决堤大川，拍岸激起千堆雪，浪涛声声如巨雷，两江叠加，水声闻数里之遥。这里除水声轰鸣之外，可称万籁俱寂，反倒给人清静之感。这种对立统一早就为人所记：蝉噪林愈静，鸟鸣山更幽。故清音阁始成一景，它是典型的听觉美。王之涣《登鹳雀楼》用“白日依山尽，黄河入海流。欲穷千里目，更上一层楼”20个字写出了气象万千。鹳雀楼在山西省永济市蒲州，现在已城毁楼平，一片废墟。该楼建在风陵渡口，西望是八百里秦川，西南是秦岭山脉，故有“白日依山尽”；东望是河东地区，东南是中条山，黄河经此垂直折向东，故有“黄河入海流”。后两句“欲穷千里目，更上一层楼”是作者触景生情，升华出的意境。

由于意境美是主客观统一产生的美，因此，进行自然审美，要注意发挥审美主动性，平时要注意增强知识、文化和艺术素养，自然审美时认真体验，善于联想、想象，这样才能达到情景交融、物我两忘的境界而生成意象，从而充分领略美好的自然景观的审美意境。

自然美的形态是丰富的，往往是共生交错的，很难把它们截然分开，这也是自然美的多样性所决定的，像泰山那样主要表现雄伟美的山水，也有它的秀丽细巧之处。四川峨眉山被誉为“峨眉天下秀”，却又表现“峨眉一派出昆仑，平畴突起三千米”的雄壮美。因此，我们在名山胜水欣赏自然美景时，既要留意山水总的气势、总的形态，又要细心察看品评一些局部的风景特点，做到宏微结合、远近结合，方能较好地领略自然山水多样而又富于变化的美。

二、自然审美的历史

在中国，自然美和自然审美的形成与发展，是一个漫长的过程，一般认为，这一过程大致经历了致用、比德、畅神三个阶段，而“致用—比德—畅神”说也就成了最具代表性的自然审美历史模式。

（一）致用说

奴隶社会以前，社会生产力水平很低，在原始人那里，美的观念是比较模糊的，人们通常把美与物质功利性联系在一起，以事物是否对人有显而易见的实用价值作为美的标准，于是出现了致用为美的说法。由于这一时期人们基本上是以是否“致用”来衡量自然事物的美与丑，因此，最初成为人们审美对象的自然物，都是与原始生产实践和生活方式密切相关的自然物。对于以狩猎为主的原始部落来说，最初的自然美就来自动物，他们把对动物的感情都再现性地留在了古老山洞的壁画中，狩猎时代的人们以兽皮、兽骨、羽毛等动物“零件”来装饰自己，却满眼不见盛开的鲜花。但是进入农耕时代，原始人的审美趣味发生了转移。原先在狩猎时代“绝无仅有”的植物装饰图纹在我国仰韶文化时期的彩陶上却大量出现。随着人们从“吃肉”到“吃米”，审美观也随之发生变化，而从动物装饰变迁到植物装饰，是文化史上一种重要的进步象征——就是从狩猎变迁到农耕的象征。动物、植物相继成为审美对象，归根结底，是由人类生产实践的发展所决定的。人的自然审美观在劳动中建立，劳动的对象是人类的生活对象化，人在劳动中确证自己，从而在他创造的世界中直观自身。

（二）比德说

奴隶社会以后，随着社会生产力水平的提高，物质产品的增多，人们逐渐把美与人们的精神生活、道德观念联系起来，于是对自然美的鉴赏就出现了“比德说”。在我国，“比德”阶段大致形成和成熟于商周至秦汉时期。春秋时期的教育家、美学家孔子，其美学理论较集中地体现了“比德说”。以山水为例，孔子说：“智者乐水，仁者乐山；智者动，仁者静；智者乐，仁者寿。”在孔子看来，人们之所以喜欢欣赏山水，就是因为山水体现着仁者智者美好的道德。山可以使草木生长，鸟兽繁衍，财富增值，给人们带来利益而自己无所求。所以仁者都愿意比德于山。为什么君子喜欢水呢？因为水滋润万物而自己无所私，似德；水所到之处给万物带来生机，似仁；它由高向低流，舒缓湍急而循其理，似义；它奔腾澎湃，穿行千山万壑之间，似勇；它有深有浅，浅可流行，深者不可测，似智；等等。宋代大儒朱熹解释说：“智者达于事理而周流无滞，有似于水，故乐水；仁者安于义理而厚重不迁，有似于山，故乐山。”这就是说，自然山水能否成为审美对象，取决于它们能否比附于审美主体的社会道德观念。

“比德说”是用自然景物来象征人类的某种道德观念，属人本主义美学观，有时候自然美也变成了社会美、道德美，因而对自然美的鉴赏也变成了人们的自我鉴赏。用“比德”来认识自然美，虽然在孔子以前就有，但孔子“夫玉者，君子比德焉，温润而泽，仁也；栗而理，智也；坚刚而不屈，义也……”的“以玉比德”，却起了一锤定音的作用。这一观点与孔子的“智者乐水，仁者乐山”说法相互印证，反映了周秦以后，山川草木开始作为人的生活背景而获得了自身的审美意义。人们用“比德”的观点去欣赏它们，即将自然物的某些特征比附于人的道德情操，使自然事物的自然属性人格化，这实际上是一种“美善相乐”的观点。

在以儒家思想为主流意识形态的漫长的中国封建社会里，“比德说”长驱直入，广泛渗入文艺领域。如《离骚》以香草喻君子，以萧艾比小人，以及“颠狂柳絮随风舞，轻薄桃花逐水流”（杜甫）；“山桃红花满上头，蜀江春水拍山流。花红易衰似郎意，水流无限似侬愁”（刘禹锡）；“荷尽已无擎雨盖，菊残犹有傲霜枝”（苏东坡）；“千锤万凿出深山，烈火焚烧若等闲。粉骨碎身浑不怕，要留清白在人间”（于谦）；“咬定青山不放松，立根原在破岩中。千磨万击还坚劲，任尔东西南北风”（郑燮）。

“比德说”最先所比的德是儒家提倡的“仁”，后来不再囿于“仁”，而泛化为人所具有的各种属性。“比德说”衍化成一种拟人说、移情说。

（三）畅神说

魏晋南北朝时期，对自然美的认识，又出现了“畅神说”。人们认为自然景物丰富多样、气象万千，人们对其欣赏，不能仅仅停留在“比德”上，而是要进一步发展为使人陶冶性情，心情舒畅。当时游山玩水是社会相当普遍的风尚，一些诗人、画家都流连于山水之间，其时涌现出的许多描写山水风光的散文、诗歌、绘画，成为人类对自然美欣赏达到娱情畅神阶段的标志。“畅神”二字，本是出自一生好入名山大川游历的山水画家宗炳的画论《画山水叙》，这是一篇论山水美及山水画的文章，也是中国最早专门讨论山水及山水画的理论著作。关于山水美的本质，宗炳说是“质而有趣灵”“以形媚道”。在中国古代哲学中，“道”是儒、道、佛三家都用来表示精神本体的概念，这里，我们可理解成一种天地精神，按中国哲学传统，天地精神又是与人伦精神相通的。因审美主体受年龄、身体等不可抗拒的自然因素的影响，由纵情山水到迷恋山水画是十分自然的。山水，是行以游之；山水画，则是坐以游之。行游是动观，坐游是静观，二者都离不开对对象形象的整体观照，其结果都聚焦于“畅神”。“畅神”就是“神之所畅”，是一种悟道的愉快，精神的自由。由此可知，“畅神”实际上指的是自然审美陶冶情操、心情舒畅。元代画家倪云林的画，逸笔草草，不求形似，在平淡天真中写其胸中逸气，也是为畅其神。难怪自古以来文人画家那么看重人品格调。只有拥有美的心灵，才有美的构想，然后才能产生美的画幅。“诚于中而形于外”，外在的形受到内在的诚的制约，通过外在的形反映出内在的诚。诚是朴实无华、不假雕饰的。李白诗云：“清水出芙蓉，天然去雕饰。”前贤论文也说：“丹漆不文，白玉不雕，宝珠不饰。”仍然强调自然美。石涛说：“画受墨，墨受笔，笔受腕，腕受心。”腕受心，当指作画受心的支配，心即情。画家对客观事物的反映不是单纯的表象，而是用感情去造型。艺术固然离不开情，然而各式各样的情并非都需要。有学者认为绘画中的情一是真，二是善，三是美，只有真善美的统一，才符合绘画中对情的要求，即心灵美，还是有一定道理的。

“畅神说”强调了自然美的欣赏可以使审美主体的情感得以抒发，得到满足。“它所尊重的，已不是自然物身上被人为地外加的道德伦理价值，而是它自身的足以令人舒畅怡悦的审美价值。”①

从“致用—比德—畅神”这一自然审美观的发展进程，我们至少可以总结出三个方面的规律：

一是审美视野的不断开阔。随着以生产劳动为中心的社会实践的不断深入，人们的审美视野、审美对象不断扩大，从以动物为美，最后到以大千世界为美，从以与“吃”相关的实物为美，到以与“看”相关的精神寄托为美，存在着较为明显的范围变化。

二是审美层级的不断提升。自然审美三个阶段具有明显的层级变化，如果说“致用”是一种物质实用，体现了人对现实的实用关系的话，那么“比德”看似突破了物质实用、功利的束缚，但仍具有道德上的意义，还没有突破精神实用的束缚，体现了人对现实的实用关系（道德善恶）与理论关系（借自然物的物理属性、化学属性或生物学属性等学科属性来比附德性）的相互交织。只有“畅神”是自然审美的最高也是最后阶段，能体现人的本质力量对象化，使审美主体摆脱自然对象的物质与精神双重实用桎梏，从而真正进入一种天人合一自由创造的境界。

三是中国人自然审美观的演进过程，其实是人类的审美意识不断独立发展的历史过程的缩影。因为自然审美相对于社会审美（最复杂）和艺术审美（最高级）而言，它具有最原始、最简单的特征。从人类审美历史发展的角度，在“人对现实的审美关系”这一起点上，面对绚丽多彩的现实生活，我们还需要培养“音乐的耳朵”“绘画的眼睛”，才能建立起与审美对象适应性的联系，充分领略现实生活带给我们的美的享受。

三、正确的自然审美心态

自然美是指自然事物和自然现象所表现出来的美。自然事物和自然现象是相对于社会事物和社会现象而言的，其载体不是人，而是自然。任何美（包括自然美）都是一种社会现象，是一种社会价值和属性，那么，自然审美的关键并不在于作为审美对象的自然“美”到何种程度，而在于当自然对象具有一定的美的性质或形式时，审美主体对审美对象的感受与态度如何，即主体对客体（对象）采取一种什么样的价值判断。是审美判断还是非审美判断？判断不一样，主客体之间的联系就不一样，自然审美的结果也就不一样。

---

① 刘叔成，夏之放，楼昔勇：《美学基本原理》，上海人民出版社，2001 年版，第 267 页。

不管是几个人同时面对一个对象，还是同一个人在不同时候或不同心境下面对同一个对象，“我们观察一切事物，有三种方式——实际的、理论的和审美的。一个人若从实际的观点来看一座森林，他就要问这森林是否有益于这地区的健康，或是森林的主人怎样计算薪材的价值；一个植物学者从理论的观点来看，便要进行有生命的科学研究；一个人若是除了森林的外观没有别的思想，从审美的或艺术的观点来看，就要问它作为风景的一部分其效果如何”①。

无独有偶，朱光潜先生以《我们对于一棵古松的三种态度》为题，从实用、科学、美感三种态度来谈人对现实的三种关系，这在思路上与思想家勃兰克斯如出一辙，而不仅仅是巧合。他说：“假如你是一位木商，我是一位植物学家，另外一位朋友是画家，三人同时来看这棵古松。我们三人可以说同时‘知觉’到这一棵树，可是三人所‘知觉’到的却是三种不同的东西。你脱离不了木商的心习，你知觉到的只是一棵做某事用值多少钱的木料。我也脱离不了植物学家的心习，我所知觉到的只是一棵叶为针状、果为球状、四季常青的显花植物。我们的朋友——画家，什么事都不管，只管审美，他所知觉到的只是一棵苍翠劲拔的古树。”值得指出的是，朱光潜所提的木商、植物学家、画家三个人，并非只是三个具体的人，这里只是为了便于说明问题而打的比方。因为生活中的人成千上万，形形色色，不管是单个人，还是一群人，当他或他们面对一棵古松乃至一片森林时，大抵容易产生如木商、植物学家和画家一般的三种眼光，大而广之，容易产生实用的、科学的和美感的三种态度，或者称为实际的、理论的和审美的三种观察事物的方式。由于主体直观事物的态度或方式不一样，因而对事物所注意的重心不一样，所产生的心理活动自然不一样，而最后所追求的目的或所要实现的价值也就不一样。“实用的态度以善为最高目的，科学的态度以真为最高目的，美感的态度以美为最高目的。在实用态度中，我们的注意力偏在事物对于人的利害，心理活动偏重于意志；在科学的态度中，我们的注意力偏在事物间的相互关系，心理活动偏重抽象的思考；在美感的态度中，我们的注意力专在事物本身的形象，心理活动偏重直觉。”② 真善美都是人所定的价值，不是事物所本有的特质，它们是人生追求的最高价值目标。正是因为有了真善美的引导，人的精神世界才得以构建和充实。

在人对现实的三种关系中，实用关系容易引发人们物质功利性的占有欲，而科学关系同样容易引发人们精神功利性的分析欲，其结果都因过分注重对象对人的物质或精神实用性影响，而肢解了客观对象，容易造成紧张或痛苦。在此情形下，即使主体对客体有所把握，主体所获得的感受也不是人人均可传递的审美快感，因为美感所内蕴的快感是一种由美的形象所引发的精神愉悦，美感主要是由审美对象所引发的，它执着于审美对象的形象整体。特别是对于自然审美来说，美感的主要特征是一种赏心

① 勃兰克斯：《十九世纪文学主潮》（第 1 卷），人民出版社，1958 年版，第 161 页。
② 《朱光潜全集》（第 2 卷），安徽教育出版社，1982 年版，第 11 页。

悦目的快感，这种赏心悦目跟利害无关，也跟智力无关，完全不费力气，只凭直觉。只是这种由直觉所产生的自然美，既不完全在外物，也不完全在人心，它是心物结合所产生的结果。说到这里，我们似乎可以确定，自然审美的心态必须而且只能从人对现实的三种关系中去寻找，这三种关系中的最高形态是人对现实的审美关系，它一头连着自然这个现实，另一头通向人类自由创造的精神家园，即美和艺术。

根据人对现实的审美关系这一法则来开展自然审美，并非一开始就成为人类的自觉行为。在人类社会出现以前，自然界只是作为自在之物而存在，由于没有人类这个审美主体的存在，自然虽具有物质形态与自然属性，却无所谓美丑，一切自然事物和现象全是不自觉的、盲目的。在人类社会出现以后，也并非一切自然事物和现象都是美的。在相当长的历史时期内，自然作为人类的一种异己力量而存在，只有随着人类社会实践的发展，当作为主体的人把自然作为观照对象并与之发生一定的现实关系的时候，自然才可能成为美的对象，自然美的领域才逐渐得以扩大，自然审美的历史条件才得以形成。

因此，采取什么样的价值判断，主客体之间的联系是不一样的，实用关系容易引发人们物质功利性的占有欲，科学关系容易引发人们精神功利性的分析欲，而只有审美关系才能引发由美的形象给我们带来的精神愉悦。

自然景物审美是一种人类文化活动，自然科学的发展是以人类对自然的科学认识为前提的。自然审美的特殊性，正在于它面向的是真山真水的活生生的形象。和我们对于其他美学事物的审视一样，自然山水从内涵到形象所反映出的美学特征，是我们对自然客体的科学认知、艺术感知相交融而凝成的结晶，并伴随着我们的审视水平的提高而愈加完美。在现实的审美生活中，自然形象自身的运动，自然生活对它的影响，以及审美者的审美意识和观察点，三者总是错综地结合在一起，决定自然形象的具体风貌，最终成为各个审美者对山水自然美的不同审视结果。

造成不同审视结果的主要原因是因为审美主体对自然审美的能力和深度有差异。这种差异大体可分为由浅入深相互关联的三个层次。自然审美活动过程，首先是通过自然风景的形式美，如形象、色彩、音响、光影等形式，反映到人的感官系统为人所感知，并引起心理生理上的愉悦感；其次人与人的自然审美经验、文化素质、美学修养和心理思维等结合，产生情景交融阶段；再次经过感性和理性统一的复杂心理活动，升华为精神畅驰的境界。以上的三个层次决定了人对自然美的感受。人的审美意境高，他对自然美的感受也就大，主观意识所反映的美的水平就高；反之，人的审美意境仅停留在对自然形式的表面观察上，缺乏更深的意识层次，其对自然美的感受就小，意识反映的自然美的水平就低。例如，有的旅游者因慕名而游览黄山，而人到了黄山以后，无动于衷地说："看不出什么大名堂，无非是些常见的山、石、树、草而已，不可不来，不可再来。"但有的人却感到此处风景美不胜收，流连忘返。有的人还数登黄山，百看不厌、百登不倦。

对自然审美的艺术境界，就一般人说来，大多低于包括画家在内的艺术家们对大自然的感悟。我们并不以艺术家对自然审美如此高的艺术境界要求每一个人，但艺术家的艺术观赏经验、艺术审美水平和艺术观察方法，为我们提高自然审美能力提供了可资借鉴的捷径。艺术家对自然景观充满灵性的比拟和概括，对我们来说，委实是一种美的启迪。像“风景以山为骨骼，以水为血脉，以草木为毛发，以云烟为服饰”“山得水而活，得草木而华，得云烟而秀媚”“江作青罗带，山如碧玉簪”“三三秀水清如玉，六六奇峰翠插天”等对自然景物描绘的诗句及诗一般的语言，不胜枚举。

法国启蒙思想家狄德罗曾指出：“在自然和模仿自然的艺术里，愚钝和冷心肠的人看不出什么东西，无知的人只看出很有限的东西。”（狄德罗《诗的艺术》）我们有时在桂林漓江的游船上，会看到一些人，他们并不怎样欣赏两岸的山峰及江中倒影，而是在那里高谈阔论。有的登桂林独秀峰、叠彩山，一上一下，来去匆匆，在山顶只停留片刻，便吵嚷着下山了。这样很难说得上对山水美的欣赏。

自然风光美不美决定于它的自然因素和物质条件，由于自然因素和条件不同，所以才有雄伟泰山、险峻华山、奇特黄山、雄秀峨眉、钟馗张家界、秀甲天下九寨沟等。即使自然因素和物质条件大体相同也是千里之山，不能尽奇；万里之水，岂能尽秀？需要审美的人去发现并抓住美的主要部分。因此，自然美给人的美感固然离不开自然属性，但与人们的审美心态和水平也有很大关系。自古就有“高山流水，知音难觅”一说。所以提高人的审美素质，以正确的审美心态进行自然审美是非常重要的。

四、灵活的自然审美方法

我国的自然美有着丰富的资源、众多的形态，为我们开展自然审美，享用自然造化带给我们的审美快乐提供了得天独厚的条件。那么，我们采用什么方法去充分享用这丰盛的美的精神大餐呢？

宋代画家郭熙在《山水训》中对山水自然景观的审视做了较为透彻的解说。他说：“真山水之云气四时不同：春融洽，夏蓊郁，秋疏薄，冬黯淡。……真山水之烟岚四时不同：春山淡冶而如笑，夏山苍翠而如滴，秋山明净而如妆，冬山澹澹而如睡。……山近看如此，远数里看又如此，远十数里看又如此。每远每异，所谓山形步步移也。山正面如此，侧面又如此，背面又如此，所谓山形面看山。如此是一山而兼数十百山之形状，可得不悉乎？山春夏看如此，秋冬看又如此，所谓四时之景不同也。山朝看如此，暮看又如此，阴晴看如此，所谓朝暮变态之不同也。如此是一山而兼数十百山之意态，可得不究乎？春山烟云连绵人欣欣，夏山嘉木繁殖人坦坦，秋山明净摇落人萧萧，冬山昏霾翳塞人寥寥……”

郭熙此段论说的大致意思是：同一座山，因为自然运动的关系，影响它内部结构和色彩的变化，嘉木、落叶、涧流、枯泉给它不同的妆扮；因为自然生活时时变异，影响它外部联系的对象，云气、烟岚、阴晴、暮霭给它不同的光和形，不同的阴暗轮廓；但是也因为审美者的观察点不一样，“山形”就不免“步步移”，而又“面面看”。所以同一座山，必定以一定的距离和侧面显出同中有异的“形”，同中有异的“态”。所谓“步步移”，强调距离和角度，意味着形象以远景、中景、近景或特写景，呈现它的独特风貌；所谓“面面看”，着重侧面形状，意味着形象各以上下、左右、斜正、背影或投影呈现它的独特仪态，这就是审美者意境和观察点带来的变化。郭熙的这段论说较为细致地向我们传授了灵活的自然审美的方式方法。

马克思主义唯物辩证法也告诉我们，对不同的问题，要采用不同的方法来解决。这个观点运用到自然美的审美上，就是如上述郭熙所说的那样，对不同的景物，采用相应的审美方式、方法才能取得最佳的审美效果。一般说来，进行自然审美可从以下几方面入手。

（一）采用恰当的审美方式

根据不同的自然景观，分别采用不同的审美方式，或动态的，或静态的。

动态审美，即步行或乘车、船进行审美。对风景点多而又呈带状的景观，多采用这种审美方式。例如，我国海滨城市青岛，依山临海，景色秀丽，素有“东方的瑞士”“亚洲的日内瓦”之称，这里开辟了近海或远海的海上游览。乘游览船可以从栈桥到蜡山，可沿海岸观赏到数十里旖旎多姿的海岸风景，这种带状风景就适合于采用动态观赏的方式。长江三峡的风景也是这样呈带状，景在长江两岸，只能乘船作动态观赏。李白有首诗写道：“朝辞白帝彩云间，千里江陵一日还。两岸猿声啼不住，轻舟已过万重山。”看来李白也选择了乘船这种观赏方式。桂林山水是自然美的极品，诗人赞美说：“江作青罗带，山如碧玉簪。”从桂林到阳朔 80 公里，满江都是景，沿岸都是景。乘船沿水路观两岸风景，水流船动山移，方能体会“人在画中游”之佳境。形态各异的石灰岩峰林和蜿蜒曲折的漓江有机组合，展示了桂林山水的形象美；翠绿的山坡和清澈的江水展示了色彩美；水流船动山移展示着动态美；山歌回荡，筏子碰击水面的和谐节拍展示了听觉美。乘船沿水路作动态观赏，才把这些美景尽收眼底。苏州园林、武汉东湖等人造景观，设计精巧，一步一景，也都必须采用动态观赏的方式。

静态审美，是相对于动态审美而言的。静态审美并不是伫立不动，只是相对于动态审美移动的距离较近罢了。具体地说，就是在移动距离不远或在某一相对固定的位置对自然景观进行较为仔细的审美观赏，它适合于观赏固定的孤立的景物。黄山的云海分东海、西海、南海、北海、天海，要观赏黄山云海的美，就必须采用静态观赏的方式，各选择一个较为固定位置，逐个仔细观赏。我们登泰山观日出，观赏黄山的飞来石，观赏庐山的瀑布，都宜采用静态审美的方式。

（二）运用适当的审美方法

1. 把握最佳审美时机

自然美有易变性的特点，许多自然景观在不同季节、不同时令、不同气候条件下，呈现出不同的景色。有的随季节变换而呈现出春翠、夏绿、秋金、冬银的差异，有的只在特定时间出现。很多景观都有其最佳观赏期，明代袁宏道讲述赏花经验时说：“夫赏花有地有时，不得其时而漫然命客，皆为唐突。寒花宜初雪，宜雪霁，宜新月，宜暖房。温花宜晴日，宜轻寒，宜华堂。暑月宜雨后，宜快风，宜佳木荫，宜竹下，宜水阁。凉花宜爽月，宜夕阳，宜空阶，宜苔径，宜古藤巉石旁。若不论风日，不择佳地，神气散缓，了不相属。此与妓舍酒馆中花何异哉?”（袁宏道《瓶史·十一清赏》）因此，必须根据季节和气候的变化把握最佳审美时机。

观赏“黄山云海”选择合适的季节，把握好时机，可观赏到漫天的云雾和层积云，随风飘移，时而上升，时而下坠，时而回旋，时而舒展，构成一幅奇特的千变万化的云海大观；转瞬之间，又波起峰涌，浪花飞溅，惊涛拍岸。尤其是在雨雪之后，日出或日落时的“霞海”最为壮观。太阳在天，云海在下，霞光照射，云海中的白色云团、云层和云浪都染上绚丽的色彩，像锦缎、花海、流脂，美不胜言。黄山云海妙在似海非海，非海似海，使洁白云雾的飘荡呈现出静中寓动的美感，造化出变幻莫测、气象万千的人间仙境。

大理的“蝴蝶会”是在每年农历四月十五前后，这时正是蝴蝶泉边合欢树开花释放花蜜的季节，也是各种蝴蝶交配繁殖后代的时间，它们从各处飞来采蜜、交配，呈现出这种蝴蝶会的奇观。

观赏钱塘江大潮，最好在农历八月十八日夜，因为此时潮最大、最壮观。庐山春夏多雾，要识庐山真面目，必须选择晴朗的秋天。观赏泰山的美景旭日东升、夕阳玉照和黄河金带，须在秋冬的晴天；而雾淞雨淞，多出现于冬日；云海玉盘，则多现身于夏秋阴雨天气。香山红叶、哈尔滨冰灯、云平浪静的峨眉山佛光、海市蜃楼等都需要把握住最佳审美时机。

2. 选择最佳审美位置

许多自然景观在不同的观赏位置，因距离、角度、俯仰的变化造成了透视关系、纵深层次、视野范围的差异，所产生的美感不同。峰峦之雄伟俊秀，唯远眺可得。如高大雄伟的山体，可在视野开阔的最高点俯瞰或远眺，故孔子云“登东山而小鲁，登泰山而小天下”。地貌酷似一些形象的造型，只有在特定的观赏点才能望到。如黄山仙人晒鞋、桂林象鼻山、巫山神女峰，在特定观赏点，充分发挥想象，方能体会到某种形象。湖沼池塘、峡谷洞穴、一线天置身近观方知其妙。如长江三峡，只有置身其中才会有“两岸猿声啼不住，轻舟已过万重山”之感。瀑布景观宜适当位置仰观。我国第一大瀑布黄果树瀑布，万练倒悬，飞沫反涌，数里之外即闻其声，如千人击鼓、万马奔腾，选择适当位置仰观则可收到形、色、声、动等美感；李白置身于适当距离仰观庐山瀑布，才有“飞流直下三千尺，疑是银河落九天”之感受。

自然审美最佳位置的选择是由距离和角度决定的。

第一，观赏的距离。观赏自然风景，也像看电影一样，要注意“远景”“全景”“全身”“半身”“特写”等镜头。电影分景的方法是调整摄影机镜头的焦距，而观赏自然景物需要靠鉴赏者调整观赏的距离。距离对审美感受有直接影响。据说有一女子，她家乡的自然景色非常美，由于她与家乡朝夕相处，距离太近，因而并不觉得家乡美。有一次她离开家乡，乘船在江上行，远望家乡，突然感觉到家乡很美，于是即兴赋诗一首："侬家住在雨湖东，十二珠帘夕照红。今日忽从江上望，始知家在图画中。"为什么会出现这种情况呢？因为距离太近，习以为常，或不能观其全貌，故反而不能感受其美。我们观赏黄山的飞来石，十里以外看，只是一块普通的小石头，没有什么美可言；走近看，是一块巨石，看不到边，与旁边石山上的石头没有区别；如果离它四里左右看，就是如电视剧《红楼梦》里的那块顽石，横卧在石山之上，确实很美。所以，离四里左右观赏飞来石，就是恰当的距离。

第二，观赏的角度。有的自然景观，从不同的角度观赏会产生不同的审美效果，必须从特定角度去观赏其形象化程度才高。某些景物，乍看起来只是一块平常的石头或一座普通的山峰，但当调好距离和角度，其形象就会神奇地活灵活现起来。观赏黄山的怪石，有"武松打虎""仙人下棋"等形态，这是从某一角度观赏的，如果换一个角度，就可能会是"虎咬武松""仙人喝茶"或别的什么了。苏轼说庐山"横看成岭侧成峰，远近高低各不同"，也是观赏角度的问题。北京颐和园旁的万寿山，如果在西边的玉泉山看，万寿山只不过是一个单调的小山头，无美可言。而如果从东边看，万寿山却是林木苍翠，高峻雄伟。这样，远景朦胧，近景清晰，构成了一幅层次分明而完整的图画。

观赏角度还有一个平视、俯视和仰视的问题，选择哪一种角度，要根据景物的客观情况和鉴赏者的主观意图来决定。如，观赏黄山的云海，一般用俯视；远距离观赏黄山的天都峰、飞来石和一线天，一般用仰视；观赏黄山的石、松，一般用平视。

一般来说，在自然审美活动中，人们习惯于采用定点换景的方法来欣赏，即新到一处风景区时，先从同一观察点观赏不同的景物，了解该风景区的大概面貌，随着欣赏过程的进行，人们足迹的移动，欣赏点不断变换，所欣赏的景物也在不断变换。但是，对有些重点景观，因为选择最佳审美位置的需要，则可以采用定景换点的方式来细致地欣赏，从不同的观察点欣赏同一自然景物。例如观赏云台山茱萸峰景区的三秀峰：来到峰下，刚一抬头看去，只见峰上有颗硕大的灵芝；换个位置看，又像一个亭亭玉立的少女；再换个位置看，更似一个身着长裙、飘然登山的仙女。这就是三秀峰得名的缘由。在欣赏自然美中，我们所看到的任何风景都不是单一、孤立和不变的形象，而是活动的、连续的整体。从时间和运动的角度来看，以空间形式存在的自然风景是一种延续的物质，只有通过观赏者的运动，空间中的形象美才能逐步展现出来，使单个空间的形象会合成一个或几个风景序列，从而全面地表现出整个风景的美。

3. 充分发挥审美想象

审美想象是通过对审美知识表象进行加工改造，形成新的艺术形象的过程。它是主体进行审美表现和创造活动的重要心理因素和主要内容，马克思称想象力为"人类的高级属性”。

在自然审美的过程中，想象又尤为重要，自然风景中的许多景物、景点，离开了想象，这些景点、景物就显得十分贫乏和苍白。如唐代诗人韩愈在游桂林山水时之所以能写下“江作青罗带，山如碧玉簪”这一为后世传诵不已的诗句，就是凭诗人的丰富想象，把桂林的水看成“青罗带”，把桂林的山看作“碧玉簪”。然而，我们细细想来，也确是如此。桂林的水，呈青色，它清澈透明，婉转地伸展于起伏的山丛中，它弯弯曲曲，柔和地怀抱着一座座青山，这不恰如青色罗带缠绕吗？桂林的山，呈剑形，它陡峭如切，起伏多姿，是那样的挺拔秀气，它倒影水中，缥缥缈缈，是如此的轻盈剔透，这不正像玉簪斜插吗？

浙江仙岩的梅雨潭，那儿荡漾着奇异的绿，许多游人对此产生过如醉如痴的爱慕情思，朱自清先生游过之后写下了著名的散文《绿》：

> 她松松的皱缬着，像少女拖着的裙幅；她轻轻地摆动着，像跳动的处女的初恋的心；她滑滑的明亮着，像涂了油一般，有鸡蛋清那样软，那样嫩，令人想起所曾触过的最嫩的皮肤；她又不杂些儿尘滓，宛然一块湿润的碧玉，只清清一色——但你却看不透她！

在朱自清的观感中我们不难发现，他之所以能得到如此醇厚的美感享受，就是依靠想象活动，将由绿激起的爱慕情思，化作了令人可意、可触、可觉的少女形象。

在自然审美时，想象活动还能把不同的景观和分散的景观组合为一个整体的丰富的景观。客观外界的景物并不都是有序地组织在一个统一体中的，它们往往是彼此孤立而又杂乱无章地简单立于一个空间里。而这些单独的景物，犹如一只从美人身上分割下来的美丽的手，无法引起人们的兴趣。心理学家曾通过实验证明，一个景色中的一片色彩，远不是一个整体中的一个成分，其价值取决于自然或艺术家提出的前后关系。一个单独的物只有组织在有序的、富有层次感的、相对完整的系统中，才能具有它的审美意义和价值。而这种组织工作，光靠有限的视、听器官是难以胜任的，它必须通过想象活动。因为想象活动具有聚集、集合、联合、唤起和合并的能力。如唐代王勃的《滕王阁序》就是通过想象，把不同的景观整合为一个整体的景观。

> ……层台耸翠，上出重霄；飞阁流丹，下临无地。……
>
> 虹销雨霁，彩彻区明。落霞与孤鹜齐飞，秋水共长天一色。渔舟晚唱，响穷彭蠡之滨；雁阵惊寒，声断衡阳之浦。……

这幅优美的画卷，形象缤纷、意境深邃，令人心旷神怡，使人美感无穷。然而，这里的许多景观并非是在同一时间、同一地点所能看到、听到的，而是经过王勃的丰富想象唤起、聚合而成的。在滕王阁的西边有西山，可隔得相当远，望上去只能是绰约的山形，而王勃把西山的视角移近，创造了“层台耸翠”；滕王阁是靠江的，在阁上是看不到“飞阁流丹”这种景象的，只能从江中或离阁一定的距离才能看到，于是，他将角度变换一下，变成了“飞阁流丹”。无怪乎游滕王阁旧址的人，会常常发出这样的疑问：王勃写的许多景观，为什么看不到？殊不知，这正是王勃的高明之处。因为他在景观的审美中，充分地发挥了想象这个创造性的功能，也正因为如此，不仅使原来并不起眼的滕王阁景观，名列江南三大名楼之一，成了自古以来自然风景美的一种典型，而且也成了我们旅游审美中想象活动的一种典范。

人的想象是丰富自由的，其活动的功能也是多种多样的。在观赏自然风景时，假如能充分发挥和调动这些功能，将使我们在观赏自然风景中获得更大的审美享受。如连云港花果山的八戒石，黄山的猴子观海、仙人下棋、十八罗汉、天狗听琴等，巫山十二峰中的神女峰，江西三清山的司春女神、巨蟒出山、猴王献宝、玉女开怀、老道拜月等，都是一定形状的山石，我们根据视觉体会，展开想象的翅膀，给它们以形象的比喻和美好的附会，这样虽然它们本身其实只不过是普通的自然物，然而表现出来的形态却常常令人心醉。

4. 联系文化历史审美

自然美虽是大自然的造化，但它作为人类的审美对象终究不能离开人的实践，自然美必然同社会美发生某种联系。对大众来说，把自然美同人类创造的美统一起来，把自然景观同人文景观结合起来审美，无疑能使自然美收到更好的效果。因此，进行自然审美，就要充分调动审美主动性，充分挖掘自然景观的历史文化内涵，善于通过联想、想象，更深刻地体验自然美带给我们的审美感受。

我国是有 5 000 年历史的文明古国，文物古迹遍及全国，很多自然景观都同历史古迹相联，充分利用自然美来进行爱国主义的教育是极其方便可行的。例如，泰山本身的自然景观已是雄伟壮丽的，而作为封建王朝历代帝王祭天封禅的圣地，自秦汉以来留下的大量文物古迹、殿宇崇楼、摩崖石刻，更增添了它“五岳之尊”的气势。当我们了解了泰山的光辉历史，再登临绝顶，俯瞰四海时，就会不仅为祖国的美而赞叹，更为民族的悠久历史而骄傲，一种登泰山而小天下的自豪感就会油然而生。同样，我们游览颐和园、圆明园这些皇家园林，如果把它同中国近代史上的耻辱结合起来，其中的一草一木自会渗进深沉的历史意味，激起人无穷的遐思。所以风景之美不仅意味着自然本身的优越，也体现了当地民族的文化、历史和精神。

假如你去江苏连云港市孔望山游览，如果你仅停留在对孔望山的山形、山貌等外在景观的浏览的话，就会觉得小山一座，既不高大，也不巍峨，没啥看头。可是，如果联系文化历史，深究其何以被列为国家文物保护单位，就会了解到孔望山是因孔子 2 000 多年前曾在此登山望海而得名。2 500 多年前，中国历史上著名的“孔子问官”的故事就发生在这里。孔望山南麓的佛教造像，距今有 2 000 多年历史，比敦煌莫高窟还早 200 年，是国家级文物保护单位，被史学家称为“九州崖佛第一尊”。遥想孔子 2 000 多年前在此登山望海，而大海现今已距此山数十公里远，你会感慨沧海桑田的变化。

浙江奉化溪口古镇是一个风景秀丽的地方，其雪窦山风景区是国家级重点风景名胜区、国家4A级旅游区，蜚声海内外，其优美的自然景观令人流连，而如果联系文化历史，你会发现这里人文景观独特，佛教文化深远，尤其是溪口因剡溪奔流至此出山而得名，你或许会联想起李白《梦游天姥吟留别》中的“我欲因之梦吴越，一夜飞渡镜湖月。湖月照我影，送我至剡溪。谢公宿处今尚在，渌水荡漾清猿啼……”之诗句，从而越千年之遐想，发思古之幽情。

观赏玉兔东升，春月上行，可吟诵张若虚的《春江花月夜》“春江潮水连海平，海上明月共潮生。滟滟随波千万里，何处春江无月明……”之名句。领略仲秋万物，萧疏明洁，可联想王勃《滕王阁序》“时维九月，序属三秋。潦水尽而寒潭清，烟光凝而暮山紫……”之佳文。

我国历代的硕学大儒们对诸多自然景观的审美文化可以说到了相当的高度，山水诗、咏物诗、怀古诗和游记等文学作品，山水画、花鸟画及园林、建筑等艺术作品，都是与自然景物审美直接相关的。“览物之情，得无异乎?”这一点从他们流芳百世的诗文著作中随处可见，不胜枚举，为我们联系文化历史进行自然审美提供了十分方便的丰富资源，许多名山大川几乎处处都是历史，都是知识，都是文化。

联系文化和历史来欣赏自然美，这对于自然审美大有益处。欣赏文化艺术对自然景物的描绘，可以提高自然审美的质量。诗歌散文所描写的江南风光，绘画摄影所再现的雪原景色，等等，这些艺术品带着艺术家独特的感受、发现和创造，能给亲临者更多的审美享受。了解历史对自然景物的记录，可以增加自然审美的神韵。当你知道李白曾登临峨眉赋诗吟唱的故事，当你了解到有关北戴河碣石的历史记载，那么你对这清秀的山，对这汹涌的海，就会有另样的感受、激情。为了使自然美更具魅力，为了使自然审美得到更多的启迪与收获，从文化艺术中多感受一些美，从历史中多学习一些知识，是十分必要的。

人们对自然美的认识愈深入，与自然的文化关系愈发展，自然形象的感染力就愈丰富、愈复杂和愈细致。诚如白居易所言“不穷视听界，焉识宇宙广”，要在求山水之真中得自然之美，审美者只有身入山川溪谷、丘梁沟壑，充分调动各种感官系统的功能，通过宏观细察、纵览全貌、穷其微奥，使游者洞识山水表里，把握真山水的美质规律，全身心地融入自然、崇尚自然、俯仰宇宙、涤虑心灵，在悟天地之正气、激人生之理想中，培育自我向往美好生活的崇高精神。

对自然风景美的真切感受往往难以用语言表达。欣赏大自然的风景美，应调动各方面因素，光靠直感是远远不够的，应以一个有修养的心灵，投入真山真水实景实地中去。无论这实景实地是山水名胜，还是平凡景物，无论它地处远方，还是近在身旁，只有亲临其境的实感，才能真正触及自然美的真谛，才能真正汲取到它的生命活力。卢梭说，尽管活跃的想象力甚至可以使他在巴士底狱的单身牢房中遐想自然的美景，但还是那种有实景烘托的遐想要好得多。美学家宗白华最为尊崇生动的、有灵性的自然，他这样看待自然美，这样接触自然美："大自然中有一种不可思议的活力，推动无机界以入有机界，从有机界以至于最高的生命、理性、情绪、感觉。这个活力是一切生命的源泉，也是一切'美'的源泉。"① "直接观察自然现象的过程，感觉自然的呼吸，窥测自然的神秘，听自然的音调，观自然的图画。风声、水声、松声、潮声，都是诗歌的乐谱。花草的精神，水月的颜色，都是诗意、诗境的范本。"② 想象力再造的或艺术所描绘的山河，不能给你带来潮湿的、有泥土腥味的空气，不能带来徐徐拂面的清风和沁人心脾的凉意；而历史所记录的山河旧事，更难以给你带来声的起伏、光的变化和力的冲击。没有与自然的直接接触，就无法获得那不可思议的活力和难以言说的美。让我们不断提高自身的文学修养和审美水平，以整个身心投入大自然的怀抱，去领略、去理解祖国山河的美丽吧！

五、自然审美的意义

大自然以其神奇的风姿表现出无穷的魅力：山峦层叠，水流婉转，林木簇拥，云彩聚合，宇宙万物呈现出生机盎然的气象，展示着生动感人的风采。审美主体被客体的意态所吸引，目光与自然相交流，心灵与万象相沟通。沐浴在春天和煦的阳光下，沉醉在秋季飒飒的清风里，喜悦之情油然而生。

自然美是美的主要形态之一，它与审美教育有着极为密切的关系。人类对自然美及其审美教育价值的认识有着悠久的历史，并随着时代的发展而发展。在人与自然的和谐关系得到充分关注、全球性的生态环境问题被前所未有地重视的今天，深入探讨自然美多方面的审美教育价值，准确揭示自然美与审美教育的内在联系，系统总结自然美审美教育的成功经验，对充分发挥自然美的审美教育作用，更好地按照美的规律塑造人自身，无疑是十分重要的。

就现代社会而言，一般认为，自然美具有陶冶情操、提高审美能力，启迪智慧、激发创造力，培养爱国情感、加深人生感悟，丰富精神生活、愉悦人的身心等多方面的审美教育价值。

（一）陶冶品格情操，提高审美能力

人的品格情操的形成和发展主要是由社会实践、所受教育等社会因素决定的，但与周围的自然环境也有着密切的关系。例如，北方人和南方人在性格、气质上有明显的不同。前者粗犷、憨直，后者机灵、细腻。这种差别的产生与"骏马秋风冀北，杏花春雨江南"的不同的自然环境是分不开的。

我们知道，人与自然的关系是在相互作用中发展起来的。因此，在人和自然之间就逐步生成了某种"异质同构"关系。我国古代的理论家、艺术家仿佛早就领悟到这

① 宗白华：《美学与意境》，人民出版社，1987 年版，第 56 页。

② 宗白华：《意境》，北京大学出版社，1999 年版，第 380 页。

一点。由于自然美的自然形式特征与社会生活、人的品格性情的这种“契合”，人们赋予自然美以种种象征意义。我国古代的“比德说”就是把自然人格化，以自然物的特征来象征和寄寓人的品格节操。比如松的雪干霜根，柏的苍髯黛色，竹的贞节虚心，菊的冷艳傲霜，梅的雪骨琼枝，荷花的出污泥而不染，水仙的冰肌玉蕊，兰花的秀雅清芬，等等，它们的外形和内涵，能象征健康美好的人格，寄托和表现正义、正直、坚强、坚韧、乐观、不畏强暴的精神。正因为此，在中国艺术尤其是诗画创作中，这些事物千百年来被反复表现，历久不衰，对培养人们高尚的情操，对民族文化精神和性格的塑造起到了巨大的作用。

正是因为人与自然的“异质同构”关系，古人早已注意到自然审美活动与人格道德修养的契合，所以，自然美不仅为人类提供高尚的审美愉悦，人类主体在自然审美活动中更能陶冶情操、修身养性，培养和塑造现代理想人格。正如康德的名言所描述的：有两种东西，我对它们的思考越是深沉和持久，它们在我心中唤起的惊奇和敬畏就会日新月异，不断增长，这就是我头上的星空和心中的道德律。康德从一定角度深刻地揭示了审美和道德修养的内在联系和对人类的重要意义。李白在《听蜀僧濬弹琴》一诗中，以素描的手法传神地描绘了一幅在大自然的怀抱中虚静悠然听琴，洗涤内心尘俗的清新美景：“蜀僧抱绿绮，西下峨眉峰。为我一挥手，如听万壑松。客心洗流水，馀响入霜钟。不觉碧山暮，秋云暗几重。”这正是人类主体在自然审美活动中，自然万物已不是本来面目，而是自己人格的化身。他将自己的心情和性格反射在自然物象之中，使人感觉到自然与人生打成一片，休戚相关，哀乐与共，自己的人格浸透在自然里，自然的美德也呼吸在自己的人格里。自然美对审美主体的感召，不仅在于陶冶心智、修身养性，在礼法专制社会中，更具有反抗世俗，坚持和弘扬中直而独立人格的意义。中国文化史上那些不与世俗同流合污的饱学之士，以自然抗拒世俗的归隐现象就是例证。

人为什么能够从自然景观尤其是山川之中吸取人格力量，使自己胸怀坦荡形成高尚的人格情操呢？清人魏源在《游山吟》一诗中做了回答：“我亦造化所铸之一物，本与山川同自出。骨血脉理毛发肤，草木土石形气质，平奇方正随赋界，谁与五岳为六七？”马克思指出：“自然界就它本身不是人的身体而言，是人的无机的身体。人靠自然界来生活。这就是说，自然界是人为了不致死亡而必须与之形影不离的身体。说人的肉体生活和精神生活同自然界不可分离，这就等于说，自然界同自己本身不可分离，因为人是自然界的一部分。”① 人与自然有着天然的内在联系，这就是所谓的“天人合一”。“天地与我并生，万物与我为一”（庄子《齐物论》），被视为人生的最高境界。因此，我们就不难理解刘勰《文心雕龙·物色》中的“春秋代序，阴阳惨舒，物色之动，心亦摇焉”，钟嵘《诗品序》中的“气之动物，物之感人，故摇荡性情，形诸舞

---

① 《马克思恩格斯全集》（第42卷），人民出版社，1979年版，第92页。

咏”，同样也就不难理解自然审美可以陶冶性情，培养高尚的品格情操了。

自然美还能够通过其焕发着美的魅力的多种形式特征，提高人的审美能力。自然美的形式特征千姿百态、姿颜各异，它或表现于时间的流动，如旭日东升、星转月移；或呈现于空间的展开，如泰山巍峨、海洋浩瀚；或是个别因素的美，如色彩、线条、形体、音响；或是整体综合的美，如群山起伏、烟波浩淼、云蒸霞蔚等。自然美的内涵比较朦胧宽泛，便于人们驰骋联想，这就有益于发展人的视觉、听视、时间感、空间感、形式感、想象力及综合感知能力。

（二）启迪智慧，激发创造力

进行自然审美，观察自然现象，是人们获取知识的一个重要途径，人类知识的很大一部分是从与大自然的接触中得来的。自然界是美的世界，也是知识的海洋。它包括诸多性质特点既有联系又有区别的自然事物，蕴藏着自然的法则、宇宙的奥秘。而且自然景观与人文景观往往交融渗透，反映出丰富的历史文化内容。游览名山大川，寻访风景名胜，可以拓展眼界，增长知识。所谓“读万卷书，行万里路”，就是把包括自然美观赏在内的旅行游历看作增长知识的基本途径之一。可以推设，进化论的创始人英国著名生物学家达尔文如果没有随海军考察船进行长达 5 年的环球游行，就不会有其巨著《物种起源》；哥白尼如果不长期观察斗转星移的太空，也不会有其“太阳中心说”。司马迁 20 岁开始出游，到擢升太史令的 20 年间，东到渤海，西到甘肃，北至长城，东南至会稽，西南至昆明，行迹遍及全国，为他划时代的鸿篇巨制《史记》的写作打下了深厚的根基。明代徐霞客在 30 多年中，游览考察了大半个中国，用一生心血撰写成《徐霞客游记》，不仅具有美学、文学价值，而且具有极高的科学价值。“足迹几遍域中”的清末学者魏源，甚至提出了“游山学”的思想，得出“一游胜读十年书”的结论。自然美不仅启迪科学智慧，推动科学创造，而且为艺术家提供创作源泉，激发艺术创造力。古往今来的许多艺术家都以造化为师，在大自然中汲取灵感，创作出千古称颂的佳作。

在罗曼·罗兰的长篇小说《约翰·克里斯朵夫》中有这样的记载，克里斯朵夫的舅舅高脱弗列特，是一个走乡串巷的货郎，一个似乎根本不懂艺术的小人物。但就是他，引导少年克里斯朵夫领略了大自然的神秘、优美，给了克里斯朵夫至关重要的影响。克里斯朵夫永远忘不了那个夜晚，他跟着舅舅来到屋后小河边，“月亮刚从田野后面上升，又圆又亮。地面上，闪烁的水面上，有层银色的雾在浮动。青蛙们正在谈话，草地里的虾蟆像笛子般唱出悠扬的声音。蟋蟀尖锐的颤音仿佛跟星光一唱一和，微风拂着榛树的枝条。河后的山岗上，传来夜莺清脆的歌声”。那笔墨难以形容的美景，深深感动了少年克里斯朵夫，“他觉得心里充满柔情与哀伤。他真想拥抱草原、河流、天空和那些可爱的星星”。以后他经常与舅舅一起去河边，感受大自然那神秘、和谐之美。经受自然美的洗礼，他对艺术、对人生的理解提高到了一个新的境界。他渐渐懂得了音乐要真诚，要从心中自然流淌出来，他真正懂得了音乐的灵魂。这为他日后成为伟大的艺术家奠定了基础。这件事给了我们一个启示：进行美育只重艺术教育，忽视自然美，没有心灵深处的感动，要达到美育的目的，也是不可能的。自然美对科学探索也有积极影响。从许多科学大师的事迹可以发现，自然美往往是他们从事科学研究的内在动力。诺贝尔物理学奖获得者汤川秀树先生在其著作的扉页毕恭毕敬地录上庄子的名句："判天地之美，析万物之理。"甘愿做"自然的儿子"的达·芬奇，从微风吹起湖水的涟漪中得到灵感，创作出蒙娜丽莎谜一般的微笑。德国音乐大师贝多芬常常在欣赏自然美的时候生发出灵感，他的《第六交响乐·溪畔小景》的创作灵感，就是被林间一条潺潺流动的小溪引发的。牛顿在观察苹果落地的自然现象时受到启迪而发现万有引力定律，通过反复对着太阳吹肥皂泡，观察它的颜色，进行思索分析，而发现了光的七色光谱。在我国，"搜尽奇峰打草稿"的石涛，在与崇山峻岭相伴中感受它们的神采和灵气，创作出了大量富有独特个性的山水名画。唐代诗人李白的巨大文学成就与他"一生好入名山游"不无关系。他以他对名山大川特有的感悟和丰富的想象力，给我们留下了对庐山香炉峰的恣情赞美，对长江三峡的生动描绘，对蜀道之难的诗意夸张。他那雄奇豪放的诗风，他那脍炙人口、令人叫绝的诗篇，是与他 25 岁仗剑出山，游历名山大川、踏遍天南地北分不开的。

可见，进行自然审美，有利于培养人们的艺术感悟力、创造力，激发其科学探索的热情。不重视美育的教育，是不完整的；不重视自然美的美育，也是不完整的。从这个意义上说，达·芬奇要求艺术家"做自然的儿子"的观点，不乏闪耀着真理的光辉。

（三）培养爱国情感，感悟人生哲理

中华大地，无山不美，无水不秀。美好的山水是祖国母亲肌体的不可分割的一部分。

首先，观赏祖国自然风光的美，可以激发我们对祖国大好河山的热爱，进而激起和增强保卫祖国、振兴祖国的巨大热情和责任感。从抗战时期的《黄河大合唱》《松花江上》到反映抗美援朝的《我的祖国》，不知给战士们增添了多么巨大的力量。20 世纪 80 年代，《我的中国心》《龙的传人》在青年中广泛地传唱，歌中通过对黄山、黄河、长城、长江的赞美，倾诉了广大台胞和侨胞热爱祖国、思念大陆、渴望统一的赤子之心。近年来，通过组织旅游，观赏自然美，作为对青年进行爱国主义教育的重要手段，越来越显示出它的重要作用。

游历名山大川，欣赏奇峰秀水，可以加深对祖国山河和民族传统的了解，培养和激发热爱祖国的崇高感情。方志敏烈士在《可爱的中国》中曾写下一段感人至深的话："说到中国天然风景的美丽，我们可以说不但是雄伟的峨眉，妩媚的西湖，幽雅的雁荡，与夫'秀丽佳天下'的桂林山水，可以傲睨一世，令人称羡，其实中国是无地不美，到处皆景……这就好像我们的母亲，她是一个天姿玉质的美人，她的身体的每一个部分，都是令人羡慕之美。"祖国的大好河山是多么强烈地激发着方志敏烈士的爱国主义感情啊！对大自然的美的倾心爱慕，是热爱祖国、热爱民族的一个极其重要的源泉。自然景物的外在感性形式蕴蓄着自然规律，并与社会人生有契合之处。它往往能使人睹物兴怀，由情入理，生发无限情思，感悟人生哲理。王之涣由“白日依山尽，黄河入海流”的雄浑景象，感悟到“欲穷千里目，更上一层楼”的人生真谛；苏轼由“月有阴晴圆缺”的自然法则，领悟到“人有悲欢离合，此事古难全”的历史规律；范仲淹由岳阳楼观赏洞庭湖的千姿百态，生发出“先天下之忧而忧，后天下之乐而乐”的壮志豪情；毛泽东由“天地转，光阴迫”的强烈感受，焕发出“只争朝夕”的革命精神……由此可见，自然景物给人的启迪是丰富而深刻的。

其次，自然美呼唤人类以科学的态度善待自然。自古以来，我国的农业文明比较发达，天与人休戚相关，许多思想家对于天人关系进行了认真的研究和探索，这种研究和探索实质上就是对人与自然关系的思考。天人合一的宇宙观、伦理观和美学观是中国古代哲学思想宝库中的精华之一，是处理人与自然关系最宝贵、最重要的道德原则。人类社会的发展，经历了蒙昧、野蛮而逐步走向文明，由刀耕火种的农耕时代发展到今天的工业文明、科技文明，每次文明的更替都是一次社会革命，它促进了社会经济的大进步。然而，时至今日，在现代社会中，天人关系上的生态危机已是全人类面临的共同问题，如果还以传统的人类中心主义的观点为主导，无理性地弘扬人在自然面前的无所不能，肆意破坏自然环境和生态联系，贪婪掠夺自然资源，那么终有一天，大自然不可再生的资源和不可恢复的天然的、充满无限生机和活力的自然风光将会成为人类永恒的记忆和永远的伤痛与遗憾。在一个满目疮痍的自然面前，人类将无法萌发物吾偕忘、天人合一的自然美意识；在急功近利、贪婪成性的以“自然主宰”自居的某些人心中，亦将不复存在令人心驰神往的自然之美。因为，在一个没有审美意识或审美意识严重不健全的人类面前，自然界和人类社会是无所谓美的。自然美本身和人类的自然审美活动将不断感召人类心中神圣的美的情愫，不断警示人类增强保护自然、关爱生灵的悲天悯地的忧患意识和博爱情怀，不断呼唤与自然为伴、与自然为善、与自然和谐发展的科学文明生态观。因此，在现代社会中，建立一个以科学发展观为指导的、具有完整的哲学意义上的审美主体，弘扬和培育自然审美精神，精心呵护和关爱自然环境和万物生灵，也是自然审美教育中最重要的内容和任务。

开展自然审美，可以使人格从功利社会中解放出来、独立出来，升华至一种以高尚意志为基础的、率性自然、逍遥洒脱的人生境界。在当今人为物役的社会现实中，少一点急功近利，多一些人文关怀和审美情趣；坚持整体原则、公平原则和持续发展原则，多亲近自然、了解自然、欣赏自然，真正做到人与人、人与自然之间的协调发展，也是我们生活在正由工业文明向生态文明过渡阶段的人们开展自然审美的目的和意义所在。

（四）丰富精神生活，愉悦人的身心

进行自然审美，能够丰富和美化人们的生活，愉悦人们的精神，给人以向上的力量。人们需要工作，也需要休息娱乐；需要宽裕的物质生活，也需要丰富的精神生活。自然美本身没有阶级性，它能最为广泛地被人们欣赏，丰富、调剂人们的生活，愉悦人的身心。夏夜，碧空如洗，月色溶溶，清风吹拂，树影婆娑，这时置身户外纳凉、消暑，会有无比舒适甜美的感受。寒冬，在床头放上一盆盛开的水仙，瓶里插上几枝待放的蜡梅，整个居室就会现出盎然的春意。当我们大汗淋漓、气喘吁吁地登上峨眉山顶，享受着“云海”“日出”的美趣，便顿时倦怠全消、兴致勃勃起来。

就个体而言，在现实活动的尘世烦扰中，或者受到理性的束缚，或者受到感性的煎熬，总是难以得到精神抚慰和心灵的解放。自然呈现于人类面前的是她的博大无私、深邃和神奇。人类社会中一切理性的规则美和一切感性的不羁的律动美，总能在自然中寻到其源头；人类喜悦、悲伤、躁动、平和等万千情绪总能在自然丰富多彩的独特意境中觅到其相互感应的契合点。自然美中，理性暗中规范着感性，感性中潜在地积淀着理性，感性形态的理性和理性功能化的感性浑然交融，这是多种心理功能综合统一、协调运动的审美活动。面对高山大海、日月星辰、雨雪风霜、乔木花草、飞禽走兽等自然美景和灵动生命，人的多种因素充分调动起来，感觉、知觉、表象、联想、想象、知识、情感、理智等综合统一、协调运动，进而达到审美愉悦的艺术境界。在现代社会危机面前，尤其是在天人关系的生态危机面前，弘扬和培育自然审美精神具有非常独特而重要的意义。

在对自然的审美的活动中，因为个体知识积累和情感经历等的差异，个人的审美体验也是千差万别的。即使是作为同一作者，因为年龄、阅历和心境的不同，既有“会当凌绝顶，一览众山小”（杜甫《望岳》）的豪迈感慨，也有“无边落木萧萧下，不尽长江滚滚来”（杜甫《登高》）的悲秋吟唱；既有“孔子登泰山而小天下”的雄姿英发，也有悲切浅酌的“泰山其颓，哲人其萎”的风烛残年；对于大自然，更多的是如“鸢飞戾天者望峰息心，经纶世务者窥谷忘返”（吴均《与朱元思书》）般的敬畏、礼赞和沉醉的复杂心情。正如欧阳修在《醉翁亭记》中对他纵情山水的总结：“醉翁之意不在酒，在乎山水之间也。山水之乐，得之心而寓之酒也。”

人们欣赏自然美，是一种积极的休息。由色、形、声构成的自然美丰富多彩的感性形式和自然形象，往往体现出比例、匀称、对称、均衡、韵律、和谐等多样统一的形式美法则，能唤起人们生理和精神的愉悦。紧张劳动之后或者失意抑郁之时，扑进大自然的怀抱，去感受天际间脉搏的跳动、美妙的声息，会使疲乏懈怠转而烟消云散。正如恩格斯说的，你会觉得精神沉入物质之中，当言语变成肉体并栖息在我们中间，你就会融化在自由的无限的精神的骄傲意识中。

在现代，生活愈加趋于城市化。城市的喧闹、拥挤、杂乱、污染及快速的生活节奏，会给人的心理、心态造成诸多不良影响。作为一种调剂和补偿，自然美丰富精神生活的价值，愈益得到重视和发挥。近些年来，世界性的旅游热潮方兴未艾和我国旅游事业的蓬勃发展也是一个证明。美在于发现，自然美更是如此。由于自然美是自然物的自然性和人的社会性的统一体，它的感性形式特征只有经由审美主体的审美心理结构才能被感受、被发现。因此，主体条件越充分，修养越深厚，就越能发现更多的美，获得更强烈的审美感受。恩格斯在欣赏自然美时曾发出这样的感叹：当大自然向我们展示出它的全部壮丽，当大自然中睡眠着的思想虽然没有醒来但是好像沉入金黄色的幻梦中的时候，一个人如果在大自然面前什么也感觉不出来，而且仅仅会这样感叹着："大自然啊！你是多么美丽呀！"——那么他便没有权利认为自己高于平凡和肤浅的人群。在比较深刻的人们那里，这时候就会产生个人的病痛和苦恼，但那只是为了溶化在周围的壮丽之中，获得非常愉快的解脱。恩格斯从不同的人对自然美所得的不同感受的对比中，强调了审美主体修养在自然美欣赏中的重要作用。显而易见，精神境界的高低，思想文化修养的深浅，是决定自然美欣赏水平和审美教育效果的关键。只有提高审美主体的人格修养、历史文化修养、文学艺术修养，扩展其精神境界，才能更好地发挥自然美的审美教育作用。

六、大学生如何培养和提高自然审美能力

大学生作为社会的一个特殊群体，备受社会的关注。在现实生活中，科学知识的价值力量和现实的就业压力，使得大学生们几乎把所有的精力和热情都放到了专业学习和各种可以为就业带来优势的"考级""考证"上，严重抑制了其他方面的素质的发展。大学课堂还存在一些灌输式教学模式，把知识硬塞进学生的头脑，从而导致现在的部分大学生普遍缺少敏锐的感觉、直觉、领悟、灵气，看问题、做事情往往呈现出模式化、程式化的现象。风华正茂的年龄，却不能给人一种意气风发、诗意盎然的精神风貌。有相当一部分人的心理状态、审美境界、意志程度、人生态度与他们所具备的专业知识水平不相匹配，这束缚和制约着他们向高层次发展。造成问题的原因固然是多方面的，但也不可否认地折射出大学生审美教育的严重缺失。

大学生的全面发展是高等教育的育人目标，而美育是大学生全面发展的重要组成部分，因此，作为大学生精神生活的重要组成部分，关涉大学生健康成长的大学生审美观，理所当然地以其在大学生人生发展中所具有的重要意义和突出地位而备受瞩目，以至成为社会与人们关注的中心和焦点。

学生以学为主，对于大学生这样一个特殊的社会群体来说，也是如此。然而，学习固然是其天职，但是开展自然审美也应是课余生活的一部分，因为自然审美既可以让紧张的学习生活得以调节，又可以在大自然的熏陶下，开阔眼界，修身养性，吸取知识，丰富生活，从而焕发青春和朝气，激起对美好生活的憧憬和热爱。因此，当代大学生既要在课堂上和图书馆里捧读有字之书，修得"真经"，又要不为"本本""围城"所囿，走出书斋，走出象牙塔，投入大自然的怀抱，解读无字之天书，努力把探索的目光延伸到更广袤的世界之中去。那么，怎样才能培养和提高大学生对于自然美的审美能力呢？

（一）积极投入大自然的怀抱

大自然对人的审美素质的提高有着不可替代的作用。苏联教育家苏霍姆林斯基特别提倡应让学生在打开书本之前，先看几页最美妙的书——大自然。的确，大自然中充满各种各样的美，四季变化，星移斗转，日月交辉，风云变幻，动植物各种美丽的色彩、各具形态的生动形象、各种惟妙惟肖的自然音响，无不给人以愉悦的体验、美的联想。大学生要在学校、教师努力创造条件的同时，积极主动到大自然中去感受美、鉴赏美。近的可以从校园里的一草一木开始，有意识地去发现周围的美景，远的不妨走出校门，到无限的大自然中去郊游、踏青、观海、爬山……这样既能陶冶性情、丰富知识，又能培养热爱大自然、热爱生活、热爱祖国的丰富情感。19 世纪著名造型艺术家安格尔曾指出："世界上……只有一种算艺术，其基础是：永恒的美和自然。"千百年来，无数艺术家、科学家、哲学家，都无不为自然的景观美、秩序美而激动不已、感慨万千。在大自然面前，当代大学生也应有独具一格的审美情感。在走向大自然的时候，要充分调动其积极性、主动性，善于发挥想象力，使之移情于大自然，从而领会出梅的冰肌玉骨、兰的秀质清芬、竹的虚心有节、菊的傲霜斗雪等对人类生活的寓意和象征，使其审美知识不断丰富。

令人欣慰的是，随着经济的发展，生活条件的改善，崇尚自然已成为当代大部分大学生的审美特征。许多大学生以大地之子的恋情奔向祖国的江河山川、碧海桑田。每逢节日假期，同学们或结队成群，或三两相伴，去领略自然的无限风光，通过亲眼观赏，领略泰山之雄伟、华山之险峻、衡山之烟云、庐山之飞瀑、峨眉之清秀。

（二）努力培养敏锐的自然美感受能力

尽管人类生来就有五种感觉器官，生来就有一定的感知能力，但是并非人人都有审美感受力以及同等水平的审美感受力。比如杭州西湖有着美丽的自然风光，白居易描绘它的早春之美是"几处早莺争暖树""绿杨阴里白沙堤"；苏轼在观赏西湖后，也写下了千古传诵的诗篇："水光潋滟晴方好，山色空蒙雨亦奇。欲把西湖比西子，淡妆浓抹总相宜。"在这里，诗人们对西湖湖光山色的敏锐的审美感受力，历来为人们所称道。但同样是观赏西湖，却未必人人都能像白居易、苏轼那样对西湖的自然美有着敏锐的审美感受。像《儒林外史》中的马二先生，虽然也有健全的五官，也有与生俱来的一定的感觉能力，但是与白居易、苏轼比起来，他对自然美的感受就非常愚钝和贫乏。

那么如何才能获得敏锐的审美感受力呢？我们认为关键在于审美实践。马克思指出，人类在社会实践活动中，在"从对象上展开人的本质的丰富性"的同时，"人的主观感受的丰富性"也随之发展起来。美是社会实践的产物，美存在于客观世界之中。因此，大学生要培养和提高自己的审美感受能力，最重要的是深入实践，深入大自然，直接接触美的事物，进入美的境界，以激起自己对美的爱好和兴致。耳濡目染，亲身领受，视听感官就会变得灵通起来。比如上文提到的利用节假日到郊外远足，尽情地接近大自然，去同溪流一起细语，去倾听树叶的倾诉，去感知山泉的叹息，去触摸大地的脉搏和海洋的呼吸。经过对大自然中无数崇高、细腻、曲折、变化的模式的陶冶，通过外物与内心之间无数次相互作用，一定的外在形式便会通过知觉与人类特定的情感联系起来，引起一种特定的感觉。而一个足不出户、死抠书本的大学生，很难说能对自然美有什么较强的审美感受能力。

欣赏自然美的能力还包括丰富的审美想象力。想象是一种创造性的思维活动，是审美活动中的一种重要的心理功能。人们欣赏美，不是消极、被动地接受，而是积极主动地“再创造”。从审美客体看，它潜藏着一种感染、诱发力量，可激发起欣赏者的想象和联想；从审美主体看，他总是以自己的生活经验为依据，受主观情感的驱使，发挥想象和联想的作用，在对象中发现和补充些什么、丰富和发展些什么，从而赋予它以新的活力、新的生命。由于自然美的特点是以形式取胜，鉴于它内容的不确定性和自然景观的复杂性，所以就更需要欣赏者具有丰富的审美想象力。当然，如前所述，审美想象不是凭空产生的，也不是自然发生的，这种想象是建立在特定的基础之上的。比如湖南张家界上有一个叫作“望郎归”的石峰，远远看去就像一个梳妆的少妇，衣裙清晰可辨。“她”驻足了望，日日望、夜夜思，天长日久，对面山峰上有一个小洞，竟然被“她”望穿了。就这样，两个奇特的山峰，引起了人们丰富的想象，连缀成一个美丽多情的传说。诸如此类的传说、故事，又会给自然界增添美的魅力和神秘的色彩，更加撩起人们探胜的欲望。自然景观就是这样，经过想象的加工、创造，才成为源于自然而又美于自然的再现形象。

这种审美想象力不是从天上掉下来的，也不是人们凭空臆造的，而是与欣赏者平时的生活积累、正确把握审美对象的特征和丰富的形象记忆等是分不开的。所以，大学生要想培养和提高自己的审美想象力，就必须在平时尽可能地积累生活经验，丰富自己的情感，加强自己的形象思维能力。大学生应通过想象活动，把自己的情感融注到对象中去，从而加深对客观事物的感受、认识和理解，从中发现更多的东西。

（三）自然审美结合诗、文、书、画

自然美是艺术美的源泉之一，虽然山水诗和山水画等艺术美与自然美分属两个不同的范畴，但它们能互相渗透、互相转化。艺术美可以为自然美增添光彩，自然美的审美主体，在自然美的面前，又可以将过去对于艺术美的美感体验融会到当前的美感实践之中，影响或推动对自然美的美感的发展。

前人在观赏自然美时，曾经给我们留下了大量的千古传颂的山水诗，表现了艺术家们对自然美的高度审美水平与概括能力。因此，当我们面对各种自然景观的美时，可以一边观赏，一边咀嚼和体会古今中外的艺术家们对它们的描绘、吟咏，以启发自己的想象，增强审美情趣，从而更深刻地把握自然美的底蕴。比如当我们漫游在幽静的山谷之中，听到山鸟在鸣叫时，若能回忆起王维的山水诗《鸟鸣涧》“人闲桂花落，夜静春山空。月出惊山鸟，时鸣春涧中”，顿时，便会感到此处山谷更清幽，更静谧，

而自己好像就在画中走。这种审美实践，不但可以帮助我们深深领悟这类诗篇，而且也可以强化我们对自然美的美感，可谓一举两得。

其实，不仅仅诗歌，而且像游记、散文、历史掌故、民间传说和山水画等艺术形式对自然美的表现，也能起到这种深化和强化作用。比如当我们攀登过五岳，又游览了闻名中外的黄山，不但观赏了堪称“四绝”的奇松、怪石、云海、温泉，而且还感受到岱宗之雄伟、华山之险峻、衡岳之烟云、匡庐之飞瀑、雁荡之巧石、峨眉之清秀、青城之幽深等自然景观特色，黄山莫不兼而备之，我们会更深刻地体会后人根据《徐霞客游记》概括的那句名言：“五岳归来不看山，黄山归来不看岳。”同时也会由衷地与徐氏产生共鸣：“薄海内外无如徽之黄山，登黄山天下无山，观止矣！”当我们登临岳阳楼，八百里洞庭尽收眼底，我们不能不想到北宋政治家、文学家范仲淹那著名的《岳阳楼记》，默诵“先天下之忧而忧，后天下之乐而乐”的名句。当我们来到湖北蒲圻县赤壁摩崖，眺望长江东去、白浪滔天时，我们自然会想到当年赤壁大战时的情景，想到《三国演义》为我们描绘的“借东风”“草船借箭”等一系列与赤壁之战相关的历史典故。提及山水画，我们不妨听听清人笪重光的高见，他在《画筌》中指出：“董巨峰峦，多属金陵一带；倪黄树石，得之吴越诸方。米家墨法，出润州城南；郭氏图形，在太行山右。摩诘之辋川，关荆之桃源。华原冒雪，营邱寒林。江寺图于希古，鹊华貌于吴兴。从来笔墨之探奇，必系山川之写照。”这里谈到我国许多著名山水画家的艺术实践，认为他们的艺术创新、艺术成就均来自对真山真水的真实再现和艺术提炼。如果我们欣赏过他们的绘画，我们在对真山真水的美进行欣赏时，就会产生“江山如画”之感，我们的美感也就会被他们创造的艺术美加强和扩充。这样，我们不仅对自然美有更充分更深刻的领悟，而且对山水画家的诸多派别也有了更多的理解和感受。从小学、中学到大学，每个大学生都曾经接触过古今中外的大量的诗、文、书、画等艺术作品，只有将这些人类间接的审美体验成果同大学生眼前直接的自然美现实有机地结合起来，才能使大学生的审美能力得到进一步的提高。当然，这种审美能力不仅仅是指大学生对自然美的欣赏能力，而且也包含着对表现自然美的各种艺术作品的艺术美的欣赏能力。

（四）与自然景观进行物我情感交流

刘勰在《文心雕龙·物色》中说，“献岁发春，悦豫之情畅；滔滔孟夏，郁陶之心凝；天高气清，阴沈之志远；霰雪无垠，矜肃之虑深；岁有其物，物有其容；情以物迁，辞以情发”，这就是说，虽然自然景观不是人类，没有人的情感，但是自然美具有客观属性，它在与人接触的过程中，可以刺激人的感官，引起人们愉悦的情感反应，甚至让人产生强烈的情感、情绪活动。

然而，这里需要强调的是，自然美的客观属性不是孤立地存在于人们的主观感受之外的，自然美不仅在于客观对象本身的形态特征，还在于人们对自然景观刺激的接受能力。心理学告诉我们，产生情感的直接原因是人对客观事物的判断与评估。这种判断与评估，一方面以主体对客体的认识为基础，另一方面与主体的需要、愿望、渴求相联系。如果一个人对他周围的一切景物都无动于衷，或者只是被动地接受客观外界的刺激，那么他身在美中也全然不知其美。这正如马克思所言：“忧心忡忡的穷人甚至对最美丽的景色都无动于衷；贩卖矿物的商人只看到矿物的商业价值，而看不到矿物的美的特性。”①

自然美育终究是一种精神现象。柏拉图说，主体对自然的审美，是“很快乐地把它们吸收到心灵里，作为滋养，因此自己性格也变成高尚优美”②。所以，一个真正热爱自然美的人，只有积极主动地而且是不断地进行自然美欣赏的审美实践，才能不断地体验到美的愉悦，从而得到美的情感的陶冶。这种美的情感陶冶又会对人的精神状态、人格模式和心理素质产生积极而健康的影响，使人保持良好的心态和发展优美而稳定的情操。其实，我们中国人欣赏自然美，自古以来就有这种传统精神。南宋诗人辛弃疾在他的词中写道：“我见青山多妩媚，料青山见我应如是。”可见，他是一个善于观赏的人，他把自己的情感、个性，通过想象移入观赏对象，使无生命的“青山”，变成有生命的人。这种拟人化的活动结果再反馈回来，人物交感，情景交融，于是把欣赏者引入某种意境。再如孔子喜欢松、柏，是因为“岁寒，然后知松柏之后凋也”，以松柏象征人的高风亮节，也是他自己所要追求的一种精神境界。

对于当代大学生来说，要想培养和提高自己的审美能力，就要主动地投身到大自然的怀抱之中，调动全部感觉器官，用自己的整个身心去感受它的美，真正做到“登山则情满于山，观海则意溢于海”，把高山、大海看成和我们一样有情，让我们在和自然景观进行情感交流中享受到自然美的熏陶；同时又在自然景观之上，寄托我们积极进取的情感因素。

（五）加强文化修养，提高审美水平

由于自然美是自然物的自然性和人的社会性的统一体，所以审美客体的感性形式只有和审美主体的审美心理结构相一致时美才能被发现。而审美主体的审美心理结构又是与其拥有的历史文化知识和艺术修养有着很大的关系。从某种程度上来说，人的历史文化知识和艺术修养决定着人对自然美的审美水平。因此，大学生要提高自然审美水平，还必须要加强自身的文化修养，具体来说需要做到以下几点。

首先要加强对有关历史、文化背景和科学知识的了解。自然景观与人文景观的相互渗透，也能使某些自然物象具有内容美。我国是有悠久文化历史传统的古国，许多自然景观渗透着人文内容，风景总跟名胜联系在一起。了解这些，就能在自然审美的过程中激发起探求历史真实的兴趣，受到爱国主义和民族自尊心的教育。比如泰山，在封建时代，历代帝王尊崇它的雄伟，奉之为五岳之首，成为他们封禅告祭时的神权

① 陆梅林辑注：《马克思恩格斯论文学与艺术》，人民文学出版社，1982年版，第150页。

② 柏拉图：《柏拉图文艺对话集》，人民文学出版社，1963年版，第56、57页。

象征。他们欣赏泰山的美，固然包含着宣扬王权至上的狭隘功利目的，但正如我国著名的古建筑、古园林专家陈从周教授所言："凡是大规模、极隆重地来泰山朝拜的帝王，不是开国之君，就是盛世之主，他们对泰山之雄伟尊崇，是象征着国家的统一，民族的团结，社会的繁荣。"因此，他认为"泰山是我中国的山，民族的山"。那里自秦汉以来的历朝碑刻记载、文物古迹、古建名胜，乃至一草一木，到处都是历史，都是知识，都能成为激发人们热爱祖国、热爱民族的活生生的教材。陈从周的分析，从一个重要的角度，告诉我们懂得历史文化对于欣赏自然景观之美的重要性。

其次，还要加强文学艺术修养。马克思曾说过这样一句话："如果你想得到艺术的享受，你本身就必须是一个有艺术修养的人。"事实上，自然美和艺术美向来存在内在关联。在现实的客观世界中，自然美和艺术美虽然互相区别，但它们也是互相影响和互相渗透的。比如在自然山水中，尽管在客体对象方面主要是自然美，但也常常并存着具有建筑艺术美的亭台楼阁、飞檐曲廊，有的还点缀着美的雕塑和壁画，美的碑刻和摩崖题词，以及文人墨客为人们留下的大量山水诗文等。这些作品常常表现了前人的审美感受，以文学艺术美的形式启发我们、感染我们，强化我们的美感，引导我们对眼前的自然景观美获得更深刻、更强烈的审美感受。其中最重要的启示，就是在加强文学艺术修养的同时，我们还学会用"艺术的眼光"来看待自然。因此，当代大学生要想培养和加强自己的审美能力，学好各种文化知识，加强文学艺术修养就显得特别具有现实意义。当然，这也正是身在校园、沐浴着知识光辉的大学生的优势之所在。

复习思考题

1. 简述什么是自然美。
2. 自然美是怎样形成的？如何理解自然美的"形化之美"与"情化之美"？
3. 举例说明自然美的特征。
4. 简述自然美的常见形态。
5. 举例说明怎样进行自然审美。
6. 简述自然审美的意义。
7. 谈谈大学生怎样培养和提高对自然美的审美能力。

第五章

社会美

在人类社会的发展中，人类通过实践认识自然，改造自然，创造了无数的雄伟业绩，从荷兰的围海造田工程到令人瞩目的三峡工程，从英吉利海底隧道到南美伊泰普水电站，从西亚沙海中的石油井架到宇宙飞船遨游太空……可以说劳动创造了人类社会，劳动创造了社会美。

为了更好地领略社会美，本章将对什么是社会美、社会美的特征、大学生怎样进行社会美审美等问题进行探讨。

第一节　什么是社会美

一、社会美概述

（一）社会美的定义

什么是社会美？所谓社会美，是指包含社会发展规律，体现人们的理想、愿望，能够使人感觉到自由自觉的创造力量，并能给人以精神愉悦的社会事物或生活现象。

社会美存在于社会生活的各个领域，如经济、政治、科学实验及人的衣食住行、交际往来等方面。社会生活各个领域都存在着美，但并不意味着凡是社会生活现象都是美的。从车尔尼雪夫斯基

“美是生活”的视角来理解，只有“理应如此的生活”（包含社会发展规律，符合历史发展趋势）、“我们所理解和希望的生活”（体现人类进步理想和愿望）、“使人怀念的生活”（能够使人感觉到自由自觉的创造力量，并能给人以精神愉悦）现象才是美的。简而言之，只有体现了人的“合规律性”“合目的性”的生活才具有审美价值。因此，这就使得社会生活现象必须具备以下三个方面才能成为社会美：体现了人类进步理想和愿望，符合历史发展趋势，显示了客观规律的必然性；充分显示出人的自由自觉的创造本性，体现出人的本质力量，能实现人生的价值；为人类提供人生意义、人生哲理、人生经验，并能激发人的美感。

（二）社会美的本质

在社会生活中，在人类为谋求幸福而改造自然、改造社会、改造自身的日常实践活动中，凡通过严峻激烈的斗争情势，惊心动魄的实践场景，表现出人类伟大的道德精神和人格力量，展示出人类独特的坚强性格和奋斗意志，映现出人类豪迈的情操志趣和理想境界的人、事、物，都具有社会美的性质。诸葛亮、周恩来的鞠躬尽瘁，林觉民、方志敏的舍生取义、克己求仁，李时珍、哥白尼的不畏艰难、献身科学，是社会美的体现；埃及金字塔、柬埔寨吴哥窟、中国万里长城，也是社会美的体现。

社会美是美的形态之一种，社会美的中心是人，它直接地、现实地表现了人的本质力量。因此，社会美的实质就在于它是体现了人的自由本性和创造力的积极肯定的生活形象，是人类社会创造的一定历史时期的事物的美及人类精神、行为的美。

社会美产生于人们在长期社会实践活动中形成的相互关系及由这种关系构成的社会生活。人们在社会生活实践活动中，通过生产斗争、社会斗争和科学实验，创造自己的物质生活和精神生活，社会美就体现在人类创造社会生活的全部历史活动之中。

以人类的发展史为例，原始人一开始不穿衣服，除了生产力水平的限制之外，还由于人需要衣服的社会意识尚未产生。随着生产力的提高、群婚制的消失，最初的婚姻意识开始萌芽，这时，一块草帘或一张兽皮就被人们绑在腰上，把下部遮起来，这就是人类最早的衣服。这件衣服一出现，立刻引起了全社会人的广泛关注，给全社会以深刻的影响和美的感染，于是人人效仿，这件衣服作为一种社会美，逐渐普及社会的各个角落。从此人类再也不是赤身露体的了，此时穿着衣服虽然既不舒服，亦妨碍干活，但由于它满足了这个特定社会中的一种特定观念的追求，穿上它的美感已大大超过或压倒不舒服的感觉，所以人们非但不觉得是一种累赘，相反，却感到了欢欣和快慰。

很明显，这块草帘或兽皮，作为社会美的第一件衣服，并不是以形式取胜的，而是以注入其中的社会内容使人为之倾倒的。

美本来就是社会的，是社会实践的产物，社会美是美的本质的最直接的展现，它总是表现和反映一定社会的政治、经济、文化和道德，以它所代表或体现着的社会风尚和道德追求取悦于人、感召于人。

（三）如何理解、认识社会美的表现形态

需要指出的是，以内容取胜的社会美在发展过程中，经常被一些表面的、非本质的事物掩盖或冲淡，常常要与以形式美为本质的自然美结合。这一结合使得本来意义上的社会美为自然美所取代了。这时，人所追求的已变成了纯粹的形式，而忘记了它的内容。如果我们进行社会审美时只注意形式，就难以认识、体验、感受其美。因此，在审视社会美时，应透过现象看本质，真正把握社会生活中事物的美与丑。

例如，从考古的资料来看，我们现在发掘出的山顶洞人的装饰品有兽牙、兽骨，这些东西经过了细致的打磨，并且穿了孔，有的还涂上了色料，专门用来佩戴。这些东西其实与近现代人佩戴的玉佩项链之类差不多，是真正意义上的装饰品。而它们的前身——未经磨制过的兽牙兽骨，那才是本来面目的社会美。因为在那个狩猎为生的时代，谁猎杀的野兽多，就说明谁有力量，谁强大，证明其勇敢和智慧。可以想见，人们以兽牙兽骨为美，就是当时向往才智和勇敢的社会风尚的体现，只是到了后来，这种美的物件，才逐渐蜕化为一种纯粹的装饰品，穿了孔，佩戴起来。如上文提到的那块草帘或那张兽皮一样，才逐渐被缝制成真正意义上的衣服，穿在身上。这时人们已经忘记了开始追求它的原因，而一味讲求起形式来了。非洲许多民族的妇女，在铁器时代，手足颈项上多戴着沉重粗笨的铁圈。因为在那个时代，铁被看得如同现在的金钱一样贵重，有铁，就标志着富足，因此那是追求富足的风尚的体现，并不是铁圈本身具有美。到了后来，社会观念变了，富足已不再是社会的一种主要观念，而人们已经佩戴习惯了的铁圈，就开始向形式美转化，既要保留体现富足的观念，更要求轻便好看，这就开始出现了项圈、手镯及再后来的戒指之类真正属于形式美的物件。这说明作为内容美的社会美在发展过程中形式化了。

社会美作为一种美的事物，在大家追求的时候，目的是很明确的，明确到忘记了自己是在追求一种美，只想着实现自己的目的，应和社会的风尚和观念。一旦目的不满足于这种事物本身的形式，就又求其形式的美好。这时作为社会美的事物就开始转向自然美。在这样两次追求中，社会美作为一种美第一次被人忽略，第二次又在人的无意中变成了自然美，因此，社会美总是不被人认识。故而，我们在研究、考察社会美的时候，不光要着眼于社会美的形式，更要以历史的眼光看待社会美，挖掘社会美中所积淀的社会内容。

社会美作为一种社会风尚、道德追求的美，在不同的社会中呈现出不同的形态，每一个特定的社会形态，都有自己特定的社会美。例如，曾被人类极其信奉和朝拜过的神灵，在原始社会、奴隶社会与封建社会时期就各不相同，这种不同，不仅表现在神灵的具体相貌上，更表现在神灵所折射的社会内容中。史前时代的龙凤为奴隶社会的青铜饕餮取代，青铜饕餮又为世俗化的佛像取代。形象形式固然变了，但更主要的是形象所代表的社会观念更新了。不仅如此，某一社会中的特定社会美还表现出一种不可重复的性质。延续多年的妇女的小脚，在今天绝对不可能再次成为社会美了。但是，我们不可因此而否定小脚那段曾经作为社会美的历史。当初大家不仅欢欢喜喜干着这种令人痛苦的事，而且完全出于一种不可或缺的美的要求。因此，研究社会美，首先要肯定那种直接的、最初的社会美，然后再深入研究它的变化。否则，社会美就成为当今社会的独家东西了，这无疑是一种历史的虚无主义。我们经常为自己的民族有五千年的文明史而自豪，谈到社会美，也应承认历史进程中的种种社会美。从而不至于把历史上的所有社会现象，不加区分地当作丑恶去批判，否则我们五千年的文明史，又从何说起呢?

二、社会美的产生根源

马克思主义认为：社会美产生于客观的社会实践，其最早是从人类的生产活动中产生的，人类不断地改造和征服自然的生产劳动是社会美的基本来源。

人类的发展史告诉我们，人类不断地改造和征服自然的生产劳动推动了生产力的发展，生产力的发展又引起了社会观念的发生，而发生了的社会观念规定了社会美的内容。

原始社会初期，生产力水平极端低下，原始人只能依靠极其粗糙和简单的工具进行生产，而且单个人离开集体几乎无法生存，人们靠集体的劳动，共同的渔猎取得起码的生活资料，这样一种生产力的状况决定了原始人只能是群居、群婚。随着人对自然的认识及工具的改进，人们战胜自然的能力提高了。猎获的野兽，除了食用外，有了一点剩余，于是那些受伤的还未致命的动物被暂时喂养起来，以备后用。这就是畜牧业出现的最初原因。采集的野菜草籽，除了食用外也有了一些剩余，可以暂时保存起来，而草籽放在那儿却发芽、长叶、开花、结果了。这又告诉人野草籽可以种下去，长出人所食用的果实，这是农业出现的最初原因。随着农牧业的出现，群居、群婚的生活已无必要。首先出现的是男女分工，即由壮实的男子承担艰苦的打猎任务，由体弱的女子承担饲养牲畜、种植谷物的活计。这种分工使得社会观念发生了深刻的变化。具体表现为妇女可以向社会提交一份独立的产品。这份产品甚至经常地胜过在外围猎的男子们的产品。妇女们的劳动所得相对来说有一定的保障，具有稳定性；而男子们的所得却无保障，常常是空手而归。这时，全社会的人就不得不靠妇女们的劳动产品来饱腹。这样，妇女们的地位无论是在妇女们自己的眼中，还是在男子们的眼中，都发生了变化。妇女们为自己能够向社会提供一份稳定的劳动产品而自豪，男子也因此对她们另眼相看。于是原始人中第一次出现了男女分居。西安半坡村遗址清楚地告诉了我们这一点：一条大壕沟围成的居住区，中间被一条小壕沟隔开，一边住着男子，一边住着女子。这时的男性就不能向群婚时代一样，逮住谁就与谁通婚了，而是要在得到女性的允许之后才能通婚；这时的女性也不再像过去那样与谁通婚都一样了，而是有所选择。这样一种社会状况使人逐渐萌发了最初的道德观念和羞耻心理，于是作为社会美的衣服——一块草帘或一张兽皮产生了。

通过以上分析，我们不难发现，社会美产生于社会生产力的发展，同时也是社会生产力发展的结果。每一种社会美，都可以通过这样一个考察过程，找出它的最终根源。原始人为了生存、发展，从事原始的生产劳动，面对恶劣的环境，靠打制的粗糙工具与自然抗争，获取生存的权力。原始人正是从生产活动本身及其产品（包括劳动工具）中直观到人的伟大的自由创造力量，从而产生欢愉的感情。在私有制条件下，出现了异化劳动，劳动者不是自由地发挥自己的智慧和潜能，而是在精神压抑、肉体遭摧残的情况下进行劳动创造的，就是在这样的情况下，劳动者仍然创造出大量表现出社会美的事物，如万里长城、金字塔等。随着人类社会的进步，在社会主义条件下，劳动不再只是谋生的手段，而是自由发挥、自由创造的充分表现，人的个性得到全面充分的发展，人类的实践活动本身必然会创造出更加灿烂的社会美来。

需要着重指出的一点是，生产力虽然是社会美的最终根源，但社会美作为社会意识，它同时要受制于生产关系，必须与相应的社会生产关系相一致。否则，称不上社会美。因此，同一社会中的不同人之间会有共同的社会美，不同的社会中会有不同的社会美。

这是因为，建立在一定生产力基础上占统治地位的生产关系的总和，构成这一社会的经济基础，而这一经济基础决定该社会的上层建筑。经济基础和上层建筑规定了这个社会形态中社会美的全部内容。这些内容，作为立法者和执法者的统治阶级不仅要大力倡导，而且将为这些内容的畅行于世大开绿灯。一个社会中，统治的思想就是统治者的思想，对于这种思想，被统治者只有服从的权利，这就是同一社会中不同的人会有共同的社会美的原因。

再者，社会形态的划分是以生产力发展的水平和生产关系的不同为标准的。就是说生产力和生产关系既可以决定社会形态，又可以规定社会美的内容。而且这种被规定了的社会形态和社会美是一致的、同步的，共处于一体之中。生产力和生产关系有相对稳定的状态，则受制于它的社会形态和社会美也有相对稳定的状态，一定的生产力和生产关系只能产生一定的社会形态和一定的社会美。生产力和生产关系处于发展变动之中，因而社会形态和社会美也随生产力的发展而发展，随着生产关系的变更而变更。社会以新的姿态出现于大地，社会美也将以新的容颜去适应新的社会。这就是不同的社会中存在着不同的社会美的原因。

虽然我们说不同的社会中有不同的社会美，但各社会间的社会美并非毫不相干。许多社会美要以以前的社会美为基础，并在此基础上丰富、扩大、深化。譬如孝子，恐怕任何社会也不会以不孝为美，不过封建社会中的孝与不孝是一种至关重大的道德问题，以至可以决定一个人的命运。而以后的社会，孝子的观念需要与别的观念结合起来，才能形成人的美，而且这时，孝的内容也已大大超乎了过去。对于这种继承关系，我们必须深入研究，否则就会混同两种不同的社会美。譬如传说中的大禹，当天下洪水成灾之时，他作为一个部落联盟长日夜奔走，不辞辛劳，为了公众利益，离开新婚的妻子，三过家门而不入。这种行为正是原始社会中共同劳动、共同分配、相互平等的社会关系的突出体现，因此大禹成为一个众望所归的人，成为原始社会中一个美的人。现在我们也要求领导干部深入基层，深入群众，但如果完全像大禹那样，恐怕不行。假若一个指挥战役的军长，离开指挥所冲上前线，那是不可取的。因为社会生产力与过去根本不同，社会分工也繁细得多，它要求每一个社会成员做好自己的本职工作，作为领导更重要的本职工作是安排部署、筹划方略，这样整个社会机器才能正常运转。总之，对于过去的社会美既不可采取历史虚无主义的态度一概否定，也不可全部继承、盲目提倡，而要历史地、辩证地对待。

三、社会美区别于其他领域的美的本质属性

社会美是美的本质的最直接的展现，是作为社会实践产物的美的最直接的存在形式，其区别于其他领域的美的本质属性有以下三点：

一是以“真”为基础，即社会美必须符合社会发展规律。社会美与社会实践直接联系，直接受社会生活、社会环境等各种条件的影响和制约，同一定时代、一定民族、一定阶级的政治理想、道德观念、生活习俗、文化背景直接联系，因此必须以社会发展规律为基础，体现其“真”。

二是以“善”为核心。这里所说的“善”不仅仅是伦理上的“善”，更主要的是指美学范畴的“善”，是泛指推动社会发展和进步的社会事物。这构成社会美的本质属性，离开了这一本质，便无所谓美了。因此社会美的本质就是善，虽然善并不等于美，但善确确实实是社会美的决定性因素。人们感受和评价社会事物、社会现象是否美，首先的也是最主要的，要看其内容是否富有生命力，是否符合善，是否对社会有益、有利，是否体现历史的发展和进步。

三是具有完美的形象。社会美除上述两个本质属性外，更重要的是社会美的存在形式。社会事物要成为审美对象，必须具有美的形式、美的形象。社会美的形象不同于自然美和艺术美的形象，它是以“真”为基础，以“善”为核心而构成的形式和形象。因此，看一个事物是否具有社会美，其关键在于它是否符合社会发展的规律和方向，是否符合人类的进步、生存和发展的趋势，是否符合先进阶级、人民大众的利益和愿望。凡符合社会发展规律、推动社会发展和进步、具有美的形式和形象的社会事物就具有社会美。以上三点正是社会美的本质所在。

四、社会美对社会的重要作用

社会美的本质特征在于它是人的本质力量在社会事物中的直接体现，因此，社会美对社会的重要作用不可忽视。

（1）社会美可以满足人的物质和精神需求

社会美是人类社会实践活动的直接体现，人们在劳动实践中，不但可以获得满足使用需要的产品，而且还可以在精神上产生愉悦感，在心理上得到一种创造的满足感，在情绪上出现激动、欢呼、雀跃的现象。如优异的学习成绩、试验成功、作品发表等，这些都是社会美对人的精神产生的巨大影响，给人带来的精神享受。劳动是人类获得物质资源的手段，当人们获得可预期的劳动成果时，便会获得一种内心的满足和精神上的愉悦，体会到生活的乐趣。

（2）社会美能提高人的文明层次

人类的生产劳动是社会美的重要内容，它不仅创造出了无比丰富的物质生活资料，而且为加强精神文明建设奠定了雄厚的物质基础。火的运用使人类从茹毛饮血的原始生活迈向文明；工具的制造生产，为人类生活开辟了更加广阔的领域；原始农业、畜牧业的发展，为人类生活提供了较为丰富的生活资料。随着社会的发展，生活范围的扩大，人类用自己的劳动创造出了丰富多样的物质财富，人们不仅要求满足一般的衣食住行等方面的物质需要，而且要求满足精神文化方面的需要。人们摒弃了那些低级趣味的娱乐，不断开辟新的、更加有意义的精神生活空间，开始欣赏高雅的音乐，开展健康的运动，以掌握科学知识为荣，并身体力行地去营造良好的社会风尚。因此，人类的劳动实践活动创造出的生活资料，既满足着人类对物质财富的需求，也为精神文明建设提供了充分的前提条件。

（3）社会美可丰富人的社会实践

人类的生产劳动，丰富了社会美的外延，新的劳动产品的产生，不断强烈地激发着人类的创造欲望，鼓舞、激励人们去创造更好、更新、更美的产品，去探求、开发、更新更尖端的领域。人类社会经历了石器、铁器、蒸汽机、石油、电子时代，每一种新型产品的出现，既是人类智慧的结晶，又是对人类才智的启迪。人类走出蒙昧的状态后，创造了文学、哲学、逻辑学、化学、物理、地质学等。随着科学的进一步发展，人类又开辟出了基因科学、生物科学等，构成了一个纵横交错的网状结构体系，对美的创造无穷无尽。

（4）社会美可以直接美化人的心灵、美化人的生活、美化人的环境、美化人和社会

自然美和艺术美对人和人的生活的美化，是间接发挥作用的。要较多地受到种种条件的限制，并且不可能随时随地地进行。社会美则不同，它无时不在，无处不在，并且时时处处都在发挥它的审美功能。只要有人，有人的活动，就会有社会美的欣赏和创造问题。只有认识社会美的不可替代的巨大的审美价值，我们才会自觉地去重视和发现社会美，孜孜不倦地去追求和创造社会美，我们对社会美的审美，才会自觉地、有效地进行。

第二节　社会美的特征

社会美是美学基本理论的一个重要范畴，作为美的存在的领域，在现代社会中，社会美这一范畴所代表或概括的，是具体生动的社会生活，是亿万普通人劳作追寻于其中的现实人生。作为现代艺术最深厚的基础和最富饶的资源，社会美不再寄托古代那种狭隘的直接功利的意欲，而是展现着深远的历史底蕴和真切的人生韵律。在广阔无垠的美的领域里，社会美是与社会实践联系最直接的、最动人心弦的美。因此，社会美的主要特征表现为以满足人的实践需要的善的内容为突出标志，是合规律性与合目的性的统一。同时，社会美随着社会实践的发展而发展，记录着主体实践的艰辛历史，凝结着人类历史斗争的痕迹。

一、社会实践的直接性

马克思说："社会生活在本质上是实践的。"在社会生活中，人类认识了许多物种的规律，同时对人类社会本身产生发展的规律性也有了科学的理解，并越来越自觉地把自身的长远目的和当前的具体目的结合起来，根据现实状况形成美好的理想，勾画出创造新生活的蓝图，充满对未来生活的想象。并经过社会实践，将理想转化为客观的生活形象，创造出社会生活的美。

社会美产生于社会生活并现实地存在着，有直接现实性，是鲜活而生动的审美对象。根据车尔尼雪夫斯基提出的著名的"美是生活"的命题，美是"应当如此生活"和使人"想起生活"的生活，除去其人本主义因素，赋予它历史唯物主义观点，这美就是根源于社会实践。

美来源于实践，一切美都与社会实践相联系，人正是通过各种各样的实践活动，才创造了物质文明的美，也创造了精神文明的美，离开了社会实践，也就无美可言了。但是，各种形态的美与社会实践的关系并不是完全一样的，它们存在着间接或直接的关系。比如，自然美与社会实践就是间接的关系。因为在人类出现以前，自然界中具有美的形式的事物就已经存在了，这些自然事物的美只是由于人类通过实践活动，改变了自然与人原先对立或无关的关系才显示出来的，因此显现为间接性的特点，尤其是那些未经人类改造过的自然物所显示的美，更是如此。而社会美与社会实践的关系是直接的。社会美直接产生于社会生活并直接接受社会生活、社会环境等各种条件的影响和制约，它不仅显示于静态的实践成果，而且还显示于动态的实践过程。比如，日常生活的美就产生并现实存在于社会生活之中；人际关系的美直接来源于人们的各种交往活动，在交往活动中体现出哪些语言、行为、思想是善的、美的，哪些是恶的、丑的。

从实践看，社会美表现为实践的直接性，自然美相对远离物质实践，而艺术美则是精神实践的产物。

社会美包括社会生活状态、社会主体、实践行为、实践条件（狭义的劳动物质条件）、劳动产品的美。社会生活本质上是实践的，首先，这种实践是物质性的，劳动产品本来就是“经过形式变化而适应人的需要的自然物质”。劳动条件也是如此，社会生活状态、社会主体、实践行为等同样是物质性的。其次，社会美与实践的关系又是直接的：劳动产品是生产实践的直接结果。劳动条件一方面直接影响着劳动效率，另一方面它本身也是通过物化劳动创造出来的。社会主体是实践活动的完成者，实践行为则是实践本身。

社会美与社会实践直接相联系。自然美虽然也与社会实践相关，但这种“相关”是比较间接、比较隐晦的。与社会美相比，自然美明显地远离物质实践。自然美包括宇宙太空、天文气象、山光水色、植物动物之美和人体美等。所谓“人对象化”“自然人化”只是说人能通过实践与整个自然界建立起对象性关系，并不是说对每一具体对象都进行直接的加工改造。太空与气象两个领域从总体上讲是人力所未及的；植物与动物虽然有人类劳动的部分痕迹（如驯养和种植），但它们的物种（族类）性质和外形特征并未因此而有根本性改变；被开发的山水景观总是留有人类加工的烙印，如庙宇、道路等，然而这些恰恰不属于自然美，园林正是由于人工而成而不能成为纯粹的自然美；人体美固然是漫长的劳动实践的结晶，但人作为“类的存在物”，其外在生理形式如肤色、身材、相貌等方面的状况，从总体上说是“天使其然”的。总之，自然美与物质实践的关系是间接的、远离的。

社会美与自然美不同，它与人类社会实践始终直接地联系在一起。它总是显而易见地存在于人的生产劳动、社会斗争和人与人之间的交往中。人们正是通过各种实践活动，创造了社会生活中各种形态的美。由于主客观条件的限制，人们能欣赏自然美和艺术美，却不能从事自然美的创造，也不一定能从事艺术美的创造。而对于社会美，人们则不仅能欣赏，而且还能参与创造。

艺术美在实践的直接性方面靠近社会美，它是一种直接的精神生产活动的成果。诚然，艺术创作也离不开物质，不但建筑用的土木、雕塑用的石头是物质，而且作为文学媒介的语言和作为音乐手段的音响也是物质。但区别物质产品与精神产品的依据，并不在于产品的存在形式而在于它的目的。物质产品是为了满足人们的物质需要，精神产品则是为了满足人们的精神需要，绘画中的苹果不能食用，雕塑中的奔马不能乘骑。因此，艺术活动是直接的精神实践活动。

人是社会的主体。社会的一切物质与精神财富，都是人的社会实践创造的。毋庸置疑，社会美是人为的产品，即是人的创造，亦即是人的智慧的结晶。埃及的金字塔，罗马的水道，我国的万里长城，哥特式的教堂，高大的宫殿，小巧的林园，无一不是人类社会实践的创造和人类智慧的结晶。而在工农业生产上，机器的采用，化学的应用，轮船的行驶，铁路的通行，河道的通航，大陆的开发，第三次工业革命，无一不表现为人的实践创造，开拓出人类初期难以比拟的领域，创造出自古以来所没有的内容更丰富、形式更精致的美。

在阶级社会里，社会美总是通过先进阶级和先进人物实践创造表现出来的。一切先进阶级及其先进人物因思想先进、性格刚直、志向远大、品质高尚、行动勇敢，故而能创造出历史的英雄事迹。而这些事迹又集中地表现了历史前进的方向，表现了先进阶级及其先进人物的历史力量，表现了一代英雄创造社会美的智慧和才能。

今天，人们通过社会实践创造了更新更美的时代。人造卫星的上天，宇宙飞船的归来，洲际导弹的越洋，电子计算机的普及应用，科学事业的迅猛发展，等等，充分表现了人特有的智慧和才能。人们为了美，为了美的生活、美的心灵、美的语言、美的环境而呕心沥血，不懈地奋争，不断地实践。可见，社会美离不开人和人的实践，是人的社会实践的直接产物。所以，社会实践的直接性是社会美的首要特征。

二、社会内容的突出性

任何事物都有自身的内容和形式。内容与形式是对立统一的，二者相互依存，缺少其中一方，另一方都不能独立存在。美的事物同样如此。任何美都是内容和形式的统一，但在不同的领域中，内容与形式的统一呈现出不同的结构，就使得各种美呈现出的形态的侧重点不同。一般说来，社会美偏重于内容，自然美偏重于形式，而艺术美则强调内容和形式的融合。自然美以其感性自由形式取悦于人，社会美则以其震撼人心的内容感染主体，给人以强烈的感人力量，体现出社会美的社会内容的突出意义。

社会美重在内容，主要表现在生活中的事物在内容上体现出来的美和劳动主体内心世界的美。例如古代壁画中很少见到鲜花，而多是狩猎、耕种的场景。在社会生活中，有些事物从外观上看并不美，但因蕴含着人的美好品德和精神而具有了审美价值，成为美的事物而被收藏、展出，甚至世代相传。如雷锋的千层底袜子，因为是雷锋生前生活的写照，所以成为极其宝贵的精神财富。人的美也是更注重人的内在美。美好的品质、心灵要比美丽的外表更吸引人，更长久地影响人。社会美具有明显的社会功利性，只有符合大多数人的利益，对人类社会的文明进步有积极的意义，这样的形象、产品和行为才会被认为是美的。

社会美的内容重于形式。如果一个社会事物徒有诱人的外观，而有碍于社会的进步，那就不能认为是美的。如前所述，社会美主要体现在人的社会活动之中，这种社会活动当然也是内容与形式的统一。所谓内容，主要是指它的社会功利性，亦即通常所说的“善”。社会美是以善为前提和基础的。一些人整天或庸庸碌碌，或游手好闲，于国于民无任何贡献可言，甚至做出危害人民的事情；相反，另一些人或为祖国的振兴付出自己全部心血和劳动，或为祖国的安全、人民的幸福献出自己的生命。对于这样一些社会活动，判断其美丑的标准，显然不是它们的活动形式，而是活动的内容，即这种活动是否有益于历史的进步、社会的完善。因此，善往往是社会事物美的尺度。

古希腊思想家亚里士多德说："美是一种善，其所以引起快感正因为它是善。"这作为一个原则，用以衡量社会美是正确的。我们可以说，社会美就是通过感性形式显现出来的，是有利于社会进步的"善"。

有利于社会进步的"善"，即人对社会实践的需要、目的和尺度。社会美侧重体现进步的目的性和倾向性，凝结着合规律性的社会历史内容，直接为一定社会、阶级的利益服务，因而往往体现为一种精神力量、思想风貌、道德风范，诉之于人的思想和心灵。比如，优秀的共产党员孔繁森的美，并不取决于他的相貌、身材，而是来自他的内在的光辉精神和优秀品质，以其荡气回肠的精神力量和崇高的思想品质，引发人内心情感的激荡，给人以美感与教益，这时社会美主要体现为一种内容的美。

社会美之所以重在内容，是因为它与人的本质力量直接联系在一起，它直接表现了人的本质力量。

社会美既要体现社会客观规律的历史必然性（真），又要反映出人对社会实践的需要、目的和尺度（善），是真与善的统一。但是，社会美是人工创造的产物，以满足一定的社会需要和一定阶级、阶层利益为目的，具有明显的社会功利性。与自然美和艺术美相比，主体的意志、要求、目的和利益表现得尤为强烈。在真和善中，人们更注重善。与社会美的内容相比，社会美的形式则往往是个别的、被限定的，不具有普遍性，因而也缺乏审美意义。这使社会美主要体现为一种内容的美。

美是一种价值。美对人总是有用的，然而，美的效用不在于经济实用，也不是纯粹的道德工具，它是通过愉悦人的身心、陶冶人的情操、净化人的心灵，达到提高生活质量，有利于个体自由、全面地发展的目的。善虽然不就是美，但它是美的前提、基础和内容，在社会领域，美与善是直接统一的。社会美是以善为前提和基础的。凡符合大多数人的利益，对人类社会的进步有积极意义的便是善，这种善在具体行为中表现为美的形象，雷锋助人为乐、艰苦奋斗、言行一致、公而忘私的行为是善的，因而雷锋精神是美的。

孔子说："质胜文则野，文胜质则史，文质彬彬，然后君子。"孔子的文质统一观就是内容与形式统一观。只有内容与形式和谐统一，才是一个完美的人。孔子所谈的是人之美，整个社会的美亦同此理。

在内容与形式的统一关系中，我们更重社会美内容的善。人类的社会实践是有目的的、自觉的活动，是为了满足特定的需要而从事的活动，这种活动及其结果的功利性就构成了社会美的基础。就社会总体而言，美在于符合历史前进的方向；就社会个体而言，美在于高尚健全的心灵和有益于社会公众的行为；就实践条件而言，美在于有一个有利于人们进行创造性活动和有利于人们身心健康的物质环境；就劳动产品而言，美在于能满足人们的物质需求。中西方的古代哲人所坚持的美善统一观大都是从社会角度着眼的。荀子认为，形相虽恶而心术善，无害为君子也；形相虽善而心术恶，无害为小人也。中世纪的哲学家托马斯·阿奎那也说，身体美在于五官端正和色泽鲜明；精神美和可敬的善是一回事。荀子强调人之美在于心术善而不在于形相善，托马斯·阿奎那则强调精神美有着与人体美不同的标准。

社会美以内容取胜，与社会功利有着比较密切的联系。比如，人的美包括外在美和内在美两个方面。外在美指人的相貌、体态、语言、仪表、风度等方面的美。内在美指人的心灵、品格、情操、智慧、情感等方面的美。这些从根本上来说都属于“善”的范畴。外在美当中的相貌、体态等形式美的因素，很大程度上取决于先天条件，语言、仪表、风度等则不仅与先天条件有关，而且与内在美有着密切关系。生活中有些人尽管在相貌、体态方面有所不足，却仍能给人以风度翩翩之感；相反，有些人尽管五官端正，举手投足却使人感到猥琐、粗俗，其道理就在于此。古代哲人说，“里仁为美”“充实之为美”“吾既有此内美兮，又重之以修能”，这些都是强调内在美亦即所谓“善”在社会美中的地位。社会美的这一特点，使得其内容比形式更具有突出意义。

三、社会生活的促进性

社会美以善为前提和基础。社会美具有有益于推动、促进人类自身的健康发展，有助于推动、促进社会进步发展的性质，这就决定了社会美的另一项特征：社会美对社会生活的促进性。

人类社会总是在前进着、发展着，人类自身又总是在这种前进与发展中逐渐地提高与完善着自己，所以，促进性也就作为人类社会赖以存在与发展的重要根据。任何一种社会，一旦停止了进步与发展，就必然要被新的社会所取代；人们的社会实践，一旦失去了它的进步性，也就失去了健康的善的性质，当然，也就必然会失去它的美学价值，从而遭受到人们的反对与唾弃；任何一种社会事物，一旦失去了它的进步性，失去了它的健康的善的性质，当然也就失去了它的美学价值和存在价值。所以，促进性也就为社会美的主要特征之一，这是早已为人类社会发展的历史所证实了的。

我们认为，社会美的促进性，既是由社会必须进步与发展的性质决定的，又是由社会美的质的规定性决定的。这就是为什么凡是阻碍社会进步与发展的，凡是损害人类自身的健康、进步与发展的，都会遭受世界各国人民共同反对的原因。这也就是为什么争取生存权、发展权，争取民主自由权利等，成为世界各国人民的共识；为什么反对贩毒、吸毒，反对污染环境、破坏生态平衡，反对恐怖活动，反对种族歧视，反对霸权，反对殖民统治，反对侵略战争，等等，成为世界各国人民共同愿望的原因。

所以，促进性是社会美重要的特征，否定了社会美的促进性，也就从根本上否定了社会美。

对现实生活而言，社会美不同于自然美的地方，就是它直接为社会生活服务。因此社会美对社会生活的促进作用尤为明显。

首先，社会美可以促进人的灵魂净化。社会是一个有机的整体，这个整体的中心，便是自然的、社会的、阶级的人。人的形体的美丑，对社会并没有直接的影响，人的精神的美丑，则关系到整个社会的命运。因为，每一个人都以社会一员的资格，按照自己所属阶级的意志，从事着改造自然、建设社会和创造生活的斗争。他们或是顺应着历史的潮流而战，把社会推向前进；或是逆着历史的潮流而动，妄图阻碍社会进步。社会美的重要作用，就是可以促进人的灵魂净化。因此，社会美实际上就是心灵美、精神世界的美。它同性格美一样，同属于内在美的范畴。它既包含着美的思想，又包含着美的情操，合二而一便是美的德行。凡是有利于人民群众社会生活的德行，都叫作心灵美。

心灵美亦可称为心灵善。从特定意义上说，美与善是合二而一的。在古人那里，甚至视美善为一体。人的所思所想，凡不符合道德规范的，便不可能是美。一个好逸恶劳的懒汉，一个利己主义者，一个丧失人格和国格的人，其德其行必然是丑的；反之，一个勤奋好学、刻苦上进的人，一个大公无私、舍己为人的人，一个为国为民捐躯的人，其德其行必然是美的。所以，美与善是合二而一的。

诚然，美与善是一对孪生的兄弟。美则善，善则美。而由善进到美者，乃是美的最佳境界，这是人所向往和追求的。历史上许多志士仁人，都为追求这种境界而献出了自己的生命。他们的思想和作为，可谓达到了最佳境界。他们不仅无愧于“我是人”“我是中国人”这个伟大而光荣的称号，而且唱出了人是“宇宙精华，万物灵长”这支崇高而神圣的赞歌，从而把美与善推向了高度的统一。

当然，美与善毕竟还是有区别的。美大于善，此乃美与善区别之所在。这是因为，美不仅存在于社会生活之中，而且存在于自然事物之中。而善则只属于社会范畴，只存在于社会生活之中。美善合二而一，便是“尽善尽美”。一个人只要有“尽善尽美”之心，则必有“尽善尽美”之行。而人，一旦达到了这个程度，则无疑是一个心灵完美的人了。社会美可以帮助人们进入心灵美的境界。

其次，社会美可以促进社会风气的净化。社会生活如何，取决于人的精神的美丑。一个社会是正气一统天下，还是歪风四处横行，关键取决于人风如何，特别是取决于占统治地位的阶级的风气如何。如果人风正、阶级风正、党风正，那么整个社会风气必然是正气凛然、廉洁奉公、歌舞升平；反之，社会风气必然不正。社会美的重要作用，正在于可以促进社会风气净化，以美克丑，以正压邪，以光明驱逐黑暗。这样，作为社会的一员，也就会力求不仅要心灵美，而且还要行为美。

人类的生活经验证明，行为美源于心灵美。美是行为的外观，善是行为的灵魂。一个人的行为美不美，取决于他的心灵善不善。心灵善则行为美，行为美必心灵善。美显善和善寓美，乃行为美的一大特点。这就是说，美以善为内容，善以美为显现。美摆脱不了善，善也离不开美。行为美便是这种美与善的统一。无论是崇高的行为，还是平凡的行动，只要是体现了美与善的统一，便都是行为美。

事情正是这样，伟大出于平凡，崇高出自优美。伟大或崇高的行为，更富有美的力量，更富有美的社会价值和历史影响。历史上许多志士仁人的行为之所以那样长久地掀起人的情感的波澜，吸引并鼓舞人去追求真理、探索人生、开拓生活，就在于他们的行为具有极大的影响。历史人物的行为，不论是悲壮、崇高或慷慨，还是镇定、刚毅或从容，都给后人留下极大的美的价值，写下了极其光辉的历史篇章。假如每一个社会成员，都能热爱祖国和人民，专心专意地实施美的行为，那么整个社会则必然“春风得意”，助人为乐将蔚然成风，呈现出一片蒸蒸日上的景象。也只有到了这时，整个社会风气才能净化起来。

再次，社会美可以促进生活的美化。人类的社会生活是多方面的。人作为社会生活的主体，总是生活在错综复杂的社会关系之中。人的思想、性格和精神的美丑，直接影响到整个社会生活。如果人的思想是健康的，性格是光明正直的，精神是纯洁高尚的，那么社会生活则必然是充足的、健康的、有活力的；反之，如果人的思想、性格、精神是丑的，那么社会生活则必然是阴暗的、颓萎的、有害的。社会美的重要作用，正在于它直接荡涤污泥浊水，抵制一切歪风邪气，扶植健康的生活习性，丰富和美化社会生活，而使整个社会生活生机勃勃、积极向上。

最后，社会美还可以促进我们生存环境的优化。环境是人类生存的空间或场所，它既包括自然环境，又包括社会环境。人们要发展精神文明，促进一代人健康成长，保证人民身心健康，特别要有一个美化的环境。这既要靠大自然的“恩赐”，更要靠人类自己的努力。社会美的作用就在于提高人们的环保意识，提倡人与自然的和谐相处，通过自身的努力，绿化祖国，装点河山，打扮住宅，力求环境优美、多样与和谐，保护自然生态平衡，维持大自然肌体完美。

总之，社会美可以直接地为社会生活服务，在社会生活的一切领域里，要最大限度地发挥其促进作用。而这种作用是通过人的作用实现的。人通过社会生活创造了社会美，反过来又以社会美促进社会生活，即在创造物质文明的同时，还特别致力于精神文明的建设，特别是创造美的心灵、美的行为、美的环境、美的语言及美的情操。

四、审美评价的差异性

与自然美相比，社会美更直接依赖于社会历史条件。社会美总是同一定的社会历史条件相联系，受社会历史时代的影响和制约，对社会历史条件、科技水平、时代风尚、生活习俗有较强的依赖性，随着时代的变革而变化，随着历史的发展而前进。因为社会美的内容直接就是人们在当时当地的社会生活，这就使得社会美必然具有它那个时代的经济、政治、文化、民族和阶级的烙印，从而使不同时代、不同阶级、不同民族的人对社会美的评价产生差异。

（一）社会美的阶级差异

历史一再表明，社会的主体是人，因而人是社会的人。在阶级社会，人又是阶级的人。人与人之间的社会关系总是受一定阶级关系的制约，因此，社会美往往带有强烈而鲜明的阶级色彩。在阶级社会中，社会美主要是由这一社会的统治阶级决定的；

而社会美的发展趋势，则是由代表历史发展方向的阶级所规定的。后退的、逆历史潮流而动的阶级，是要干扰和破坏社会美的发展的。同一时代、同一民族，因阶级的政治目的、经济地位、社会利益、思想感情的不同，导致审美态度、审美情趣、审美意识不同，审美主体对美的评价标准也不同。劳动者以健壮为美，王孙贵族以纤手细足为美。由于阶级的对立，在欣赏社会美时，不免要把本阶级的立场、观点、伦理态度渗透其中，来判别事物的美丑。一般说来，社会现象、社会事物，如果体现了先进阶级的利益和愿望，那它就是真正美的；反之，就是真正丑的。人类历史上一切反抗剥削阶级统治的政治斗争之所以是美的，就是因为它代表了劳动人民的根本利益，反映了劳苦大众的美好理想。而历史上那些腐朽没落的统治阶级为维护其反动统治而对人民进行镇压、剥削之所以不美，是因为他们违背了劳动人民的根本利益和愿望。

在阶级社会中，阶级性是人的社会属性中最重要的属性，不同阶级有不同的阶级利益、不同的立场观点、不同的爱憎标准、不同的审美理想与审美情趣等。因此，从不同的阶级利益、阶级立场、爱憎标准和审美观念出发，对社会美的认识、评价必然是不同的，对人的思想、品德、行为和人与人之间的关系等的看法也必然是不同的，甚至是针锋相对的。比如，古罗马时期，贵族奴隶主们强迫奴隶们进行毁灭性的角斗，以观赏奴隶们的相互残杀和他们死亡前在血泊中的挣扎为乐。这种极野蛮残忍的取乐法，对于角斗士和广大的奴隶们来说，当然只有恐惧、咒骂与仇恨了。

又如，唯利是图、巧取豪夺的思想与行为，对于具有高尚的社会主义道德情操和具有为人民服务思想的人来说，总是鄙弃与否定的。因为这是损人利己、自私自利的不道德的思想与行为。但是，对于具有“资本主义和封建主义腐朽思想”的人来说，唯利是图却是天经地义的事。在他们看来，善于巧取豪夺者，善于投机钻营者，才是世间的强者、美者，才是令人羡慕的英雄人物。社会美的阶级性就是这样鲜明。

今天，在我们的社会里，那些真正忘我地为祖国的振兴大业贡献一切的人，那些为改革开放奉献智慧与才能的人，那些为了保卫祖国、保卫社会主义建设而战斗以至牺牲了宝贵生命的指战员们，那些为了保卫国家财产和他人幸福、安全而与歹徒搏斗以至献出生命的人，那些勤勤恳恳努力工作的人，都是我们社会公认的最高尚、最美的人。

（二）社会美的时代差异

从历史观点看，社会美具有鲜明的时代性。社会美的鲜明的时代性导致不同时代对社会美的审美评价产生差异性，而且时代性越鲜明，其审美评价差异也越大。

列宁指出：“判断历史的功绩，不是根据历史活动家有没有提供现代所要求的东西，而是根据他们是否比他们的前辈提供了新的东西。”① 不但历史活动家是这样，整个社会也都是如此。历史唯物主义原理告诉我们，特定社会的美丑只有从其历史地位

① 《列宁全集》（第2卷），人民出版社，1959年版，第150页。

和作用中才能鉴别。封建社会取代奴隶社会，资本主义社会取代封建社会，都是新制度战胜旧制度的胜利，也是美对丑的胜利。在同一制度中，社会也呈现出阶段性的变化，奴隶社会、封建社会的初始阶段和鼎盛阶段都曾推动过历史前进，促进过生产力的发展，因而在当时具有美的品格；但在它们趋于没落时，则阻碍历史前进，遏制生产力的发展，又进入丑的阶段。

处于不同时代的社会，其生产力的发展程度是不同的，人们的社会关系、社会生活方式和社会的风俗人情等都是各具特色，不尽相同的。与此同时，人们的审美观念、审美理想与情趣等亦是不尽相同的。所以，社会美总是因社会所处的时代的不同而有不同的表现，社会美总是带有自己的时代色彩。

（三）社会美的民族差异

社会美与各民族的生活休戚相关。不同的民族具有不同的民族历史、文化、传统、生活习俗、道德观念，具有不同的民族精神、民族性格。每个民族都有自己生存、繁衍、发展的历史。而且，不同的地域、自然条件和不同的社会环境又使各民族具有不同的生活方式，形成了各民族独有的审美心理、审美习惯、审美理想、审美标准、审美观点、审美情趣，从而，使社会美表现出了很强的民族性。无论是社会制度、风土人情，还是服饰饮食，都带有明显的民族特点。这种不同的民族特点，在社会美方面就会产生不同的表现形态和不同的审美评价。

歌德曾讲过："中国人在思想、行为和情感方面……比我们这里更明朗、更纯洁，也更合乎道德……请你说一说，中国诗人那样彻底遵守道德，而现在法国第一流诗人却相反，这不是极可注意吗？"① 这正是不同的民族传统、不同的民族道德观和审美观在文学上的具体反映。同样，丹纳在《艺术哲学》一书中非常具体地比较了日耳曼民族与拉丁民族不同的民族特性，这种不同的民族特性决定了这两个民族对社会事物的美丑评价是极不相同的。丹纳指出：在德国，风流的行为并不光荣，便是在大学生中也如此。但在拉丁国家，风流是可宽恕的或可容忍的，有时还受到赞许，婚姻的约束和夫妇生活的单调似乎很难忍受。

在西方，特别是法国，女性以腰细为美；在缅甸北部一个部族，女性以脖子长为美；在汤加，女性肥胖而且脖子短才算标致；尼日利亚东北部伊博族的少女还必须"催肥待嫁"，自愿关在茅屋里一年，像填鸭似的大量进食，不胖就找不到好伴侣；在大洋洲有个岛屿，女性以耳朵拉得长为美；在非洲的本戈部落，女性以在鼻中膈、耳朵、嘴唇上穿孔带金属圈环为美；在我国，从56个民族各具特色的服饰打扮上，也可看出社会美的民族差异。以上这些差异均是地理环境、经济条件、民族习俗、文化传统及道德宗教观念等影响的结果。

---

① 爱克曼辑录：《歌德谈话录》，朱光潜译，人民文学出版社，1978年版，第112、113页。

第三节 大学生怎样进行社会美审美

一、社会美的基本内容

社会美的内容丰富多彩，社会美的表现不一而足，可谓千姿百态，现择其要者而言之。

（一）人的美

人是万物之灵，人是社会的核心，所以人文主义者认为人的美是美的最高形态，是社会美的核心。费尔巴哈曾经这样说过：世界上没有什么比人更美丽，更伟大。车尔尼雪夫斯基也认为，人是地球上最美的物类。

在社会美中，人的美是社会美的集中体现。因为人是社会实践的主体，所以，人的美在社会美中占有核心地位。人的美包括外在美和内在美。外在美即人体美。人体美介于自然美与社会美之间，主要是自然美。内在美又称心灵美、精神美，是一个人内心世界的美。

形体美与心灵美是两个内涵不同的概念。两者是对立统一的。这里，就其对立的一面而言，两者不能相互代替；就其统一的一面而言，两者又各以对方为自己存在的前提，失去一方，另一方就不存在。

此外，还有一种情形，就是"诚于中而形于外"。内容总是通过形式而表现出来的。形体美，精神也美，这是人们所追求的。但是，形体不美而精神很美，这也是常有的事情。因为，他可以通过自己的语言和行动，展现美的精神世界，以内在美压倒外在美，以精神美弥补形体之不美。这样，人的美能以自己美的光辉，高高地照亮他人的生活道路。相反，形体美而精神很丑的人，则是不足称道的。所以，内容胜于形式，精神胜于形体，内在胜于外在，这是社会美一大突出的特点。人们只有在坚持两者统一的基础上，既注重内在美的修养，又注意外在仪表的检点，才能把自己锻炼成内外皆美的人。

（二）劳动美

劳动美是人们在生产劳动中形成和表现出的美。劳动美是社会美的最基本的内容，人的自由、自觉的创造活动及才能、智慧、品格、意志、情感等本质力量最直接、最集中地体现在生产劳动之中。马克思主义认为，劳动创造了美，劳动首先使劳动自身成为审美对象，使劳动过程、劳动工具、劳动场面、劳动产品成为审美对象。人类的生产劳动作为调节人和自然关系的感性活动，是合目的性和合规律性相统一的活动，是显现和外化人的本质力量的活动，也就是创造美的活动。随着社会历史的不断进步，劳动美的真正美学性质才会完全恢复，生产劳动美才会摆脱一切束缚，充分展现和发展起来。在社会主义，社会劳动已成为一种需要，人们比以往任何时候都更深刻地感受到劳动本身的美，包括劳动过程、劳动环境、劳动工具、劳动组织、劳动产品、劳动成果及劳动主体——劳动者自身的美。

唯物史观告诉我们，劳动是造就人的最基本的方式。劳动创造了美，创造了世界。认识劳动的价值和意义，认识劳动和审美的辩证关系，养成热爱劳动和尊重劳动人民的心理与习惯，这是审美教育的关键一环。人的心灵美不美，在对待劳动的态度上，可以划出清晰的界限。马克思早年就谈过深入工人群众的感受，他说："人与人之间的兄弟情谊在他们那里不是空话，而是真情，并且他们那由于劳动而变得结实的形象向我们放射出人类崇高精神之光。"① 这就是劳动的结果。劳动的动作是美的，劳动的产品是美的，劳动者自由劳动的心情是美的，劳动者之间的关系是美的，劳动所铸造的劳动者对世界和人生的观念也是美的。诚如恩格斯所说：当生产劳动不再是奴役人的手段，而成为解放人的手段的时候，生产劳动就从一种负担变成一种快乐。

劳动美尤其存在于人们的创造性劳动中。劳动创造了美。创造性生产劳动不仅生产着审美客体——为社会所欢迎的产品或服务质量，而且完善着审美主体——探求科学知识的欲望，对生产技艺精益求精的进取心，征服自然、排除困难的坚韧意志和团结互助的集体主义精神。随着社会物质文明和精神文明的发展，劳动将不再仅作为谋生手段，而成为人们的生活要素，那时生产劳动过程的审美作用和审美价值将会被提到一个更新的高度。

（三）交际美

马克思指出，人的本质，在其现实性上是一切社会关系的总和。人们在物质生产和其他社会活动中，结成一定的社会关系。这些社会关系，形象地展现着的人与人之间的交际形态，也具有审美的意义。因此，人的交际活动从某种意义上来说也是一种审美活动。

交际美常通过两个层次表现出来。

一般层次：指纯洁的感情、和睦的家庭、真挚的友谊、和谐的同事关系等，表现为人与人之间以诚相待、彼此关心、互相尊重，使交往的双方在情感上感到愉悦、温暖，在精神上得到满足。

高级层次：指能显示出促进人类进步、推动历史前进的伟大力量，如民族间的友谊、国家间的外交关系等。

人要生活就要与人交往，就日常生活而言，一般交往关系大多是母子、夫妻、兄弟姊妹、同志、朋友、师生等，这些关系体现出来的诚信、互助、礼仪、幽默、合群等良好的精神风貌和意志行为，即是一种交际美。

1. 诚信

"君子诚之以贵"，坦诚相待，是人际关系美的前提和基础。只有诚，才能够敞开

---

① 《马克思恩格斯全集》（第42卷），人民出版社，1979年版，第140页。

内心世界，让人审视、了解，获得信任和支持。只有诚，才能“和气、悦色婉言，使父母兄弟间阂两释，意气交流”。在人际交往中，切不可三心二意、表里不一、圆滑应付、虚情假意，更不能相互利用、相互算计。

交往还贵在守信，取信于人。“信”是做人的起码条件，言而无信，则真诚、信任、互让、谦虚、忠心都是一句空话。曾子说：“吾日三省吾身：为人谋而不忠乎？与朋友交而不信乎？”今天，时代不同，“信”的具体内涵有所变化，但取信于民，取信于友，信誉第一，仍然是人类生产、生活的准则，也是判断人的交际行为美与不美的一个尺度。

2. 互助

人际关系离不开交往。交往意味着相互交流、交换。而交流、交换需要的是互助，互助才能互补，互补才能互进，这是交际美的良性循环和良性发展。

互助首先意味着爱和奉献。爱是思想，奉献是行动，爱得越深，奉献得就越多。在人际交往中，人人都有爱心，人人都讲奉献，就能形成一方有难八方相援、互助互爱的风气，创造一个充满爱心、温暖、关怀的社会环境。

互助既有思想上、情感上的互助，也有利益上的互助。思想互助，即思想的相互交流、相互沟通。有了交流和沟通，心理距离才能缩短，人际关系才得以和谐。情感互助，重在情感交流、心灵互通。无论是金兰之交、莫逆之交、忘年之交、患难之交，还是生死之交，都离不开一个真实的情感感应和共鸣。当他人生活上有困难，或遇到天灾人祸时，不仅需要道义上、情感上的抚慰，而且更需要物质上的帮助，从而切实解决实际困难。从这个意义上说，物质互助是思想和情感互助的一种具体体现。我国的“希望工程”就是思想互助、情感互助、物质互助的一个范例。

3. 礼仪

讲求礼仪是交际美的重要内容。礼仪的内容，包括仪表、仪态、仪式和礼节。仪表指一个人穿着打扮适应特定的礼仪规范和场合的需要。仪态是人的言谈、举止、表情显现的交际姿态，它是人心灵的折射，反映交际者的姿态、动机、文化、修养和气质。一个态度诚恳而坦率，言谈得体而高雅的人，仪态会彬彬有礼，其显示出的交际美受人尊敬、喜爱。而言谈粗俗虚伪，举止鲁莽，则会令人反感，惹人憎厌。仪式和礼节具有时尚性、民族性、地域性。在处理人际关系时，特别要熟知各国、各民族、各地域的仪式和礼节，以及其中所象征的深层意义，否则就会在无意间造成感情伤害，不利于与他人友好相处。所谓“入乡随俗”，就包含有尊重所在地人们礼俗的意思在内，不可不慎。

4. 幽默

富有幽默感的人，在交际中备受人们的喜欢和青睐。幽默，不仅能显示人的智慧，而且能创造轻松、谐趣、和谐的交际氛围。幽默，不仅能令人欢笑，而且在欢笑中能得到深刻的哲理和启迪。当然在展示自己幽默的交际美的时候要注意幽默对象，尤其要注意对方的性别特征，如果男性所面对的是一位温婉、优雅、娴静、娇柔的女子，那么，那种“荤段子”幽默，就不仅不会给人以幽默的交际美感，而且有损于自己的形象。因此，必须注意对方的性别、职业、文化、年龄等特征，方可发挥自己的幽默感，给对方带来愉悦。

5. 合群

“合群”既不是简单地从众，也不是八面玲珑，随波逐流，而是指善于在群体中既发挥自己的能力所长，显示自己的个性意识，又有益于他人，有利于群体的团结和进步；既善于调节群体与自己的关系，又善于调节群体中个体与个体的关系。合群首先要能与群体共乐，以群体之乐为乐。其次要热爱集体，热爱大众，与群体共甘苦，同忧戚，心相通，情相连，绝不离群索居。最后更需要为群体谋利益，个人利益服从集体利益。因此，合群绝不是结帮派，拉团伙，图谋小集团利益。合群作为交际美，根本上是一个人公德心、公益心、事业心、责任心的一种体现，有鲜明的道德内涵。因此，一个人要做到合群，就不能以自我为中心，自我封闭，也不能自命清高，凌驾于群众之上。

（四）环境美

环境美是人们赖以生存和发展的周围空间条件的美。广义上的环境指一个国家、一个民族乃至整个人类的自然环境和社会环境。狭义的环境指个人、家庭、集体生活的环境。

环境美是美的重要领域。环境美的形成，一方面出自“天工”，一方面出自“人为”；一方面以物质文明为基础，一方面以精神文明为灵魂。一个由物质文明与精神文明合成起来的环境，对于人类生存和发展的影响之大、之深、之远，是难以用语言完全概括的。

环境美的突出特征主要有两点：

一是整体和谐性。环境美作为一个整体的存在，乃是由其内部各个部分组成的。各部分协调配合，多样统一，在组合关系上服从统一的要求，为达到总体效果服务。其中，如若有一处乃至一物不协调，都有可能破坏环境的整体美。大环境有大的整体协调美，如一个景区、一个城市；小环境有小的整体协调美，如一个庭院、一个居室。

二是主体参与性。环境美要求公众即观赏者积极参与，融主体于客体之中。如果说对其他审美对象的欣赏是将对象置于观赏者面前，那么，对于环境美的欣赏则要求欣赏者置身于审美对象中。例如，对山水画的审美可以将画卷展开随意观赏；而对作为环境山水景观的审美则必须登高山、临沧海，身临其境，置身于山水景色之中。

马克思主义认为，人创造环境，环境也同样创造人。这就是说，人通过社会实践改变和创造着环境，同样，人改变和创造的环境也在改变和创造着人自身。环境对于人有相当大的影响，而人反过来同样地可以在改造环境中起着能动而积极的巨大作用。从环境对人的影响来看，自然环境能陶冶人的品格情操，影响人的身心健康；社会环境不仅能规定人的实际生活（包括人的行为），也能影响人的精神状态，影响人的心灵，影响人的审美理想，等等。

环境美同其他领域的美一样，实质上是人的本质力量的对象化，是人的聪明、才智、力量、灵巧、创造力在对象物上的感性表现。它是人创造的，是人的“自觉的创造性活动”的产物，是高素质的人创造的结果。因此，环境美既是精神文明的标志，同时又是精神文明的表现。环境美必须由精神文明作支撑、保证。环境美的创造是如此，环境美的欣赏是如此，环境美的保持也是如此。

（五）饮食美

饮食美是指饮食物品和饮食活动的审美属性，是食品、食器及饮食活动中各种美学因素或相辅相成，或相反相成而呈现出来的美，是食品美、食器美、烹饪美、食境美、食仪美的统一，它是社会进步、社会文明的重要标志之一。美的饮食可以提高饮食者的食欲，并使饮食者在饮食过程中享受到乐趣，培养人们的审美情趣。

我国饮食之美历史悠久，内容丰富，甲于天下。

1. 食品美

饮食美首先是食品本身的美。饮食先要满足人们的生理需要，即人体对水、糖、脂肪、蛋白质等营养的需要，同时还要求色、香、味、形俱佳。我国诸多风味各异、色彩纷呈的佳肴，无疑具有很高的审美价值。它们不仅融会了绘画、雕刻等艺术表现手法，还通过烹调技术所特有的手段，使之成为具有审美与食用双重属性的艺术作品。

食品美，美在色、香、味、形、质等俱佳。这意味着，一件美的食品，色要悦目，香要纯和，味要适口，形要和谐，质要上乘。质佳，是色、香、味、形的基础。因为食品之美，第一要务是它的可食性，能食，才可以要求“食不厌精，脍不厌细”。我国食品中的工艺菜或礼品性糕点之类，可以说是食品美的典型体现；而我国食品中的许多菜谱名称诸如“素什锦”“烧三鲜”“翡翠汤”等，也无不充满了美学意味。

2. 食器美

饮食美其次是食器的美。清代著名诗人袁枚，是当时的烹调爱好者。他纵观古来美食与美器的发展史后，叹道：“古诗云：‘美食不如美器’，斯语是也。”并说，菜肴出锅后，该用碗的就要用碗，该用盘的就要用盘，“煎炒宜盘，汤羹宜碗，参错其间，方觉生色”。这无疑是对美食与美器关系的一个精练总结。食器是人类脱离动物界的一个标志。饮食美要求饮食器具与食物的美相协调，器具的造型、色彩、线条，都应具有审美价值，使之成为可以观赏的艺术品，令人产生美感。

中国古代特别讲究食器的质地、造型、图案、色彩。一般多用金银、玉石、象牙、玛瑙为原料，造型精美，色泽优雅华丽，外形装饰图文并茂，做工精细考究。据说，清代最高级的国宴——满汉全席使用的银制餐具多达 404 件，外形各异，有的仿食物形象制作，如鱼、鸭、鹿头、寿桃、瓜、琵琶等形状，形象逼真，栩栩如生。这些华贵考究的美器虽是中国封建统治阶级地位尊贵的一种象征，但显示的却是劳动人民非凡的创造力，因而也是食器美的重要内容。在较为大众化的食器中，中国的陶瓷制品所显示的美，则具有代表性。景德镇的瓷具、宜兴的陶具，都是人们所熟悉的。就形状而言，平底盘是为爆炒菜而来，汤盘是为溜汁菜而来，椭圆盘是为整鱼菜而来，深斗池是为整只鸡鸭菜而来，莲花瓣海碗是为汤菜而来，等等。如果用盛汤菜的盘盛爆炒菜，便收不到美食与美器和谐搭配的效果。菜肴与器皿在色彩上要和谐。一般来说，冷菜和夏令菜宜用冷色食器；热菜、冬令菜和喜庆菜宜用暖色食器。但是要切忌“靠色”。例如，将绿色炒青蔬盛在绿色盘中，这样既显不出青蔬的鲜绿，又埋没了盘上的纹饰美。如果改盛在白花盘中，便会产生清爽悦目的艺术效果。再如，将嫩黄色的蛋羹盛在绿色的莲瓣碗中，色彩就格外清丽；盛在水晶碗里的八珍汤，汤色莹澈见底，透过碗腹，各色八珍清晰可辨。中国名菜“贵妃鸡”盛在饰有仙女拂袖起舞图案的莲花碗中，会使人很自然地联想到善舞的杨贵妃酒醉百花亭的故事。“糖醋鱼”盛在饰有鲤鱼跳龙门图案的鱼盘中，会使人情趣盎然、食欲大增。因此，要根据菜肴掌故选用图案与其内容相称的器皿，使一席菜所使用的食器搭配和谐。

在饮食美中，食器的作用不仅在于衬托美食之美，还起着渲染宴席气氛、展示主人社会地位和文化修养的作用。

3. 烹饪美

饮食美还表现在烹饪美上，中国烹饪技艺种类之多、之细、之严、之精在世界上独树一帜。从宏观分析，有烹制法种种，如加工火候、原料成形、调味、雕刻拼摆及红案、白案等技艺。从微观考察，仅烹制就分有烹、炸、炒、滑、爆、炖、焖、煨、烧、扒、煮、汆、煎、贴、蒸、烤、涮、熬、拔丝、蜜汁、瓤、焗、炮、拌、腌、卤、冻、酥、熏、腊、酱、挂霜、过油、走红、焯水、勾芡、制汤、挂糊、上浆等50多种。以烧为例，又有红烧、白烧、葱烧、酱烧、生烧、熟烧、干烧等，不一而足。烹饪技艺之美，反映的是人的智慧、才能、技巧的美。达到高度熟练的烹饪技法与技巧，便如庄子在“庖丁解牛”中所言“进乎技矣”，能“合桑林之舞，中经首之会”，本身已成为一种艺术美。

4. 食境美

饮食美还包括饮食环境的美。饮食要有舒适、优雅的环境。餐厅的布置，餐桌的摆排，桌布、餐巾的搭配，灯光的使用，以及乐曲的选择，等等，都应精心设计，以加强饮食美的魅力，使饮食者享受到生活的乐趣和美感。

舒适、整洁、美观、高雅的饮食环境，不但与美食相应，能使人更好地享受饮食之美；而且其格局、格调、档次、装饰能够充分显示出食者的地位、修养，折射出时代和民族特色。饮食环境还是无字无声的自我设计、自我宣传的广告。风靡世界的麦当劳特别注重饮食环境的美，为此不惜工本、精心设计，营造出一个光线柔和、服务亲切、餐具清洁、桌椅雅致的环境美，以此吸引了众多的顾客。

5. 食仪美

食仪美是饮食过程的美，包括饮食的节奏之美，共同进餐的人在饮食过程中所表现出的礼仪、风度之美，饮食过程的融洽、欢愉之美等。

在饮食活动中首先是食态要端庄，即人们通常所说的“吃相”要好，文明进食。在餐饮时，大声咀嚼、举箸乱点、敲碗含筷等是不文雅的行为。其次要谦让，敬老尊老，客随主便，主随客便，有序有礼。再次，要惜食缓食，注重健康，不可浪费。

饮食美作为满足人的生理和精神需要的手段，超越了生理和功利的需要，而成为审美的对象。饮食审美活动的过程实际上是人们通过其自由自觉的餐饮生产劳动将其本质力量物化到食品的过程，食品成为表现人在餐饮生产劳动时的过程的载体。对饮食美的观照、欣赏实质上是人类在自由的、有意识的餐饮生产实践中，看到了自己无限创造的能动性，看到了自己的力量、智慧和才能的实现，而引发其对人类创造力的感叹，产生了无比的喜悦和获得了精神上的满足。

（六）变革美

变革美指人们在从事推动历史前进的变革活动中体现出来的美。

变革美在不同的情况下以不同的形态表现出来。历史的发展，人类文明的进步，走的是一条布满荆棘的路，广大人民群众及其代表人物的进步要求与当时这种要求的不可能实现的矛盾冲突，使得一些重大的历史事件带有悲剧性的变革美；而当新的社会制度代替旧的社会制度、新生力量战胜腐朽力量时，则会使其中一些历史事件或人物带上喜剧性的变革美。属于前者的有法国资产阶级大革命、巴黎公社起义、戊戌变法、辛亥革命等。而“三座大山”的推翻、新中国的成立等，则属于后者。

二、大学生如何培养和提高社会审美能力

当代大学生面临着五彩缤纷的社会环境。市场经济的初步建立，多种所有制下的多种分配方式的并存，使价值评价和价值取向出现多样化，同样也使大学生的审美追求多样化。同时，网络时代的文化信息越来越广泛，价值选择的空间越来越大，观念标准也由单一走向多样化。但是由于大学生的自我意识尚处在开始和形成阶段，缺乏社会阅历，被誉为“生活在象牙塔里”的“新新人类”，许多时候尚不具备去伪存真的审美慧眼，因此，作为明天社会的栋梁，新世纪中华崛起重任的承担者，有必要提高自己的审美能力，以培养美的心灵、塑造美的仪表、践行美的行为、完善美的人格等。

（一）培养心灵美

社会美来源于人类改造世界的一切活动，包括人类的实践活动、实践成果、实践主体（人）的美。就大学生而言，其日常生活、爱情、友谊及同学之间的人际交往、校园文化活动等都属社会美的范畴。心灵美是社会美的最高表现形态，它以“善”为突出标志。德国著名诗人海涅这样说：“在一切的创造物中间，没有比人间的心灵美更美好的东西了。”就大学生而言，心灵美集中地表现为有理想、有道德、有文化、有纪

律这四个方面。美好心灵的核心是美好的理想。美好的理想不是一些华丽词藻的堆积，而是在实践中表现出来的一种富有生命力的形象。“铁肩担道义，妙手著文章”的李大钊就提出“人生最高理想，在求达于真理”。他在少年时就发出了疑问：“为什么洋人在中国横行霸道?”“为什么穷人没饭吃、没衣穿?”他号召“有精神、有血气、有气魄、有胆略之青年”，应“与四亿同胞发奋为雄”，去创造“我理想之中华”。中国现代革命史上第一次伟大的思想解放运动——新文化运动，李大钊是主要发起人之一。十月革命胜利之后，在艰难曲折的道路上探寻救国真理的李大钊终于找到了马克思列宁主义的真理。他以极大的热情来研究、介绍和宣传马列主义。1921 年 7 月，中国共产党成立了，李大钊是党的主要创始人之一，这年他刚满 32 岁。

作为当代的大学生，刻苦学习、遵守纪律、积极参加集体活动、养成良好的生活习惯……这些都是大学生心灵美具体而富有生命力的感性形象。大学生塑造心灵美，就是要按照“四有”的要求，完善自己的内心世界，高扬起人生理想的风帆，以高尚的品行赢得社会和同学的尊敬，用科学文化知识充实自己的头脑，把自觉遵守纪律作为基本的要求，从而实现当代大学生的心灵美。

（二）塑造仪表美

大学生在注重培养心灵美的同时，也应该重视自身仪表美的塑造。大学生是朝气蓬勃的群体，仪表美是其形象美不可缺少的有机组成部分，它是通过相貌、体态、风度、姿势等所表现出来的美。

仪表美具体体现在穿着打扮的装饰美上，装饰打扮是一种精神追求的物质体现，在于塑造人的形象美。它应以端庄、自然、大方为准则，要符合人的自然性格（年龄、气质、体型）和社会性格（身份、职业、德行）。著名女作家肖红在回忆鲁迅的文章中写到过这样一件事情，一次她去看鲁迅时穿了一件红上衣，问鲁迅：“我的上衣漂不漂亮?”鲁迅上下看了看说：“不大漂亮，你的裙子配的颜色不对，红上衣应配红裙子或黑裙子，你这裙子是咖啡色的还带格子，颜色混乱得很。”鲁迅讲的道理实际上是关于形式美的法则在人体装饰上的应用，可见美学修养对人的重要性。有些大学生一味注重穿戴，不顾自己的实际情况，过分装饰反而会适得其反。大学生的衣着不在华丽、奇特，而应是大方、整洁、朴素、得体，与人的内在美天然合拍，无矫揉造作之迹，才是积极向上的当代大学生形象。

至于风度美则因人而异，它表现在体现了内在美的精神个性上，是使人健康向上、于人有益的风采气度，如文质彬彬、博学多才、坦荡磊落、不卑不亢等。虽各不相同，但都符合人的美德，因而都是美的。如果大学生在公共场合不规范自己的言行，显然会有失文雅风度。另外，粗鲁、野蛮、轻浮、油滑、狂傲、自大、媚态奴颜等，是对人本质的歪曲和丑化，是缺乏风度的表现。这些都是大学生们应当引以为戒的。

爱美之心人皆有之。风华正茂的大学生，都十分关注自己的仪表美，这是完全可以理解的。然而，有些同学由于身材长相不尽如人意，或有某些缺点，而心事重重、烦恼沮丧，其实大可不必。

一个人长得漂亮一点，自然值得高兴。然而，世间的一切都是相对的，美貌中更有美貌，遗憾中更有遗憾。你和那些英俊美丽的少男少女相比，似乎觉得自己长得不称心、不如意，然而，如果你看看那些肢体不全，或双目失明，或先天聋哑的残疾青年，难道自己不觉得欣慰、幸福吗？多少残疾人身残志坚，克服了常人难以克服的困难，成为生活的强者，取得事业的成功，受到人们的尊敬，何况大学生呢？

才貌双全者固然有之，但为数甚少。其实，造物主也只给了他一半，另一半是其靠自己的努力而获得的。然而，有一些人，虽然有一个漂亮的脸蛋，但不能正确对待，自鸣得意、无心学习、不思进取，终日里沉醉于交朋友、讲吃穿，在班级里表现出一种特殊的优越感，甚至娇气十足、清高傲慢、自以为是、心胸狭窄、懒惰自私等。由于人们历来厌恶那些不学无术、灵魂不洁、徒有其表的人，所以常把这些人说成是“绣花枕头”“金漆马桶”“花花公子”等，可谓漂亮反被漂亮误了！

（三）践行行为美

一个人的行为符合社会主义的道德规范，达到真、善、美的统一，就是行为美。行为美是心灵美的表现形式。大学生的行为美是指大学生的行为举止符合公认的社会规范、堪称社会的表率、受到社会的称赞而表现出的一种美，它是心灵的外在表现和自然流露。大学生的容貌整洁、行为端庄有礼、自觉遵守纪律都是行为美的具体体现。容貌整洁，就是要保持整洁、庄重、大方得体的发型和仪容；怪异、肮脏、油头粉面、不修边幅是无美可言的。端庄有礼，就是稳健潇洒的举止，得体大方的行为，给人以有礼貌、有修养的形象和始终如一、乐观向上的精神风貌，给人一种美的感受。在许多公共场所，大学生表现出来的彬彬有礼、先人后己、扶老携幼、助人为乐的行为都体现了行为美的内涵。同样，在集体生活中大学生自觉遵守国家的法律法规，遵守社会公共秩序，遵守学校的规章制度，也体现了一种力量的美、秩序的美。大学生要从学习各项规章制度开始，反复实践，细心体会，真正领悟其要求和意义，才能习惯成自然，使自己的行为体现出一种真正的美。

行为美要求既美且善，凡是有益于人民，有助于历史发展，充分体现进步社会趋向的行为，都可称行为美。培根说：“相貌的美高于色彩的美，而秀雅合适的动作的美又高于相貌的美，这是美的精华。”① 培根从比较中强调了行为美的重要性。行为美与一定时代、民族、阶级的伦理标准和审美标准相联系，它包括人的行为举止美、姿态风度美等。行为美来自心灵的善，是心灵善的外在表现。一个人的行为美，是他自身思想、道德、情操、意志的外在表现。人的行为的美要求人的行为符合社会的道德规范和原则，社会主义时代对大学生的行为美的要求是爱国守法、明礼诚信、团结友善、勤俭自强、敬业奉献，举止大方、仪表端庄、自然豁达等。提倡行为美，是建设精神

① 北京大学哲学系美学教研室：《西方美学家论美和美感》，商务印书馆，1980年版，第77页。

文明的一个重要方面。

行为美不是生来就有的，需要经过长期的培养。因此，作为当代大学生，首先要塑造心灵美，有了心灵美才可能有行为美。其次要使自己的行为美，还要掌握一些生活常识、礼仪要求、行为规范，了解社会在不同时间、不同地点对人的行为要求。最后培养行为美要从小事做起，从身边的事做起。

美的行为的产生，特别是具有崇高美的行为的产生，往往要经过曲折复杂的过程，付出极高的代价乃至生命。它要越过重重障碍，冲破层层阻力。古希腊哲学家德谟克利特说："寻求善的人只有费尽千辛万苦才能找到，而恶则不用找就来了。"这也告诉我们，要做到行为的美需要经过一定的努力。

行为美是大学生文明程度的主要检验标准。一个人美不美，主要是看他的种种行为，而不是只看他的表面。人的心灵美、情感美、意志美、性格美等，无一不是通过人的行为来表现的。马克思说："一步实际行动比一打纲领更重要。"古人云："桃李不言，下自成蹊。"从行为美的角度来领会这些名言，会给我们有益的启示。

（四）注重语言美

语言美体现着一个人的心灵美。也就是说，通过言谈话语，不仅可以反映出一个人的语言和文化修养水平，而且可以反映出一个人的精神境界。在人与人的交往中，注意礼貌语言，乃是社会发展的需要，是人类文明的一个标志。

俗话说"言为心声"，指的就是这个道理。美的语言，给人以享受，如果在生活中、社会中，每个人都注意语言文明，谈吐文雅、说话规范，就必然让人感到心情愉快、精神愉悦，正所谓"良言一句三冬暖，恶语伤人六月寒"。爱美之心，人皆有之。但大学生在追求仪表美的同时，千万不要忘却了内涵的修养。一事当前，尊口一开，便知其见识、学识底蕴的深浅。因此，大学生语言美是大学生追求仪表美的同时须臾不能忽视和放松的。著名美学家朱光潜说过，要达到社会交际的目的，人第一要有话说（内容）；第二要把话说得好，使人不但听得懂，而且听得顺耳（形式）。这就说明，语言的表达不仅仅是一种交际工具，更是一种艺术美的享受。

大学生使用美的语言，就是在说话时要以理服人，言之有理、言之有据。美的语言要符合道德规范。言谈话语要文雅、谦逊，尊重他人，做到礼让、和蔼，不讲粗话、脏话，更不能恶语伤人。那些言而无物的空话、假话，哗众取宠的大话、套话，都是不符合语言美的要求的。早在1925年，鲁迅先生在《论"他妈的！"》一文中就对一些人在语言使用方面的坏毛病进行了批评。由此也启发我们，在日常生活中，一定要注意语言的纯洁性和文明性。

美的语言还要讲究艺术性。语言艺术包括用词准确、优美、规范、风趣、生动、富有感情、抑扬顿挫等，同时还要注意语法、修辞、逻辑等，这样的言谈话语，才使语言更具有无穷的美的魅力。当今时代，社会竞争十分激烈，大学生一定要有意识地提高自己的语言表达能力，使自己的语言艺术化。我们知道，娓娓动听的言辞、温和悦耳的语调、乐感强劲的节奏、幽默诙谐的语气，往往使听者注目，行者止步，那是一种较高境界的人生享受。正因为如此，大学生一定要提高语言表达的艺术，以增添自己整体仪表光彩魅力的附加值。

美的语言的运用，必须自然，不造作。因为造作就是虚伪，会令人生厌。《红楼梦》中的王熙凤长得很漂亮，见人老是满面春风地笑，能说会道，外号叫“凤辣子”，但她口蜜腹剑，两面三刀，她的某些语言貌似彬彬有礼，实际很虚伪，因此并无语言美可言。运用礼貌语言，还必须分清人物、地点、场合，还要了解不同地区的习惯。

大学生要形成一种讲究语言美的良好风气，要以语言美为荣。走上社会后，大学生的活动圈子增大了，与人打交道的次数多了，更要注意语言美。同时还应注意语言的时代特色，逐渐克服语言交往中的陈腐落后的东西。

语言美对美化人际关系、社会风气有着直接的影响。但是语言美不是仅指说话技巧，也不是遣词造句的功夫，最根本的在于人的思想道德水平。文明礼貌的语言是美的，善言忠言是美的，因为它是人们文明善良的“心声”。要做到语言美就应首先做到心灵美，在做到了心灵美、仪表美、语言美之后，行为美也就水到渠成了。

（五）完善人格美

人格是一个人精神世界的显示，人的发展，不仅是身体的成长、知识经验的增多、智力和技能的发展，而且是需要、动机、态度、价值观、气质和性格等心理特征的全面发展。

完善人格塑造，是大学生以先天禀赋为基础，通过陶冶道德情操，优化气质性格，培养强健体魄和健康心理，提高认知水平和认知能力等手段来促进个体社会化的过程。完善人格塑造是大学生心理发展的需要。从科学的角度来说，最适合人生存、发展的心理状态应该是平和、均衡、起伏适度的，然而在现实生活中，妒忌、自私、猜疑、自卑、自大、攻击性等心理问题却常常困扰着一些大学生。更有甚者，这些心理疾患还造成了一些人心灵的扭曲和人格的分裂，诸如暴力、色情、颓废、变态等。因此，完善人格塑造对当代大学生就显得尤为重要。

当代社会的一大特征是机会均等，个人通过自己的才智与努力，都可以有获取成功的机会。这样的社会需要独立自主、善于选择、懂得合作的人格特征。大学生一直被视为高学历、高素质的人才，肩负着重要的历史使命。然而，随着时代的发展，在外来思潮以及经济社会的冲击下，当代大学生的道德标准、价值观念、理想信念、处世方法等参差不齐。近年来，个别大学生犯罪案例更是令人触目惊心：清华大学学生刘海洋在北京动物园先后几次用硫酸泼伤了五只熊，而据他解释，此行为仅仅是为了证实“熊的嗅觉敏感，分辨东西能力强”这句话的正确性。云南大学的马加爵因同学间的小摩擦而将朝夕相处的四位同学残忍地杀害……事实证明，当代大学生重视塑造完善人格其意义非同一般。

大学生要树立正确高雅的人格审美观，应着力树立真、善、美相统一的人格审美观。

首先是“求真”，即对真的追求。对于真理所展现出的睿智、机警和深邃应表现出由衷的赞美。当一些学生在疯狂地追逐影视明星及歌星的时候，也有很多大学生将牛顿、居里夫人、霍金、钱学森、杨振宁视为自己学习的榜样。因此，大学生除了利用课堂进行知识的学习外，更应将各个领域“活生生”的例子视为楷模，让真理的光芒震撼自己的心灵，这比书本上的知识更能催人奋发向上。

其次是“向善”，即对善的崇尚。美又体现为无剥削、无压迫的人间友爱，即“善”。前文所列举的刘海洋、马加爵等“不善”的举动常与其家庭环境、个人成长经历有着密切的关系。压抑的家庭氛围、不良的个人习惯等，容易导致人的冷漠、自私、偏激。因此，大学生应大力倡导、积极参与社会公益、慈善活动，只有将关注点从“小我”扩展到他人、集体、社会的“大我”，心胸才会变得广阔，其人性才会闪烁美的光彩。

最后是“爱美”。当代大学生在理想人格上，应有自己独特的“美”的追求。我们要学习周恩来、宋庆龄、居里夫人、霍金、比尔·盖茨等人的理想人格，选出自己心目中的“智慧之星”“文学之星”“音乐之星”“爱心之星”“创意之星”等，追求自己独特的人格美。

（六）劳动创造美

劳动创造了美。大学生应该真正懂得：人类社会的一切财富，都是由人的劳动创造的；一切美好的事物，无论是自然美、艺术美，还是社会美，都是人类劳动成果的结晶。劳动不仅创造美好的事物，而且劳动者在美的创造中也提高了对美好事物的欣赏能力。劳动不仅创造美的客体，也创造美的主体；不仅创造了人的内在美，也创造了人的外在美。大学生要想拥有真正的美丽，拥有卓越的审美感受能力，就必须投身于以改造人类主观世界和客观世界为目的的各种劳动实践。

无产阶级革命导师历来重视对受教育者进行劳动教育。马克思曾经指出：把生产劳动同学生的智育、体育结合起来，是培养自由全面发展人才的唯一方法。列宁说过，如果不把青年一代的教学和生产劳动结合起来，未来社会的理想是不能想象的。毛泽东则明确指出：我们的教育方针，应该使受教育者在德育、智育、体育几方面都得到发展，成为有社会主义觉悟的有文化的劳动者。

我国的教育实践证明，只有全面贯彻德、智、体、美、劳全面发展的方针，才能培养出合格的一代新人。大学生有计划、有组织地参加一定的劳动，对其身心的全面发展是大有益处的。

当代大学生是大有希望的一代，有许多长处，也有其新的特点。但我们也必须看到，随着独生子女的增多，一些家长对子女过分溺爱，加上单纯追求升学率的影响，有的大学生在中小学时甚至成了家中的“小皇帝”和“重点保护”对象，连必要的家务活都不会做，几乎到了“衣来伸手、饭来张口”的地步。他们由轻视劳动而轻视普通劳动者，甚至轻视自己的长辈。还有些大学生盲目追求高消费，他们艰苦奋斗的意志薄弱，缺乏毕业后到生产第一线去、到最困难的地方去干一番事业的思想准备。

面对这种状况，我们必须树立正确的劳动观念，大力加强劳动锻炼。在以往的劳动中，我们一直把“培养劳动观点”作为劳动目的，很少或没有联系到劳动美、劳动按美的法则创造美这一本质。实践证明，缺少劳动美的劳动是枯燥无味的劳动，很难达到培养劳动观点，树立朴素节俭美德的目的，很难培养其真心实意地走与工农相结合的道路的生活态度。因此，大学生参加劳动时应将劳动与劳动美结合起来，甚至是融合在一起来进行。

大学生参加劳动锻炼的形式主要有四种：一是实习性劳动，二是工农业生产劳动，三是社会公益性劳动，四是自我服务性劳动。除了自我服务性劳动有一部分是个体劳动外，大部分是集体劳动。集体劳动可以激发大学生的集体荣誉感；欢快和谐的劳动气氛可以使心理得到调节；适当的劳动强度和一定的节奏又锻炼了身体；在劳动产品的生产过程中，动作由笨拙到灵巧，由不协调到协调时，会感到一种怡然的乐趣，切身体会到劳动美之所在。这种劳动美的体验可能产生于自由的创造性劳动某一瞬间，我们要做善于捕捉这一绝妙瞬间的有心人，及时而恰当地领略劳动美的所在及其社会意义。

人的生产劳动是有目的、有意识的，因而人能把人本身和劳动加以区别。劳动可以成为人的认识对象和欣赏对象。正如恩格斯所指出的：“一切动物的一切有计划的行动，都不能在自然界上打下它们的意志的印记。这一点只有人才能做到。”① 因为在劳动对象中人感到了自由的创造性劳动的珍贵，引起劳动者无比喜悦。为此，在生产实习中，在条件允许的情况下，大学生应尽量完成一个完整的产品的生产全过程，能亲眼看到自己的劳动产品得到社会的赞许和人们的尊重，这不仅会使人感到这种劳动产品是美的，而且会觉得生产这种劳动产品的劳动者也是美的。

复习思考题

1. 简述什么是社会美。
2. 谈谈社会美区别于其他领域的美的本质属性。
3. 简述社会美的主要特征。
4. 简述社会美的基本内容。
5. 何谓人的美？为什么说人的美是社会美的核心？
6. 马克思主义认为“劳动创造了美”，请简述劳动美的具体体现。
7. 人的美是社会美的核心，大学生如何以美好的形象展示于社会？

① 《马克思恩格斯选集》（第3卷），人民出版社，1972年版，第517页。

第六章 艺术美

在人类文明的进程中，历代众多伟大的艺术家如同璀璨的群星，组成了艺术的银河，放射着耀眼的光辉，为社会提供了丰富多彩的艺术审美珍品。贝多芬的《第九交响曲》创造了崇高的审美境界；莫扎特的作品洋溢着清雅、悠闲、明媚、和谐的诗情画意，创造了优美的审美境界；朱耷的作品创造了抑郁悲愤的审美境界；吴承恩的《西游记》创造了变幻离奇而充满智慧的审美境界；蒲松龄的《聊斋志异》描述了善与恶相对立，创造了一个向往善良的审美境界。艺术家们所创造的艺术世界，是艺术美的集中表现，是人类宝贵的精神财富，为我们开展艺术审美提供了广阔的天地。本章将对什么是艺术美，艺术美的本质、特征、功能，大学生怎样进行艺术美审美等问题进行探讨。

第一节 什么是艺术美

一、艺术美概述

什么是艺术美？艺术美是指艺术作品呈现出来的美，它是美的现象形态之一。

艺术美是艺术家对现实生活进行创造性反映的产物。历史上许多美学家（如黑格尔）都把美和艺术、艺术美等同起来，其实，艺术美只是美的一种特殊表现形态，在艺术美之外还有自然美和社会美（两者合称现实美）。艺术美和美的关系是特殊和普遍、个别和一般的关系。艺术是现实生活的反映，艺术美则是对艺术作品审美属性的概括，两者既有联系，又有区别，艺术美与艺术有同一性，但并不等同。

艺术美广泛地存在于艺术作品中，在任何一种艺术作品中，我们都能够领略到它的美。例如，散文中的诗情画意，小说中的动人情节和人物的鲜明性格，绘画中的绚丽色彩和精巧构图，雕塑中的形神逼真和力的体现，音乐中的优美旋律和欢快节奏，舞蹈中的轻盈洒脱和灵活飞动，戏剧中的冲突迭起和妙趣横生，等等，都无不蕴含着丰富的美。甚至在案头的一件小盆景中，我们也可以欣赏到美不胜收的水光云影、深壑幽林。所有这一切艺术作品中的美，都是艺术美。

总之，艺术美就是艺术作品中的美。艺术是艺术美的载体，离开了艺术作品，就没有艺术美。这里所说的艺术作品，既可以是艺术家创作出来、独立于艺术家自身之外的作品，如剧作家写出的剧本、音乐家谱出的乐章，也可以是艺术家创作之中、体现于艺术家自身的作品，如演员的表演、钢琴家的演奏等。当然，在根本没有美的所谓艺术作品中，也就不存在艺术美。

二、艺术美的来源

关于艺术美的来源，长期流行着这样一种观点：艺术品的美是根源于客观物质存在的美，它是现实生活美的反映。虽然它是集中概括的反映，但艺术品的美却不是艺术家所能主观赐予的，其本源只能是存在于生活之中，艺术家一切先进、正确的思想感情在这里都是为了通过选择集中和概括来深刻地反映出它。

按照这样的认识，艺术家的任务仅仅是搜寻、发现生活中固有的美，把它集中概括起来，反映在艺术作品里。在创作过程中，艺术家的主观能动性仅此而已，他无法创造新的美。其实，这种认识低估甚至抹煞了艺术家的主观能动性在艺术美的创造中的作用，它既不符合艺术的实际，也不利于创作的实践。

艺术美来源于现实美（社会美和自然美），这是不可否认的。鲁迅《一件小事》中的人力车工人的形象是美的，这种美是生活中固有的，鲁迅形象地把它反映在文学作品中，成为艺术美。高尔基《母亲》中的女主角尼洛芙娜和她的儿子鲍威尔的形象是美的，这种美来自这两个艺术形象的生活原型，但生活原型的美却没有艺术形象的美那样集中、有高度，作者是在广泛的范围内进行了选择和集中。但是创造这样高度美的艺术形象，光靠从他见到的现实美中进行选择和集中，是远远不够的。这时，艺术家的生活理想和美学理想在艺术美的创造中就会起巨大的作用。事实上，高尔基根据现实发展的规律和艺术形象典型化的原则，进行了合理的想象、夸张和虚构，来补充形象，以至于连当时的一位马克思主义者伏洛夫斯基也指责他创造的形象“不典型”，说像尼洛芙娜这样有自觉的革命意识的工人母亲，在当时的俄罗斯的现实生活中如果不是没有，那至少也是极为罕见的。显然伏洛夫斯基错了。“只有大量普遍存在的才是典型的”这样一种旧的现实主义典型论，在他脑子里根深蒂固，他不懂得典型不等于现实的同类事物的平均数；代表社会发展方向的处于萌芽状态的新兴力量的个性形象，完全可以成为艺术典型。这样的形象不仅高出于现实的平均数，而且经过艺术手段的夸张，它甚至可以部分地高出于现实。这样造成的艺术美，就不仅仅是现实美的集中反映，而且在集中现实美的基础上创造了高出于现实的美。

现实美包括社会生活、社会事物的美和自然事物的美。现实美的主要方面是社会生活的美。现实生活中的社会事物的美一般被称为社会美。社会事物作为审美对象，具有某种审美性质，人们在日常生活中经常感受和认识从而能对之做出审美评价或体验。

社会生活中的现实美主要表现在社会生活的各个领域中，特别集中表现在作为一定时代、一定环境的社会先进力量、先进人物的身上，美在他们的行为和性格上得到突出的体现。这也正是它在进步艺术创作的领域中经常会有重要和主导地位的原因。另外，现实美还有一个重要的特质，就是它产生于社会的生产活动。比如，在原始艺术中，可以清楚地看到原始人是如何将自己生产劳动的活动场面等作为美来欣赏和反映的。

社会生活是多方面的。作为社会主体的人生活于错综复杂的社会关系中，因而社会生活的美、人的性格和精神的美也是极其丰富多彩的，诸如波澜壮阔、慷慨悲歌、诗情画意、优美典雅等。现实美的另一方面是自然事物的美，包括日月星云、山水花鸟、草木鱼虫等，一般称之为自然美。自然美作为自然现象，使人们经常能够欣赏和感受到它。自然美和社会美是有着密切联系的。现实生活中的社会美和自然美虽然广阔、生动和丰富，但它们仍然不能充分地满足人们的审美需要，因此产生了艺术美。艺术美相对于社会美和自然美来说，表现得更集中、更精粹和更典型。因为现实美受到时间和空间的限制，而艺术美作为美的反映形态，它是艺术家创造性劳动的产物。和现实生活的美相比较，它具有更高、更强烈、更集中、更典型、更理想的特点。它把现实的审美经过抽象，化平淡为神奇，使美具有更为长久的魅力。

现实生活和艺术美之间存在着辩证的关系，它们相互依赖、相互作用。现实美是美的客观存在形态，而艺术美是主观反映的产物，是创造性的反映形态。现实美是艺术美的源泉。

艺术美不仅来自生活，也是现实美的反映，而且反过来作用于现实美，它更能影响人们的思想感情。比如，一个艺术家在现实生活中对某种事物产生了强烈的感情，而后创作一幅作品。艺术家通过这幅作品，把现实生活中的素材加工、提炼后再展现在人们面前，人们把现实生活中不明显的现象通过画面形象在头脑中产生清晰的景象，让人们脱开了现实中的一些束缚，把现实中的事物看得更清楚、明了。这种东西一旦存在于人们的脑中，就必然对他们的行为产生一定的作用，这就是现实意义上的现实美和艺术美的关系。

三、创作反映现实美的艺术美的必要性

艺术美是人类审美的主要对象，是美的高级形态，它存在于艺术作品之中，是艺术家对生活的审美观点、审美情感和审美理想与现实的美的特性在艺术形象中的结合。

现实美，是艺术美的重要来源。现实美是第一性的，它无比广阔、丰富和生动。有了现实美，人们为什么还需要反映现实美形态的艺术美呢？这主要是由以下三个方面的原因决定的：

其一，现实美由于受空间和时间的限制，既不能比较普遍地为人们所欣赏，也不易以其具体可感的形态持久保留，而作为现实美反映形态的艺术美是人类审美意识的一种表现，它可以通过各种物质手段，把现实中各种各样的美固定下来，从而使得此时此地的人欣赏到彼时彼地的美。比如，希腊完美的童年时代早已成为久远的过去，但我们现在仍然可以通过当时的艺术，特别是当时的雕塑、悲剧感受到它的美。又如，我国的黄山、漓江、西湖等自然景观，不仅国人可以通过摄影、绘画、文学等艺术形式领略其美，而且外国人同样可以通过有关的艺术品大饱眼福。

其二，现实中的美是生动的，然而它常常为某些不美的、丑的、多余的、偶然的、芜杂的东西所淹没、分散和玷污，而作为反映现实美形态的艺术美则不同，它是艺术家根据自己的审美理想，经过对现实美进行一番扬弃、概括、提炼、加工创造出来的较为精粹、细密、完善的“结晶体”。别林斯基曾经指出：有才能的画家在画布上所作的风景，一定优越于自然中任何美妙的景色。这是为什么呢？因为在画幅中，没有偶然和多余的东西，所有的部分都从属于一个整体，一切趋向于一个目的，一切都有助于形成一个优美的、完整的、独特的东西。又指出：诗歌并不依样画葫芦地描写花园里含苞待放的玫瑰花，却舍弃它的粗俗的实体，仅仅取其芬芳馥郁的香味，奇异变幻的色彩，用这些东西来做成一朵自己的玫瑰花，比实物的玫瑰花更好，更华美。别林斯基认为作为反映现实美形态的艺术美由于避免了现实美的粗糙性，因而具有格外强烈的感染力。

其三，自然形态的现实美，虽然有着无限广阔的领域，但具有分散性，它们往往以零星、琐碎、分散的方式存在着，因而不易引起人们的注意。而作为反映现实美形态的艺术美，则在集中和概括的基础上，把分散在现实中的美集中起来，加以提炼，熔铸在一个优美、完整的形式里，从而使现实的美更加典型、鲜明、突出。比如画家傅抱石、关山月合作的油画《江山如此多娇》，从时间上看，有四季的迷人景色；从空间上看，有东方的磅礴日出，有西边的皑皑白雪，有江南的秀丽物景，有北国的壮美风光，以更集中的形态表现了我们伟大祖国幅员辽阔的锦绣河山，使人得到强烈的审美感受。

从上面的论述当中，我们可以看出创作反映现实美的艺术美的必要性。

四、对艺术美的认识

艺术美是经过艺术创造实践，把现实生活中的现实美加以概括和提炼，集中地表现在艺术作品中的美。在美学史上，由于美学家的哲学观点不同，对艺术美的认识也不相同。黑格尔从客观唯心主义出发，认为艺术美是理念在高级发展阶段上的美，是美的高级形式；他主张艺术美高于自然美，宣称艺术美是真正的美，它是“由心灵产生的再生的美，心灵和它的产品比自然和它的现象高多少，艺术美也就比自然美高多少”①。车尔尼雪夫斯基则从形而上学唯物主义出发来批判黑格尔，主张自然美高于艺术美，认为客观现实中的美是彻底的美。艺术创作低于现实中的美的事物，艺术只是生活的苍白而不准确的反映。马克思主义美学认为，艺术美离不开艺术，艺术离不开形象，因而艺术美主要源于艺术形象的美，它同艺术形象一样也是源于现实生活，同现实生活中的形象一样具有生动性和丰富性等特征，但它又跟艺术形象一样不同于现实生活，它是艺术创造的人类审美活动的结晶，是现实生活的典型概括，因此，比现实生活中的美更集中、更典型。

现实生活中的社会美和自然美虽然广阔、生动和丰富，但是由于许多限制，它们仍然不能充分地满足人们的审美需要。现实生活中社会事物的美在一般情况下，和艺术相比较并不经常表现得那样集中、精粹和典型，时间和空间的局限更使它们不能比较普遍地为人们所观赏，也不能以其具体感性的存在直接地长久流传下来。自然景物的美虽然具有更大的时间上的稳定性和空间中的普遍性，但是它们也仍然经常被自然本身许多偶然因素所干扰和破坏，特别是它们不能集中地展示出明确的社会内容，例如社会思想。可见，现实中的美虽然是美的源泉，是无比生动丰富的，但因上述各种原因，又是比较粗糙、分散、处于自然形态的，不能充分满足人们审美的需要，从而，艺术美就为满足这种特殊需要而历史地、必然地产生出来。

现实美是美的客观存在形态，艺术美是这种客观存在的主观反映的产物，是美的创造性的反映形态。现实美是艺术美的源泉，属于社会存在的范畴，即第一性的美；艺术美却是属于社会意识的范畴，即第二性的美。尽管艺术美也是能为审美主体所欣赏的客观对象，艺术创作也是一种实践性的活动，但其本质却是客观世界的反映，是意识形态性的。

艺术美作为美的反映形态，它是艺术家创造性劳动的产物。和普通实际生活的美相比较，它具有更高、更强烈、更具集中性、更典型和更理想的特点。当把现实的审美对象经过相对的抽象而化平淡为神奇，就可能具有更为长久的魅力。作为第二性的美，艺术美不仅来自现实生活，是现实美的反映，而且也反作用于现实美的存在和发展。它不仅加深着人们对现实中的美的感受和领会，而且更能影响人们的思想感情，

---

① 黑格尔：《美学》（第1卷），商务印书馆，1979年版，第4页。

通过人们的审美意识而反作用于人们的行动，反作用于人们的生产斗争、阶级斗争和科学实验，从而更进一步推动现实美的不断前进。唯心主义者黑格尔虽然在艺术美的特殊性和优越性方面做过一些深刻的揭示，但是他却片面强调艺术美高于现实美，从根本上颠倒了艺术美与现实美的关系，认为现实美是艺术美的反映，从而根本否认了艺术美的客观现实基础。车尔尼雪夫斯基虽然坚持了现实美是艺术美的现实基础的唯物主义美学观点，并且正确地看到了现实美较之于艺术美具有无可比拟的生动丰富的内容，但是车尔尼雪夫斯基仍然没有摆脱旧唯物主义的局限性，在强调现实美是艺术美的源泉时，却认为艺术美不过是现实美的简单的复制品。毛泽东在《在延安文艺座谈会上的讲话》中指出，生活是艺术的源泉，充分地肯定了艺术美在改造世界中的积极的能动作用，这就体现了艺术美与现实美的辩证关系。

艺术美来源于现实美，现实美源于现实生活，而现实生活包罗万象，既有美的，又有丑的，如何将现实生活中的现实丑，转化为艺术作品中的艺术美，则是创作者主观能动性的反映。

现实丑之所以能够转化为艺术美，除了艺术的形式因素以外，作家、艺术家的世界观（属于主观范畴）中还必须有进步因素，他对所描写的丑恶现象是非常反感的。这种反感、这种批判的主观态度，从政治伦理学的角度看是一种善。在他淋漓尽致地描写和揭露生活中的丑的时候，就有这种善伴随着，在情节的发展中自然而然地流露着，以此作为对生活丑的一种否定。在现实生活中，善并不等于美，因为美必须附着于具体可感的个别性的形象的事物。但是善和美却是可以统一而且往往是统一的，表现为形象的善就是一种美。所以，形象地体现于现实主义作品中的作为对丑恶的生活现象的直接否定的作者的进步的思想感情，本身就是艺术美的一个内容。

与作者主观态度上的善相联系的，是作品客观内容上的真，即通过具体可感的个别性的生动形象，真实地、深刻地表现这种社会力量的本质。真，一般说来并不等于美，因为科学上也有真和假的问题。但是真与美在艺术中却是可以统一而且往往是统一的。通过具体可感的个别性的形象揭示生活的本质真实，是艺术美的重要条件。当我们怀着浓厚的兴味阅读《死魂灵》，欣赏它的艺术美时，我们所感受的决不是果戈里反映了生活本身固有的美，恰恰相反，是他揭露了生活本身固有的丑。作者用以打动我们的审美感情的，是他精心塑造的一群骗子、恶棍、吝啬鬼、寄生虫等的生动形象，这些典型形象以其独特的个别性体现着农奴制俄国占统治地位的社会势力的本质真实。这些形象所体现的社会本质是丑恶的，也就是说，它没有反映现实的美；但是作为作家所精心塑造的艺术形象，是艺术的美。在我们欣赏着、享受着艺术美的同时，认识了那个社会的丑恶本质，对那个社会及其代表人物产生强烈的憎恶。不脱离感性形象而忠于本质的认识，这正是审美过程的特点。对于当时的人来说，认识乃是走向变革的第一步，其社会作用之大，是无法估量的。几乎人人都承认，艺术的特点是用形象反映现实的本质，那么艺术美的重要内容是形象地反映现实的本质真实，便是顺理成章的了。本来是生活的丑，经艺术家这样一反映，便产生了艺术美，这美是哪儿来的呢？只能是艺术创作过程中产生的，也就是艺术家在创作实践过程中创造出来的。在这一美的创造过程中，艺术家世界观中的进步因素和进步的创造思想及艺术家描写生活的能力等这样一些属于主观范畴的东西，经由创作的实践，起了重要的作用。前者保证了他不歪曲现实，后者保证了他能把生活转化为生动的形象。现实生活中有美的事物，有丑的事物，有不怎么美也不怎么丑的事物，有瑕瑜互见的事物。不管哪一种生活，都有资格进入艺术作品，只要艺术家能用典型化的方法把它生动地再现出来，并有一定的社会意义，那么这种体现着社会真理的艺术形象，就具有了美的性质。在艺术中，形象地体现的真，就是美。

艺术家的主观能动性可以创造美，还表现在艺术形式美的创造上。艺术作品的形式美有一部分是模仿自然，也就是说来自现实事物的形式美。但不全是这样。歌德说美在真与不真之间。白石老人自言他的画在似与不似之间。当然，他们这些话都是兼指内容和形式两方面说的。在内容上，艺术必须反映现实的本质真实，但在典型化的过程中又需集中概括、虚构夸张、高于现实；在形式上，务得神似，不求酷肖。所以，从内容到形式都是真与不真、似与不似的对立统一。绘画中的色彩调配、光度变化、画面布局等都是既模仿自然，又不役于自然，都有它作为艺术形式美的特殊变化规律，有待于艺术家的灵心妙运。音乐中有对自然声音的模仿，但也只是间或出现，若即若离。刘天华先生的器乐曲《空山鸟语》有不少地方是模仿鸟音的，演奏难度很大。但与他的《光明行》《良宵》《病中吟》《月夜》等并无明显的模仿自然声音的名曲比较起来，哪一种更富于音乐的形式美？恐怕还是后者。

诗歌（特别是律诗）和骈体文在韵律、节奏、对仗等方面的语言形式美，既是对自然形态的语言形式美的模仿，又是大大高于自然形态的语言形式美的。这里面就有语言艺术家根据语言形式变化、组合的客观规律而精心创作的功绩。

艺术美具有集中性、理想性和长久性。人们对许多现实中的人物和事件常常视而不见，或忽略过去，一经艺术家把它创造成物态化的艺术作品，它便以其鲜明的形象引起了人们的注意、思考和欣赏，令人流连忘返，而且还可能跨越时间和空间，流传久远，具有永久的魅力。艺术美的存在形态各种各样。人类在漫长的历史过程中，创造了丰富多彩的艺术，各类艺术的艺术美既有共同点又有各自的特点。例如建筑的美不同于戏剧的美，戏剧的美又不同于雕塑的美。把握这些特点对于艺术的创造和欣赏，以及对于艺术分类是十分重要的。

艺术美对于人类自身和社会的进步具有极为重要的意义。艺术美可以提高人们的审美能力和审美趣味，给人们带来审美愉悦，并在欣赏和娱乐中陶冶人们的灵魂，树立高尚的情操和先进的理想，使人们能够正确区分真善美与假恶丑，提高对生活的认识，不断追求更高的真善美，推动社会生活的前进。

第二节 艺术美的本质

艺术美的本质是指艺术美本身所固有的，决定其性质、面貌的根本属性。

艺术美是艺术家创作出来的美，是艺术家对客观社会生活的反映，它凝聚着艺术家主观的审美理想和情感愿望。因此，艺术美既具有客观的因素，又具有主观的因素，这两方面通过艺术家的创作活动互相渗透、彼此融合。

任何事物都有内容和形式两个方面，艺术美也不例外，内容与形式完美结合的艺术品才能称得上艺术美。

艺术美的内容源自社会生活，其创作必须符合创作规律，艺术美是艺术家根据其美学观念、美学理想、美学情趣创造出来的内容和形式完美结合的美。

上述原因，决定了艺术美是主观和客观的有机统一，是内容和形式的完美统一，是真、善、美的高度统一这一本质属性。

一、艺术美是主观和客观的有机统一

艺术美是作为艺术家的人的本质力量的对象化的结果，具有极强的主观性和个性色彩。每个艺术家的艺术功力、审美情趣不同，因而按美的规律造型也必然不同；每位艺术家的人生际遇和思想境界不同，因此在作品中所寄托的寓意也必然不同。因此，艺术美表现的是多样的形态和风格。有的可能是横绝太空、寥寥长风的雄浑，有的则可能是百岁如流、富贵冷灰式的悲慨；有的可能是雾余水畔、红杏在林的绮丽，有的则可能是落落欲往、矫矫不群式的飘逸；等等。每位艺术家的理想，无不在文本中表现或流露出来。如鲁迅《狂人日记》中，阿 Q 临刑前趴在地上努力要把画押的圆圈画得圆些，这样的描写就使得我们能够充分感受到在白纸黑字的背后作家那颗哀其不幸、怒其不争的激愤之心。

真正的艺术是一定能创造出美的，于人们是一定有美学欣赏价值的。至于那种名谓艺术、实则无美可言的东西，是本不该叫艺术的。所以，艺术美是艺术特有的美学属性。从美学角度看，艺术和艺术美是一对孪生兄弟，两者具有同一性。因此，为了认识艺术美，可以从艺术着手研究。

艺术的本质是什么？毛泽东同志说："作为观念形态的文艺作品，都是一定的社会生活在人类头脑中的反映的产物。"① 这就是说，艺术是观念形态的东西，具有主观的性质。但艺术不是人们凭空创造的，是一定的社会生活在人类头脑中的反映的产物，又有客观的性质。因此，艺术是主客观的统一。

---

① 《毛泽东著作选读》，人民出版社，1986 年版，第 537 页。

朱光潜先生对艺术本质的认识也是很精当的，他认为艺术在本质上是一种创造，而创造是一种自觉的有目的的活动。这种活动必须根据自然或客观现实，不能是无中生有，但也必须超越自然或客观现实，不能是依样画葫芦，而是能够能动地反映现实。这同样强调了艺术既反映客观现实又表现主观理想的特性。

由于艺术和艺术美具有同一性，因而，艺术的特性决定了艺术美也具有主客观统一的特性。

艺术美不是自然界和社会生活中原始形态的美，而是艺术家根据其美学观念、美学理想、美学情趣创造出来的美。因此，可以把艺术美理解为是艺术家美学观念、美学理想、美学情趣的物质化表现。

不过，艺术家的美学观念、美学理想、美学情趣归根结底还是现实生活中的自然美和社会美在艺术家头脑中反映的结果。如果说原始形态的自然美和社会美是“第一性”的美的话，那么艺术美就是自然美和社会美的第二形态。艺术美绝不是对自然美、社会美的自然主义的反映，而是经过了艺术家主观上的集中、概括和提炼的。生活中本来就大量存在着这种虽然粗糙，却无比生动的自然美和社会美，仿制品无论仿制得如何逼真，总赶不上真实的东西生动。正如黑格尔所说：靠单纯的摹仿，艺术总不能和自然竞争，那就像一只小虫爬着去追大象。人们不满足于自然美、社会美，而要求有艺术美，就是因为艺术美能够比实际生活中的自然美更典型、更集中、更理想，更具有普遍性。

艺术美的主观性不仅表现在艺术家的主观加工上，也直接表现在艺术美中有主观性的内容，即在艺术品中直接熔铸进了艺术家主观性的认识、评价和爱憎情感上。这在浪漫主义艺术作品中是十分明显的，因为浪漫主义艺术偏重丰富的幻想和热情地表现生活理想，不像现实主义那样严格遵守生活本身的规律。例如，《西游记》展现出来的是一个色彩缤纷的神奇世界，人物、事件大多是非现实的。郭沫若的《女神》，表现出火山爆发式的内发情感和对理想世界的热烈追求。这是浪漫主义艺术品最本质的特征，也是其特殊艺术魅力之所在。

艺术美的主观性内容还体现在以客观生活中的丑为反映对象的艺术作品中。如莫里哀《伪君子》中的主人公答尔丢夫、果戈里《死魂灵》中的主人公乞乞科夫、鲁迅小说《高老夫子》中的高老夫子等。这些形象在现实生活中都是很丑的，可是在艺术作品中，丑的东西却转化成了艺术美。艺术家不仅在艺术中把现实生活中的丑进行了典型加工，并在艺术加工中熔铸进了艺术家主观上批判性的认识、评价和强烈的憎恶情感，揭露了生活丑的本质，激起读者和观众与之作斗争。按辩证法的观点看，也就等于从反面肯定和赞扬了生活美，或者说，本来的生活丑，经过艺术家主观三棱镜的折射后，转化成了艺术美。

总之，艺术美的主观性是显而易见的，离开艺术家主观性的美学因素，离开主观性的加工作用，就没有艺术，也没有艺术美。

可是，艺术美的主观性因素是唯一的吗？是最本质的吗？不是的。艺术美有主观性，更有客观性，主观性依附于客观性，主观性和客观性有机统一。

艺术美的客观性，首先表现在它的美学来源上。艺术来源于现实生活，艺术美也是以现实生活中的自然美和社会美为其来源的。如果现实生活中根本就没有美，那么艺术美从哪儿来呢？有人说，艺术美来源于艺术家的艺术灵感、美学观念、美学理想。其实，艺术家的艺术灵感、美学观念和美学理想都是现实生活中的自然美和社会美在艺术家头脑中的反映。《西游记》中的人物和情节，虽然都是奇特的、夸张的，富有神魔色彩的，但仍然可以从封建社会的阶级矛盾和人与自然的斗争中找到其根据。如果拂去那神魔的色彩，就其描写的各种社会关系和世态人情来看，不都是封建社会中人与人之间关系的本质写照吗？孙悟空的形象，在现实生活中是找不到的，是作者理想中神通广大的人物，但在他身上反映出的性格特征，却是封建时代人民群众的智慧、勇敢和叛逆精神的集中表现，也是中国人民的许多优秀品质的集中表现。

其次，艺术美的客观性还表现在形象的物质性上。美是形象的欣赏价值，存在于形象之中，无形象便无美。形象必是物质性的、感性的。艺术家首先把现实生活中的自然美和社会美转化为意识形态的东西，然后还必须再把意识形态的东西还原为物质形态的艺术形象，才能让人们感受到它，欣赏到它。黑格尔在《艺术美的概念》中说，在艺术里，感性的东西是经过心灵化了，而心灵的东西也借感性化而显现出来。在整个艺术创作过程中，感性东西的心灵化和心灵东西的感性化一直是交错进行的，而最终在艺术作品里是以感性化的艺术形象美呈现给人们。心灵的东西一旦转化为感性的物质状态的艺术形象后，就成为一种客观存在，从形象的内容到形象的形式都有了客观的质的规定性，也就是说，艺术形象是美还是不美，是大美还是小美，是崇高美还是秀婉美，具有了不以人们主观意识为转移的客观性。

从艺术美的诞生过程来看，是由现实生活中的自然美、社会美转化成艺术家的美学观念和形象思维，再由艺术家的美学观念和形象思维转化为艺术美。从哲学本质来看，是由客观转向主观，再由主观转向客观。艺术家的美学观念和形象思维，虽然在本质上是主观的，但也有客观性。因为艺术家的美学观念和形象思维都是客观生活美在主观上的反映，所以其客观性正是来源于生活美的客观性。艺术美从本质来看是客观的，但也有主观性。因为艺术美是第二性的美，经过了艺术家的主观能动作用，是由艺术家美学观念和形象思维直接转化来的。所以，在艺术美的内容中必然包含着艺术家主观性的因素。不过，艺术家的主观性因素已经和现实生活的客观性因素有机地统一在一起，并以客观的感性物质形态集中地体现出来。因此，我们说艺术美的本质是艺术家的主观性和现实生活客观性的有机统一。

二、艺术美是内容和形式的完美统一

任何一个艺术作品都有内容和形式两个必要因素。内容是形式所要表现的对象，而形式也需要表现出一定的内容才有实际意义。

艺术作品一方面反映着现实生活中的某些因素，同时也反映着艺术家对现实生活的感受和认识，艺术美的内容是两者的统一体。题材是构成艺术作品内容的基本要素，也是艺术作品直接描写的对象，它是艺术家们运用审美意识去选取和提炼的。而艺术作品的形式是用来表现作品内容的组织结构和表现手段的总和。组织结构和美的艺术语言是艺术美形式的要素，两者的有机结合，才能构成具有一定形式的艺术品。恰当的艺术形式能很好地表现艺术美的内容，给欣赏者以强烈的审美感受。

艺术美是内容与形式的完美统一。所谓完美统一，就是艺术家所要表现的所有内容都得到了作品形式的充分表现。艺术形式的任何一个要素对于它所要表达的内容来说，都是唯一而又恰到好处的。从内容与形式的融合来看，要浑然天成，不露痕迹，相得益彰。我国传统文艺理论中推崇的艺术形式美是“清水出芙蓉，天然去雕饰”，这就是指艺术作品的形式要完全自然地表现作品的内容，而不露人工雕饰的痕迹。

艺术作品的美，既不是纯粹的内容问题，也不是纯粹的形式问题，而是要以相应的、贴切的艺术形式来表现各自不同的审美内容。因为离开内容的形式，不论它怎样美也不具有意义；反之，没有优美艺术形式的作品，无论它的内容怎样正确，也是没有力量的，不能使人产生美的感受。因此，只有当完美的艺术形式和良好的审美内容有机地结合起来的时候，才能成为真正的有审美价值的艺术精品。

艺术美的内容和形式的完美统一，就是以完全美的艺术形式表现真实的生活内容，形式同内容有机地联系在一起。

坐落于天安门广场的人民英雄纪念碑，即是内容和形式完美统一的典范。这是一座十分壮美的纪念性建筑，作为建筑艺术，它的美是举世公认的。它于 1949 年奠基，1952 年动工，1958 年建成。修建的目的在于纪念从鸦片战争到新中国成立为我国革命而牺牲的无数人民英雄。在这近百年的斗争历史中，人民英雄们可歌可泣的光辉业绩，便是这座纪念碑的基本内容。这样的内容要求有与之相应的艺术形式，而人民英雄纪念碑的艺术形式恰恰与它的内容做到了完美的统一。它高 37. 94 米，碑基面积约占地 3 000 平方米，四周围绕着两层汉白玉栏杆。碑身庄严雄伟，具有民族风格，正面镌有毛泽东题写的“人民英雄永垂不朽”八个金光闪闪的大字，背面有毛泽东起草、周恩来题写的碑文。碑座四周镶嵌着 10 幅反映我国近百年来革命历史的巨大浮雕，从虎门销烟的光辉形象开始，揭示出中国人民革命的不朽主题，既表彰了人民英雄的千古功勋，又表达了全国人民对革命先烈的无限敬仰和缅怀。它充分显示了艺术美的内容与形式完美统一的本质特征。

再拿我国的书法艺术来说。被人称为“书圣”的王羲之，他的代表作《兰亭序》就充分体现了艺术美的内容与形式的完美统一。《兰亭序》是王羲之在东晋永和九年（353）三月三日与名士谢安等人在山阴（今浙江绍兴）兰亭聚会时为众人所作之诗写的序。序中记叙了兰亭周围山水之美和聚会的欢乐之情，抒发了好景不长、生死无常的感慨。根据这样的内容，《兰亭序》的书法圆转自如、流动如生、变化繁多，在平整安稳之中显示出自然而多样的变幻，给人一种明媚、温润而委婉的美感，和而不同，违而不犯，形式与内容完美统一。

任何艺术美形象都离不开内容，也离不开形式，两者是有机统一的。艺术审美中，直接作用于审美者感官的是艺术形式，但艺术形式之所以能感动人、影响人，是由于这种形式生动鲜明地体现出深刻的思想内容。东晋时期的著名画家顾恺之就提出绘画要“以形写神”。罗丹创作的《巴尔扎克像》，也是内容和形式的有机统一。他别具匠心地选择了巴尔扎克习惯在深夜写作时穿着睡袍漫步构思来作为雕像的外形轮廓。现在我们看到的《巴尔扎克像》，摒弃了一切细枝末节，这位大文豪的手和脚都被掩盖在长袍之中，使观众的注意力集中到头部，尤其是那炯炯有神的双眼，那双眼睛突出了这位伟大的批判现实主义作家与众不同的气质。这座雕像的成功，就在于内容和形式的完美统一，真正在形似的基础上达到了神似。

内容与形式在艺术作品中是相互照应的，能称得上艺术美的作品都是内容与形式的完美结合。作品在表达作者深刻的精神内涵时，形式已注入了作者特有的思想内容中，所以就内容与形式而言，内容自身就包含着形式。没有无形式的内容，也没有无内容的形式。内容与形式结合于一体之中，两者是对立统一的。内容是艺术作品的“主心骨”，有骨骼支撑，画才能挂得起来，雕塑才能竖得起来，戏才能唱得让人流泪，电影才能看得让人陶醉。而无内容的艺术品，它的技巧是游离的、空洞的，其形式也是不美的。

三、艺术美是真、善、美的高度统一

人类文明的发展史，也可以说是一部不断追求真善美的审美理想的历史。就艺术而言，一切艺术行为必须是善的，才可能是真的，进而是美的。艺术可以容忍假，因为以假乱真是艺术常用的方法；艺术可以容忍丑，因为以丑为美是艺术的特殊造型；但艺术绝对不能容忍恶，因为恶与艺术本质、艺术精神是相违背的。

艺术的真（认识作用）、善（教育作用）和美（审美作用）是统一于艺术作品这个完整体上的，所以艺术作品在起到某种作用的同时，实际上也在起到另外两种作用，整个艺术作品的价值就是此三者共同作用的结果。因此，艺术美是真、善、美的统一。优秀的艺术作品作为“生活的教科书”不同于一般教科书的地方，即在于艺术作品的价值是三位一体的，艺术真、艺术善和艺术美的共同特征都是经过审美化的，艺术美是审美化的愉悦性，艺术真是审美化的本质性，艺术善是审美化的功利性。我们常常遇到这样的现象，即阅读一部优秀的文学作品时，在享受到极大的审美感受的同时，我们也加深了对人生和社会的认识，并坚定了对未来和美好事物毕生追求的信念，其间的道理即在于此。正因为如此，优秀的艺术作品才配得上车尔尼雪夫斯基所说的“生活的教科书”的称号，才能称为艺术美。艺术美的主要力量正在于此，它以审美影

响人，以美的情景感动人，激发人们的精神力量。人们通过这种审美的体验取得必要的信念和伦理原则。

真、善、美是三位一体的辩证统一体，它既是人类社会的最高理想，也是人类艺术的最高理想。正是由于艺术美是一种真、善、美的统一体，从而才具有社会意义。

所谓艺术美的真实，就是指艺术作品反映生活所达到的正确程度。艺术反映生活的真实性，取决于艺术家对现实生活的正确认识、体验、观察和理解。艺术家对生活认识得越深刻，他所反映的生活的真实性程度就越高。相反，在现代主义艺术中出现的那些虚假的、夸大的、装腔作势的和撒谎的内容，都是对现实生活不真实的、错误的反映，其结果只能导致对生活的歪曲，有的甚至是一些远离生活的东西。因此，这种与现实生活相背离的东西不可能产生任何审美价值和社会意义，也不可能产生感人的力量，更不会在世界上长久地流传下去，不能称其为艺术美。

别林斯基认为，艺术是对真理的直感的观察，或者说是用形象来思维。一部真正的艺术作品，总是以真实性、自然性、正确性、现实性来打动读者，使你在读它的时候，会不自觉地、却深刻地相信里面所叙述或者所表现的一切真是这样发生，并且不可能按照另外的样子发生。你把它读完之后，里面所描写的人物会栩栩如生地出现在你的眼前，神态逼真、须眉毕露——你可以感觉到他们的脸、他们的声音、他们的步伐、他们的思想方式，他们永远不可磨灭地深印在你的记忆里，使你再也忘不掉他们。

因此说一切艺术作品都不是抽象的，都是对现实生活形象的客观反映。艺术必须具有真实性，必须真实而形象地反映客观现实，脱离生活内容和单纯表现情感的艺术不是真正的艺术。所以说真实性是艺术美的基础。

艺术美在“真”的同时，还要求“善”，善是艺术美的前提。善是人的意志活动的对象，它直接和人的功利目的相联系。艺术美的形象感化、情感感染、心灵净化等功能都是在善的基础上发挥出来的。艺术美既是一种精神劳动产品，又是主客观相结合的结果。精神产品和物质产品相比有自己的特殊性。一般来说物质产品的生产过程要求规范化、标准化、精确化，而精神劳动产品则追求多样化、个性化、典型化。艺术美的创作主要运用语言、声音、色彩、线条、动作、表情等物质手段，以社会现象、自然现象，以及人的思想感情、道德行为作为表现内容和劳动对象，其目的在于揭示现实生活中美的内涵，展示善，鞭挞恶，创作出生动的、揭示和反映现实生活内容的艺术作品，以适应社会、时代和民族的审美要求。在艺术美中，善的内容是由时代、民族和阶级的需要所决定的。因此，从艺术发展史来看，任何时代、民族和阶级所创造的艺术作品都具有一定的目的性，都有一定的功利要求。但由于时代、民族和阶级的不同，对艺术创作的功利要求也有所差异。

艺术美中的善是社会意志的体现，也是艺术家艺术实践活动的产物。但是艺术美的善并不仅仅在于艺术家良好的主观愿望和善良的动机，而必须通过对现实生活真实的描写，通过所塑造的艺术形象，展示出艺术家对生活的态度，并以生活的真实内涵来感化人，使人得到善的启示。历史上留存下来的许多优秀艺术作品，像我国画家王盛烈的《八女投江》、王式廓的《血衣》、蔡亮的《延安火炬》等，无不具有这种特点。所以艺术美必须具有善的内容，在此基础上才能进一步发挥其感化、感染、净化作用。

艺术美不仅要求真与善，而且更要求美，因为艺术美的规律就是美的规律，只有真与善还不能揭示艺术美的本质。正如别林斯基所说："美是艺术必不可缺的条件，没有美也就不可能有艺术，……美是一切概念感性表现的必不可缺的条件。"① 艺术是对生活的一种理想的描绘，这种描绘能使人产生一种对理想事物亦即对美、精神纯洁亦即善的强烈愿望。

虽然其他各种学科也都要求真与善，但是艺术除了要求真与善之外还要求美，要求把美与真、善有机地结合在一起，在美的创造中揭示真、展示善的内容，又通过艺术审美来实现善的目的，即发挥艺术美的育美功能。

美是艺术美的本质，没有美，艺术美就失去了审美价值。艺术美正是通过美的本质来满足人们精神上的审美需求。

总之，真、善、美三者的融合与统一是由艺术的性质和特点所决定的，也是艺术家的主观感受与客观生活相融合的结果。在艺术创作中，"真"为基础，"善"是前提，"美"是本质。所以只有将真、善、美三者有机地结合在一起才能凸显出艺术美的特征并发挥其多种社会功能。在艺术创作中，忽视或缺少真、善、美三者中的任何一个，都必将导致艺术创作的失败。当然如果将三者割裂或对立起来，同样也不是成功的艺术。因此说一切能称作艺术美的优秀的艺术作品都是真、善、美相统一的。

艺术美是对现实生活美的集中、概括和升华的结果，艺术美对生活美反映得越真实、越深刻，产生的感染力就越大，从而给人的影响也就越强烈。这样的艺术作品既是真的、善的，同时又是美的。所以，艺术中的美既是对生活美的反映，又是艺术家发挥主观能动性的一种创造，是生活美和人格美或心灵美的一种融合，这种融合既是主观与客观的统一，又是合规律性与合目的性的统一。

第三节　艺术美的特征

艺术美是艺术家依据现实生活，通过审美意象活动，运用创作技巧，呈现给人们的艺术作品的美，是人的本质力量对象化的结果。艺术美作为美的高级形态，一旦和审美主体的审美心理产生积极的肯定性的价值联系，并进而产生共鸣时，艺术美就会产生的强大的艺术魅力，常常令审美主体流连忘返、欲罢不能，达到"余音绕梁、三

① 《别林斯基选集》(第3卷)，上海译文出版社，1979年版，第58页。

日不绝”的审美境界。

艺术美比现实生活中的美更纯粹，且更具魅力，有着不同于自然美、社会生活美和其他类型美的独有特征。由于艺术美以艺术作品为载体，因此，其审美特征与艺术有很多相似之处，概括起来大概有以下几个方面。

一、艺术美具有情感性

艺术美的最突出特征是以情动人。艺术美总要传达出一定的审美情感，让审美者从情感上产生波澜，在情绪上受到感染，使心灵得到净化。以情动人是艺术有别于其他社会意识形态的标志之一。因为情感既是艺术美的构成要素，又是艺术活动的内驱力，它贯穿于艺术思维和创作活动的全过程，并渗透于艺术形象中。

科学理论要以理服人，艺术审美则要以情动人。科学研究是一种理智活动，而艺术创作则是一种情感活动。

我们把情感放在最重要的地位，是因为它是艺术不同于社会科学的根本特征。科学以理服人，艺术以情感人，但艺术却不能排斥理性认识。理性（思想）和情感的关系，正像盐和水的关系一样，盐溶化在水里，形体不见了，可是水却有了咸味。无论是一首诗、一篇小说、一幅画，还是一首乐曲……我们在欣赏时都会受到一种情感的感染，会产生或悲或喜的感情。当我们进一步思考，我们就会认识和领悟到情感中蕴含的意义。这种意义的深浅厚薄，常常是一件艺术品价值高低的重要标志。所以并不是任何一种情感都能给人以美的享受，如果这种情感没有正确、深刻的思想蕴含其中，那么，这种情感就没有什么价值，甚至是庸俗的、低级的、不健康的情感。只有健康、真挚、高尚的情感，才具有普遍的可传达性，才会与审美者的感情相通，具有陶冶情操、净化心灵的审美价值。一般来说，情感越是深厚真挚，就越具有艺术的美感，作品才会具有审美价值。

情感，是艺术美的重要内容。也可以说，艺术美是引起审美情感的最佳对象，它可以引导审美主体远远超越个体狭隘的生活经验，而获得极为广泛丰富的情感体验。特别是在那些具有深厚社会历史内容的小说、戏剧、影视作品中，一个人可以在自己心中重现各种命运的人物思想和情感，体会到各种各样的情绪：失望、痛苦、欢乐、恐惧、伤感……卡西尔在谈到贝多芬的《第九交响曲》时说道：“我们所听到的是人类感情最低音调到最高音调的全音阶；它是我们整个生命的运动的震颤。”试想，如果抽去了情感的因素，《第九交响曲》还会具有如此大的魅力吗？人们通过欣赏艺术作品，使自己的内心情感生活不断地丰富，使人感到满足和充实，最后使人上升到一种新的高度来审视自己和周围的一切。

艺术家是受情感的驱使才创作的。鲁迅说，“创作总根于爱”；恩格斯说，“愤怒出诗人”。其实，艺术家既有爱，也有愤怒、憎恨。一切进步的艺术家都是怀着对人民大众、对祖国的热爱和对反动势力、丑恶势力的憎恨来从事创作的。南北朝文艺理论家刘勰认为，一切有价值的文艺作品都是“为情而造文”，即从情感的需要出发来创作的；一切没有价值的文艺作品都是“为文而造情”，为了要创作才去制造一种情感。很明显，这后一种情感就是虚伪的，矫揉造作的。而没有真挚的情感，就绝对不可能创作出艺术美。

艺术美的情感有的表现直接。如毛泽东的《长征》、郭沫若的剧本《屈原》中的《雷电颂》，这些作品气势磅礴，如江河大海，使我们的情感受到强烈冲击，而产生一种悲壮、激昂、开朗、振奋的情感体验。艺术美的情感有的表现间接，即情感表现比较曲折、含蓄、隐蔽。恩格斯说，倾向愈隐蔽愈好，这主要是指叙事文学和戏剧。当然诗歌、电影和其他艺术中含而不露的情感也是大量存在的。曹雪芹说，他写《红楼梦》是“满纸荒唐言，一把辛酸泪”，他是把他的血泪写进了《红楼梦》的，但在《红楼梦》里，并没有作者情感的直接表露，而是在描写人物的悲剧命运中间接表达作者的爱憎情感的。鲁迅写孔乙己，写阿 Q，也都是如此，在冷静的客观的描绘中，渗透着“哀其不幸，怒其不争”的深厚情感。某些艺术体裁，例如器乐、建筑、舞蹈，常常表现一种比较宽泛的情感，它的内容不是那么具体、明确，而是具有多义性的。

由于艺术美的最突出特征是以情动人，因而艺术美的审美震撼力是强烈的，是一般的自然美和社会美不可比拟的。诚然，面对巍峨高耸、逶迤蜿蜒的群山和一望无垠、浩瀚苍茫的大海，我们会发出由衷的赞叹，惊诧于造化之神奇。面对高尚的人格美，我们会扪心自问、心潮激荡，甚至会洒下一掬之泪。但和艺术美的魅力与震撼力相比，显然要逊色得多。接受者在接受文本时常常在不知不觉中进入艺术世界虚幻的角色，时哭时笑，出现近乎迷狂的状态，是常有的事。由此可见，艺术美的情感性所带来的审美震撼力是多么强烈！

二、艺术美具有形象性

形象性同样也是艺术美的特征之一。艺术在反映人与现实之间的审美关系时，不像理论著作那样抽象地下结论，而是有着自己特殊的形式——形象。艺术是用形象的方式来表现生活、传达思想感情的，并且用艺术形象来体现作品的审美内涵和审美价值，因此，形象性便成了艺术美不同于其他美的特征之一，同时也是艺术这门学科区别于其他科学的重要标志。例如，哲学、社会科学等是以抽象的概念、严密的逻辑论证来反映社会生活的本质，而艺术则是以生动具体的感性形象来再现生活面貌、展示生活的本质。

艺术美离不开形象，形象是艺术美的基本单位。艺术美的形象来自作品的艺术形象。

所谓艺术形象，就是人们在艺术活动中审美地掌握世界的感性形式，是艺术家根据自己的生活体验，经过艺术概括，表现在艺术作品中的具体可感、鲜明生动而又富有美学意义的生活图景、艺术画面，是艺术反映生活的特殊形式。从艺术创作的角度来说，它是艺术家进行审美创造的结晶；从艺术审美的角度来说，它既是读者、观众进行审美的对象，也是他们进行审美再创造的起点。任何一种艺术，里面所塑造的人物、事物、场景、构图、造型等视听物象和审美意象，又可以称为艺术形象。它们有的是靠视觉去感受，如影视、摄影等；有的是靠听觉去感受，如音乐、戏曲。有的艺术作品只有一个艺术形象，如独舞、肖像画、个体雕塑等；而有的则会有许多的艺术形象，如长篇小说、影视作品、群雕等。这些艺术形象往往会组成一个形象体系。由于艺术描写的对象是以人为中心的社会生活，所以，人物居于艺术形象的核心地位。

形象是艺术作品中的最小单位。一件艺术作品，可以是一个单一的形象，例如罗中立的油画《父亲》，它是一个整体，每一个局部都没有任何独立性，必须从整体上去感受它。人体雕塑大多都是单一的形象，浮雕则是众多的形象形成一个完整的形象体系。以建筑为例，塔是单一的形象，而北京故宫则是一组大规模的建筑群，这种建筑群就是一个形象体系。《红楼梦》的人物非常多，有许多组系列，合成一个大的人物形象体系。在形象体系中，单一的形象有不同程度的相对独立性，但必须服从整体的形象体系。我们必须从整体上去把握艺术品的形象体系，才能完整地把握它的艺术美。

艺术形象来源于生活，但又高于生活。艺术形象的美不仅是感性与理性的统一，而且是情感与认识的统一，同时还是审美意象与审美物象的统一。艺术形象的美是在读者或观众的接受中最后完成的。处于物化状态的艺术形象——审美物象，在被观众或读者接受之前，只是潜在地存在着。只有当它被观众或读者接受之后，审美物象才真正变成了艺术形象，它的审美价值才真正得以实现。艺术家的创造是个常数，审美者的创造是个变数，审美者每欣赏一次，都会有新的感受、领悟和创造，从而给艺术形象的美加进新的审美信息，而艺术形象也是在无数欣赏者的审美过程中被创造和完善的。

在有些艺术作品中，艺术美的形象性表现得十分明显。例如绘画，当我们欣赏意大利文艺复兴时期著名美术家达·芬奇的优秀肖像画《蒙娜丽莎》的时候，可以直接看到一位美丽的女性。她的脸、胸、手像浮雕一样给人以立体感，仿佛活生生地就在面前。特别是她那似乎刚刚开始的微笑，除了表现出她的端庄、娴静和温柔以外，还表现出她那心满意足的内在喜悦，以至于成了有名的“蒙娜丽莎的微笑”。她的右手柔嫩、丰满，与面部表情互相呼应，也被誉为“美术史上最美的一只手”。这种直接可见的形象性，在雕塑、舞蹈、戏剧和电影等艺术作品中有时同样十分明显。

在另外一些艺术作品中，艺术美的形象性表现得不十分明显，其审美形象要靠审美者的审美联想或想象才能感受到。

画家李克瑜等在看了傣族舞蹈《水》之后写道：“舞台上并没有水，却让观众感觉、想象到满台都是清澈的‘水’，少女在汲水、洗发、嬉游。”这个舞蹈“像一首小诗在你身边轻轻朗诵；像潺潺流水流到你的心田；像一幅风景画，将你带到遥远的边寨……”① 这里描述的是舞蹈《水》的审美形象。很明显，这一形象是画家通过想象获得的，它灌注了画家的诗意和生活经验，是这一形象把审美者引向广阔的社会生活。没有审美者的审美想象作为中介，那些优美的舞蹈动作造型就无法与社会生活取得联系。

再如音乐，它通过人和各种乐器的声音所组成的旋律、节奏、和声，构成一种音乐语言，作用于人的听觉，从而在人们的脑中形成形象。当然，这种形象与可见的形象不同，它主要是一种饱含感情的形象，但也不排除审美者通过想象形成与感情形象相应的图景。我们在欣赏民间音乐家华彦钧（阿炳）的二胡独奏曲《二泉映月》时，那如思如慕、如泣如诉的曲调，那或紧或慢、若断若续的节奏，舒缓而刚直，纯朴而执着，缠绵而坚韧，使我们深深领略到正直而顽强的盲艺人在旧社会饱经苦难的悲愤而压抑的情感，了解到置身于夜深人静、冷月凄泉的境地，聆听到艺人的倾诉与泉水的叮咚共鸣，观看到如烟的往事与孤月的清光相辉映。这便是音乐形象性之美。

三、艺术美具有典型性

艺术美的第三个特征便是它的典型性。所谓典型性，就是艺术作品中的形象既具有鲜明独特的个性，又能反映一定社会本质的某些方面，并寄寓着艺术家的审美理想和审美情感。恩格斯要求作家塑造“典型环境中的典型性格”，就是指的这种典型性。毛泽东说的“文艺作品中反映出来的生活却可以而且应该比普通的实际生活更高，更强烈，更有集中性，更典型，更理想，因此就更带普遍性”②，也是指的这种典型性。艺术美的典型性这一特征，同样是由艺术美的基本内容决定的，它是人对于美的理想的追求和体现。

美都是感性的、形象的，而艺术美属于高级的感性形态。因为艺术家已经对自然形态的社会美或自然美做了“去粗取精，去伪存真”的集中概括，因此，它才可能最具集中性和典型性。譬如，曹雪芹笔下的《红楼梦》，描述的虽是贾府这个世代簪缨之家的兴衰更迭之事，但它同时也可以是王府、薛府、甄府等在那个时代可能发生的事。《红楼梦》只不过是乾嘉之际的封建大家庭由盛而衰的一个缩影。又如，画家笔下的黄山、桂林的山水，虽没有把现实生活中一山、一石、一川、一水全部包容进去，却把黄山风光和桂林山水的魂魄、神韵表现得淋漓尽致，这就是人们常说的“源于生活，高于生活”。

再如鲁迅所写的小说《故乡》，主人公闰土便是一个典型。少年闰土红红的脸蛋，脖子上戴着银项圈，见多识广，勤劳英俊，特别是他在一轮圆月下看守瓜地，用钢叉

---

① 李克瑜：《〈水〉的梦》，《北京晚报》，1980-9-27。

② 《毛泽东选集》（第3卷），人民出版社，1991年版，第861页。

向猹刺去的情景，简直是一位少年英雄。但是，当“我”重新回到故乡再次见到闰土时，闰土已经完全失去了少年时的光彩。他勤劳依旧，英气全无，质朴发展到卑微，谨慎发展到麻木，与“我”之间由亲密无间变成了有一道难以逾越的鸿沟。闰土是一个活生生的人，同时又是旧中国三座大山压迫下的贫苦农民的代表。鲁迅塑造这个人物典型，正是要反映旧中国农村的本质，并且希望由更多的人走出一条新路来。《故乡》的美，充分体现出艺术美的典型性。

一切艺术美都具有这种典型性。例如，新中国成立初期，我国著名舞蹈家戴爱莲创作的《荷花舞》，既有鲜明的个性，又反映了我国广大人民所过的那种和平幸福、欣欣向荣的新生活。在蓝天白云下，在翠柳环绕的荷塘中，荷花仙子们身着粉红舞衣和淡绿舞裙，手执长巾，轻盈安详地婆娑起舞，创造出芙蓉出水的恬静意境，深深激发着人们对大自然、对祖国、对和平的无限热爱的美好感情。

艺术美的典型性在各个不同的历史阶段、历史时期，有着不同的历史内涵和不同的特征、要求。

就我国的文学而论，在封建社会里，一些进步的、现实主义的作家，写出了一些反封建、反礼教、争自由的文学作品，塑造了许多不朽的艺术典型形象。如罗贯中的《三国演义》塑造了诸葛亮足智多谋、远见卓识、赏罚分明、严于责己、出奇制胜、鞠躬尽瘁、死而后已的艺术形象，他对于三国鼎立及其历史的发展起了很大的推动作用。施耐庵的《水浒传》成功地塑造了一批逼上梁山的英雄典型形象，其中最突出的是林冲、李逵、武松、鲁智深等造反骁将，表现了“官逼民反”这个深刻的主题，显示了他们改造现实的主体力量。曹雪芹的《红楼梦》中的贾宝玉是封建贵族家庭的逆子典型，他的性格特征是追求个性解放，反对科举制度和封建礼教，他对林黛玉生死不渝的爱情，饱含着他对封建势力不妥协的斗争精神。

在我国新民主主义革命和社会主义革命时期，我们的一些作家，响应党的号召，深入火热的生活与斗争，写出了一大批反映革命斗争、农业合作化运动以及社会主义工业建设的文学作品，如周立波的《暴风骤雨》、丁玲的《太阳照在桑干河上》、杜鹏程的《保卫延安》、刘知侠的《铁道游击队》等。这些作品成功地塑造了赵玉林、郭全海、张裕民、彭德怀、周大勇、刘洪等不同类型的典型形象，多层次、多侧面地反映了党领导下各个革命历史时期的艰苦卓绝的斗争，真实地再现了我国人民走过的光辉历程，展现了当时人民群众蓬勃向上，改造客观世界，推动历史前进的精神风貌，传达了昂扬的时代精神，给人以极大的鼓舞，具有很强的审美价值。

党的十一届三中全会以来，党的工作重心转移到经济建设上来，改革开放使社会生活发生了很大变化，社会主义现代化建设取得了伟大成绩，反映这一伟大社会实践和社会变革的文学作品便应运而生。这些作品谱写了改革开放之歌，塑造了叱咤风云的改革者的典型形象，显示了他们改造客观世界、推动社会前进的主体力量。

社会生活是丰富多彩的，以此为反映对象的艺术美及其艺术典型当然也是丰富多彩的。只有众多的艺术典型涌现在艺术的画廊之上，我们的艺术才能繁荣，才能兴盛。

众多的艺术典型的丰富性和生动性使典型更具有活力，更具有个性，更真实感人。实践告诉我们，艺术形象越是“典型”，其生命力就越久长；生命力越久长的，其美学价值就越高，这是一个普遍存在的规律。

四、艺术美具有独创性

什么是独创性？独创性也称原创性或初创性，是指艺术作品经独立创作产生而具有的非模仿性（非抄袭性）和差异性。所谓独创性，是仅就作品的表现形式而言的，而不涉及作品中包含或反映的思想、信息和创作技法。艺术美的独创性并不意味着作品必须是一个人单独创作的。两个或两个以上的人共同完成的作品，由于不是对已有作品的完全的或实质的模仿，与已有作品存在差异，也同样具有独创性。独创性也并不限于原始作品，改编、翻译、注释、编辑或整理已有作品而产生的演绎作品，尽管不是绝对的独立构思的产物，但仍然是经过一定的创作活动产生的，而不是对改编、翻译、注释、编辑或整理同一部已有作品而产生的另一部演绎作品的完全的或实质的模仿，因而也具有独创性。艺术作品的独创性与作品的艺术价值的大小无关，一幅由儿童独立完成的书法作品，即使艺术价值很小，没有经济利用的可能，仍然具有独创性。

作品的独创性要求与专利制度中发明的新颖性要求不同。艺术作品的独创性要求仅意味着作品是非抄袭的和有差异的，即使表现形式与某一已有作品因偶合而相似也无妨。例如，两个人在同一位置、同一时间拍摄同一景物而产生的两张相似的照片，由于并不是相互翻拍的产物，因而都可以成为著作权法所称的作品，分别受到保护。

艺术美是社会生活在艺术家头脑中反映的产物，因此，艺术美必然受社会生活的影响和制约。社会生活是无比丰富、复杂、千变万化、不断发展的，这一事物与另一事物总会存在差异，这就是事物矛盾的特殊性。既然社会生活中的各种矛盾都具有特殊性，那么作为社会生活反映的产物——艺术美也就有了不同的特点，所以使得艺术美具有独创性。

艺术美的创作主要是个体劳动。由于艺术家的个性、思想、阅历、爱好、知识各不相同，所熟悉的生活也有差别，因此就“八仙过海，各显神通”，有了自己的风格、特点，与众不同，所以使得艺术美具有独创性。

如果说世界上有大量同类事物，那并不使我们感到奇怪；但如像某位哲人所说的世界上没有两片完全相同的树叶，那就会使我们感到诧异了，而事实就是如此，没有哪样东西可由另一事物完全取代而丝毫不差。那么，艺术美正是这种世界多样性的表征和写照。相对而言，艺术美比其他事物都更忌重复，更具独特性。哪怕是一幅原作的临摹画，也会因作者情性不同而在笔调上有所体现。同一乐团演奏贝多芬交响乐，在小泽征尔麾下同在卡拉扬统领下也定会有不同效果。这说明，艺术美存在的前提条件就是它的独创性。进一步说，独创性是艺术创作追求的一个目标，它要求创造者在主体意识上标新立异，由简单的作品不会重复，进入深刻的作者不应重复，所谓“语不惊人死不休”就是道出了这样的境界。

艺术美的独创性不是近现代的产物，早在一千七百多年前，我国古代文学评论家陆机就对艺术提出了“谢朝华于已披，启夕秀于未振”的创作主张，提倡文学创作要有新意，避免与前人重复。文学实践证明了这是一条极其正确的规律。我国文学史上，那些在创作上一味地“师法前人”，处处引经据典的复古主义的文人们，对文学史不但没有多少积极的贡献，最终还导致创作走进了死胡同。可见，独创是艺术不可抗拒的法则，德国哲学家康德认为，艺术首先要有独创性，其次才是典范性，这是很有道理的。艺术史是一部最富于独创精神的历史，这一点我们从绘画艺术的例子中看得更为清楚些。评价一幅画在艺术坐标中的高低，主要着眼于它的独创性及它在开创新领域、新阶段上的贡献，来决定其在绘画史上的地位。毕加索的《亚威农的少女》（1907 年）就是一个著名的例子。这幅 20 世纪绘画史上的名作并非那么完美，它在具体技巧上有些缺点，也就是说它在典范性方面并非那么突出，作品当时也未受到画家的好友及评论家、收藏家等人的好评，甚至毕加索本人对这幅画也不甚满意。但是这幅画的独创性却是令人惊异的，它全部由几何形的块面组成，这一大胆的创作宣告了一种崭新的美学思想的诞生，在艺术表现手法上它也开辟了一个新的领域。正是这种打破了传统的美术思想和表现手法的独特的创造性，使得这部作品对现代美术史产生了巨大的影响，它不仅是毕加索绘画的转折点，也是 20 世纪美术史上第一次最具根本意义的革命，具有划时代的意义。由于在艺术史上占有如此重要的地位，这幅画才获得了极高的艺术价值。

独创性是艺术美的活力所在，一幅临摹的艺术作品，即使在模仿原作方面达到了天衣无缝、以假乱真的地步，但由于它不是一种创造，而是一种复制，对艺术创作、艺术史没有任何新的贡献，因此，它还是没有什么艺术价值。因此我们说，独创性是艺术美的价值尺度。作为新时代的艺术美创作，要敢于独创革新。只有这样，社会主义的文艺园地才能百花齐放，出现繁荣局面。

第四节　艺术美的功能

艺术美作为人类审美意识的集中体现，具有五个方面的功能，分别是形象感化功能、情感感染功能、智慧启迪功能、心灵净化功能、人格塑造功能。

一、形象感化功能

马克思主义认为，艺术掌握世界的方式是用活生生的具体可感的形象或形象体系来反映世界的本质规律。黑格尔指出，艺术中的情感需要融会在生动具体的艺术形象之中，艺术的使命在于用感性的艺术形象的形式去显现真实。艺术作为艺术美的载体尚且如此，因此，艺术美也是如此。艺术美是以其具体、可感的艺术形象来反映生活、传达情感的，艺术美的最大特征就是形象性。可以说没有形象性就无从谈什么艺术性。一首诗、一幅画、一部交响曲、一座雕像，正是用鲜明生动、具体可感的艺术形象再现人们眼前，从而被人们的五官所直接接受。艺术的作品不是叙述，而是用形象、图画来描写现实，而这一“现实”，必须来源于现实生活。因为，它不是简单地图解作者某种主张观点，而是对客观现实的再现与对主体情感的表现形式的统一。也就是说，一切艺术作品不仅仅是具体可感的感性形态，它还必须表现出事物的内在本质的艺术形象；不是单纯地再现客观的现实生活，它还必须表现出艺术家的思想和感情，以及他们对人生的态度，他们所追求的理想、道德、情操和所阐发的哲理，等等。由此可见，艺术美既是现实美的反映，又高于现实美，并以其精美的、有价值的艺术形象给人以深刻的思想教育。艺术美的这种教育作用，主要是通过艺术形象的感化功能来实现的。

所谓形象的感化功能，就是我们通常所讲的榜样的作用。其与思想政治教育所强调的榜样的示范功能有异曲同工之妙。一方面，艺术美的典型化的形象与现实生活中的典型形象都具有高尚的情操和崇高道德风尚的光辉形象性；另一方面，现实生活中活生生的典型形象是艺术美的形象的源泉，而艺术美的形象是现实形象的典型再现。两者的本质都能给人一种潜在的、无形的推动和鼓舞力量，成为人们生活道路上的榜样。尤其是那些直接体现共产主义道德品质的英雄人物的形象，榜样的力量就显得更为巨大。如车尔尼雪夫斯基的著名小说《怎么办》中所塑造的先进人物的光辉形象，曾经影响教育了俄国的一代又一代人，对青年时代的列宁也曾产生过巨大的影响。列宁说：“这才是真正的文学，这种文学能教导人、引导人、鼓舞人。我在一个夏天把《怎么办》读了五遍，每一次都在这个作品里发现一些新的令人激动的思想。”“在这部小说的影响下，成百成千的人变成了革命家。”① 再比如，奥斯特洛夫斯基的《钢铁是怎样炼成的》，不仅曾在苏联人民中唤起了最美好、最进步的感情，而且在我国读者特别是广大青年读者中也产生了广泛而深远的影响，发挥了巨大的感化和鼓舞作用。像20世纪80年代的张海迪，就是从书中主人公保尔·柯察金身上得到鼓舞、受到教育与启迪，而成为中国的“保尔·柯察金”的。可见，榜样的感化力量和对人的思想感化效应是何等神奇与巨大。

艺术美的感化功能是在“潜移默化”中进行的。艺术美的形象对人的影响，常常是在毫无强制的情况下，使审美者自由自愿、不知不觉地受到感染，对人的思想情感和精神面貌起到潜移默化的教育作用。以古诗为例，从屈原《离骚》“路漫漫其修远

① 《列宁论文学与艺术》（第2卷），人民文学出版社，1960年版，第897页。

兮，吾将上下而求索”，到北朝民歌《木兰诗》“万里赴戎机，关山度若飞”；从唐代诗人高适《燕歌行》“汉家烟尘在东北，汉将辞家破残贼”，到杜甫《春望》“国破山河在，城春草木深”；从南宋诗人陆游《示儿》“王师北定中原日，家祭无忘告乃翁”，到文天祥《正气歌》“当其贯日月，生死安足论”，无不以其爱国主义形象，强烈地感化着人们，而这感化功能确实是其他社会意识形态所达不到的。应当说，在艺术美这种长期潜移默化作用下而形成的思想情操，常常具有更强的稳固性和延续性，常常成为世界观、人生观中最核心的组成部分。充分利用艺术美能给人以形象感化的功能，因时、因地、因人制宜地开展艺术审美，是十分有效的育人手段。

二、情感感染功能

情感的激发与传达是艺术美最明显的功能之一。人类的情感就其本性来说是要求表现或表达的，人们必须寻求适当的表现方法和表现空间，艺术就是一种最恰当的表现方式和释放方式。艺术能将人的情感按一种合目的性、合规律性的方式有序地激发出来，创造出艺术美来，从而把人类的心灵带入一种仪式化的活动过程中，通过宣泄与体验，使情感系统、认知系统和意志系统和谐起来。无论是艺术美的创造还是艺术美的审美，没有强烈的情感介入就无法进行。正是因为艺术美具有情感性重要特征，艺术美才能自由地、充分地展示人们认识世界的情感力量，深刻地表现人类世界丰富多样的情感。艺术世界的广大和复杂，使人从中体验到在实际生活中无法感受的种种生活场面，充分地享受到集中而多样化的情感体验，从而使自己的情感世界也变得丰富起来。

艺术美提供的情感信息，是经过优化处理的，艺术美所激发的情感，是被审美理想照亮和唤醒了的。因而，人们在欣赏了优秀艺术作品之后，常会感到自己的灵魂得到了净化。

法国雕塑家罗丹说过，艺术就是情感。托尔斯泰也认为，艺术的本质就是表达情感，并感染大众。可见，情感性是艺术美最突出的本质特征之一。因为，美的艺术都蕴含着特有的情感力量，而这一力量就像一股吸引人的魔力，能激起人们情感的波澜。这就是艺术美的情感感染功能。列宁说过，没有“人的情感”就从来没有，也不可能有人对真理的追求。

情感的感染功能表现为：当被教育者的情感需要获得满足时，就会体验到喜爱、快乐的肯定性情感，对教育者的主张采取接纳的态度；反之，当被教育者的情感需要不能满足时，就会对教育者的主张采取排斥、否定的态度。美国心理学家斯托特兰德把情感的感染功能与激励他人相应的情感现象解释为教育者与被教育者的情感反应或情感共鸣。近代著名教育家第斯多惠也认为，教育的艺术不在于传授的本领，而在于激励、唤醒、鼓舞。同理，艺术美也是通过表现情感来唤起情感的，表现创造主体的情感，正是为了唤起审美主体的同样的情感。艺术美唤起审美者美好情感的过程，就是审美者的情感和灵魂感染的过程，就是使人受到教育熏陶的过程。

艺术美所包含的情感是一种寓思想性的高级情感。普列汉诺夫说："艺术既表现人们的感情，也表现人们的思想，但是并非抽象地表现，而是用生动的形象来表现。"① 正因为如此，艺术形象才有理性、思想性与情感性的价值，艺术审美才能对人以情感的熏陶而富有重要的教育意义。电影《孔繁森》的放映就是一个明显的例证：当观众观赏到孔繁森用自己的胸膛为藏族老妪温暖双脚的情景时，在场的观众无不为他那心中只有人民的赤子般的火热之心所打动。这就是艺术美给人以情感交融、情至理通之效。

艺术美的情感性是一种富有激情的激励情感。因为，艺术美给人以教育的功能不是单纯地强灌硬塞地传授知识与本领，而是在自发自愿的基础之上，以其强烈的艺术性，打开人们的心灵大门，唤起人们的激情，从而使饱满诚挚的情感成为明辨是非、美丑、善恶的"显像剂"。例如，当人们读到杜甫的五律《春望》"国破山河在，城春草木深。感时花溅泪，恨别鸟惊心"的诗句时，透过这字里行间，有谁不为作者所表达的国破家亡的悲愤之痛而引起强烈的情感共鸣呢?

艺术美的情感感染功能，不仅能给人以教育意味，而且能导致审美者的行为转化，采取实际行动。如抗战时期一曲《毕业歌》曾引导了一大批热血青年，唤醒了他们的阶级觉悟，使他们认识到了自己肩负的历史使命，从而毅然地投身到革命队伍之中。一曲《义勇军进行曲》唤起了无数中华儿女的民族意识和战斗意志，鼓舞着中华民族为求生存和发展而奋勇前进，从胜利走向胜利。这支雄壮的战歌，如今已成为共和国的国歌，成为我们中华民族英勇奋斗、勇往直前的强大民族精神的象征。

艺术美之所以能以情感人，这是因为艺术作品总是灌注着艺术家的思想情感，通过生动感人的艺术描绘，作用于审美者的感情，从而使人受到强烈的感染和熏陶。所以，艺术美的作用决不是干巴巴的道德说教，更不是板着面孔的道德训诫，而是以情感人、以情动人，通过艺术美强烈的感染性，使审美者自觉自愿地受到教育。1876 年，当俄国大作家列夫·托尔斯泰在莫斯科音乐学院为他举办的专场音乐会上，听了柴可夫斯基的 D 大调弦乐四重奏的第二乐章，即《如歌的行板》后，感动得流下了眼泪。托尔斯泰说，在这首乐曲中，"我已经接触到忍受苦难人民的灵魂深处"。可见艺术美的情感感染功能功效之大。

三、智慧启迪功能

艺术美具有开启人的智慧的功能，能够在感性层面去激发、提高和发展人类的感知能力、想象能力、直观洞察力和创造力。艺术是社会生活的反映和艺术家思想感情的表现，任何艺术作品都离不开一定的社会历史生活，优秀的艺术作品能够通过典型

① 普列汉诺夫：《论艺术——没有地址的信》，三联书店，1974 年版，第 3 - 4 页。

的艺术形象，真实地反映社会生活的某些本质和规律，揭示社会发展的趋势。人们通过欣赏艺术作品，往往可以认识历史和人生，提高观察生活、理解生活的能力。黑格尔曾经指出：实际上艺术是各民族最早的教师。19世纪法国伟大的批判现实主义作家巴尔扎克在《人间喜剧》中，广泛而深入地描写了19世纪前半期法国的社会生活：金钱统治了一切，资产阶级以金钱为生活目标，用欺诈和暴力进行掠夺。恩格斯指出："在《人间喜剧》里给我们提供了一部法国社会特别是巴黎上流社会的卓越的现实主义历史，他用编年史的方式几乎逐年把上升的资产阶级对贵族的冲击描绘出来……"① 并说他从《人间喜剧》中所学到的东西，甚至比从当时所有专业的历史学家、经济学家和统计学家那里学到的全部东西还要多。由此看来，优秀的艺术作品在帮助人们认识生活现象、揭示生活真理、开启人的智慧方面，是其他社会科学不能替代的。艺术活动中无论是创造还是鉴赏，都是培养和发展想象能力与直觉能力的方式和途径，而想象力与直觉在科学研究中又是至关重要的。在艺术活动中，想象和直觉高度活跃，能冲破知识文化的陈旧规范，穿透时空限制，以生动鲜明的意象弥补抽象思维所常有的褊狭，以丰富深刻的情感弥补理性思维所常有的单调，从而增强人们的精神生产能力。艺术能直接启发人们的灵感，爱因斯坦就曾宣称他的科学成就很多是受到音乐启发而来的。此外，艺术还能鼓起人们探索真理的热情，激发人们的创造欲望。

艺术美可促进审美者智育的发展。科学研究侧重逻辑推理能力，艺术创作更注重空间想象力。对于培养具有创造意识的人来说，空间想象力或形象思维能力的培养尤为重要。意大利文艺复兴时期的画家达·芬奇，13岁就进入一个手工作坊学习绘画，他通过对绘画的刻苦学习和钻研，培养了一种对事物的深入细致的观察力和勤于思考的习惯，这使得他在后来的工作中受益匪浅，不仅在绘画领域成就超群，在音乐、戏剧、数学、天文、医学、工程、哲学认识论等领域也显示了卓越的才华，被恩格斯称为"巨人"。相对论的创立者爱因斯坦说过，他在思考问题时不是用语言，而是靠闪动着的图像来完成的，考虑成熟之后再转换成语言或数字符号。说明形象思维能力的培养不仅有利于艺术创作，也有利于科学研究。生物进化论的创始人达尔文在总结他对科学研究的经验时极为感慨，认为艺术爱好可以激发人的高级意识——创造思维能力，认为一个人在对艺术爱好的兴趣丧失之后，会引起心灵的另一部分——能够产生高级意识的那一部分能力的衰退……对艺术的兴趣不仅可以培养人的空间想象力，也可培养创造思维能力。

艺术审美，还能开发人的右脑的潜能，激发人脑的活力，从而促进智力的发展。普通心理学认为，智力是指人的认识能力，其中包括注意力、观察力、记忆力、思维力、想象力等。智力水平的发展，在于大脑的开发。通过对脑的研究发现，左脑主要负责语言、阅读、书写、数学运算等逻辑思维活动；右脑主要负责形象、想象、空间

---

① 恩格斯：《致玛·哈克奈斯》，人民出版社，1972年版，第462－463页。

关系、情绪、艺术审美（包括音乐、美术和舞蹈）等形象思维和情感活动。由此看来，左脑是智力的中枢，右脑是创造力的中枢，同时也是艺术的中枢。人在学习和欣赏音乐、舞蹈、美术的过程中，左脑和右脑同时得到开发。例如，在演奏器乐时左右手的协调训练，在练习舞蹈时左右手和左右脚的协调训练，都有助于左右脑的开发。

四、心灵净化功能

艺术美的“净化”作用也属于艺术美的审美功能。“净化”作用是亚里士多德提出来的，他在《诗学》里说，悲剧“激起哀怜加恐惧，从而导致这些情绪的净化”。由于《诗学》已残缺，现存的《诗学》没有关于“净化”的详细解释，难免造成历来的学者对“净化”有不同的理解和解释。有人认为“净化”是借重复激发而减轻这些情绪的力量，从而导致心境的平静；有人认为“净化”是消除这些情绪中的坏的因素，好像把它们洗干净，从而产生健康的道德影响；也有人认为“净化”是以假想情节所引起的哀怜和恐惧来治疗心理上常有的哀怜和恐惧。朱光潜认为这些说法有一个共同点，就是都认为悲剧的净化作用对观众的心理健康可以产生一定的影响。

马克思说：“人是按照美的规律来建造的。”美既是人类文明的标志，又是社会发展的目标，还可作为艺术作品价值判断的尺度。爱美是人的天性，人们乐于接受艺术，是因为艺术创造美、反映美，符合人的天性。尽管各类艺术美的表现形式不同，风格迥异，内容也千差万别，但人们在欣赏这些艺术作品时，都容易产生赏心悦目的愉悦之情，这就是美感。在这种审美的愉悦之中，审美者会因联想作用而仿佛置身于作品之中，这样，艺术作品所反映和创造出来的美就会使欣赏者在不知不觉中受到熏陶和感染，自觉或不自觉地影响着审美者的思想感情和行为，久而久之，便能改变审美者的心理因素和结构，使其心理因素因艺术美的作用而变得丰富和谐。潜移默化是艺术美的共同特征，其中不同形式的艺术美具有不同的美育效果。音乐（特别是高雅音乐）是艺术形式美的典范，它包含着艺术形式美的基本规律，其净化作用最为显著。“子在齐闻《韶》，三月不知肉味，曰：‘不图为乐之至于斯也。’”“三月不知肉味”虽不免夸张，却说明作为艺术美的优秀艺术作品其渗透力之强，是一般说教无法企及的。小说《舒展了》描写一个穷愁潦倒的乡村教师在参观巴黎卢浮宫时，被古希腊雕像《维纳斯》的魅力所震撼，他站在这尊雕像面前，觉得自己不过是“一只被揉皱了的手套”，通过“这一瞥”，《维纳斯》舒展了他“被揉皱了的灵魂”，从此，他的内心升起了“无涯的欢乐”。少年时代的高尔基在读福楼拜的小说《朴素的心》时，被深深打动，他认为小说里面“一定藏着不可思议的魔术”，于是把书本拿到阳光下反复查找……艺术美有迷人的魅力，故能渗透审美者的心灵，更由于审美者在对作品进行艺术审美时往往将自己的思想感情融入作品之中，这样，不知不觉中便会受到感染。

优秀的艺术作品，总是在帮助人们认识生活的同时，也教育人们对生活采取正确的态度和看法，培养人们美好的道德情操，促进人们奋发向上。艺术美之所以能产生

“净化”作用，是因为艺术家们在创作过程中不仅反映现实，而且还会对现实生活做出评价，由此提出自己的理想和愿望，表达自己对人生与世界的体验和感受。因此，艺术家往往也是思想家，他总是要用自己的思想去影响审美者的思想，用自己的道德观念去给审美者的道德观念以洗礼。无论他是否自觉地这样去做，从整体和最根本的意义上来说，艺术美的净化功能，体现在它能使人们对自然、社会、人生、他人与自我采取一种伦理态度。这种态度首先意味着对人类社会中美好的事物与正义的事业的热爱，对进步的信仰，对真理的追求，就像我们能从德拉克洛瓦的《自由领导人民》、米开朗琪罗的《最后的审判》、董希文的《开国大典》等类似的作品中所感受到的那样。其次，这种态度包括对生命的崇敬，对苦难的同情，对罪恶的愤慨。如古希腊的雕塑《维纳斯》、罗中立的油画《父亲》、毕加索的名画《格尔尼卡》等，都能唤起人们的这些感情。而像李可染的山水画、齐白石的花鸟画的净化功能则体现在它们能使人们更热爱自然、生命和生活。至于那些充满幽默的漫画，也可以使人们在对待人生的各个方面有一种宽厚豁达的胸怀。总之，艺术美的净化功能体现在各个方面，对此，我们不应做狭义的理解。

五、人格塑造功能

艺术美具有建构人格、塑造个性的功能。艺术美能使欣赏者的灵魂受到震动、受到陶冶，能使欣赏者的人格结构趋于美化。艺术作品常常通过对个体性格历程的把握和塑造，表现人物深邃的灵魂和丰富的个性，并以理想的人格模式对人们进行引导，将其心灵纳入一种理想的精神规范中。同时，艺术作品对社会生活广阔而深刻地描述，也促使人们能对自己的精神世界进行反思，自然而然地对自己的人格进行扬弃和整合，从现实人格出发去追求高尚人性。因此，俄国19世纪杰出的革命民主主义思想家车尔尼雪夫斯基把艺术称作“人的生活教科书”。

艺术美是真实性与完善性的统一，因而艺术美具有“真善”性。所谓“真善”性就是指它具有“去伪存真、惩恶扬善”的性质。从美学意义上来说，艺术美的真实性与完善性，一般认为都有两层含义：一是真实性，指艺术所反映生活的真实；艺术家对真实生活所作的审美评价的真实。二是完善性，指艺术美表现形式的完美性；美具有一种最高的“善”的性质。别林斯基说：“科学与艺术也是为最高的善服务的，而这最高的善同时就是最高的真和美。”①

艺术美是以善为前提的，并以善扬美，为人所追求。艺术美内容的真实性与表现形式的完美性是艺术的生命。艺术美要求内容与形式两者要达到完美的统一，是由艺术的完美性所决定的。这是因为典型的艺术内容，必须通过独创的、和谐的、完美的艺术形式才能恰如其分地表达出来。艺术美既不同于侧重内容的社会美，也不同于侧

---

① 《别林斯基选集》（第1卷），上海译文出版社，1979年版，第428页。

重形式的自然美。艺术美的内容真实与形式完善的结合，正是它能感人、动人的重要特征。它能使审美者从真实的形象中发现人生的真善美，从而产生认同感、敬慕感和仿效感。

艺术是人类审美活动的最高形式，艺术美则是美的最典型形态。从美学发展的历史来看，人的审美水平的提高是离不开艺术美的。艺术美是审美文化的核心与规范形态，它对审美文化的发展起着主导性的作用，人类审美意识的完善和审美心理结构的建立，直接依赖于艺术精神的引导，依赖于艺术活动的哺育。艺术美能够培养人的审美态度。审美态度是主体审美活动赖以展开的前提和方式，是形成完善人格的重要因素，这种态度并非天生具有，而是艺术哺育的结果。艺术所培养起的这种审美态度，一旦牢固建立起来，就能弥散到人生中去，使生活艺术化，使人生成为审美人生，人格成为完美人格。高雅的审美趣味的形成，在一定程度上依赖于艺术美。一个人如果经常接受艺术美的陶冶，就会逐渐建立起较高的审美标准和审美理想，从而塑造完善的人格。

第五节　大学生怎样进行艺术美审美

推开艺术宝库的大门，我们将会发现一个神奇的世界——美术、音乐、舞蹈、戏剧等不同形态的艺术作品浩如烟海，争奇斗艳，它们是全人类共有的精神财富、共享的精神食粮。面对这些丰盛的大餐，我们常常会像维克多·雨果所说的那样，“人心，有时也会饥饿”，而产生一种“渴望”，希望享用它。是的，人们大都希望生活多姿多彩、愉悦充实。聆听名曲，欣赏名画，从中感受艺术美的洗礼，这无疑是一种美的享受。但更多的人遗憾自己没有艺术天赋或缺少艺术细胞，不是艺术家，无法享用艺术的盛宴。事实上，没有成为艺术家并不遗憾，因为艺术家虽然能够从自身的创作中获得某种满足，但他们必须不断地实现自己的创作理想或调适个人的社会价值观，在整个艺术创作过程中的艰辛、困苦、压力只能自己承受；而唯有审美者能够真正从艺术中得到审美的满足。那么我们应该如何进行艺术审美呢?

一、什么是艺术审美

艺术审美，属于审美活动的范畴。艺术审美和艺术创造，是人类审美活动的最集中、最典型的表现形态。那么，什么是艺术审美呢?

艺术审美就是读者或观众对艺术家所创造的艺术形象（或艺术意境）进行感受、体验、领悟、理解，从而获得由浅入深、情理结合的审美把握。在这个过程中，人们既可以得到娱耳、悦目、赏心、怡神的美的享受，又可以得到思想、认识、情操、道德等方面的教益。

例如，当我们走进人民大会堂，就会看到宴会厅对面的巨幅国画《江山如此多娇》。驻足欣赏，我们看到一轮红日披着五彩朝霞在浩瀚云海中冉冉升起，那么娇美，那么富有青春活力，那么富有孕育一切、滋养一切的生机。她把自己的光辉和温暖无私地洒向宇宙，洒向山河大地，奉献给生活在这宇宙间、这大地上的生灵，这是何等巨大的气魄，何等宽广的胸怀！于是，我们好像听到了大地上奏起一曲无比雄壮的生命交响乐……我们会浮想联翩，想到祖国的名山大川，想到五千年的灿烂文化，想到人民的奋斗，想到事业的成功，想到虽艰难但美好的前程，想到奔向这前程的无穷的力的洪流，想到我们每个人、我们自己是这洪流中的一滴……于是，我们感到了精神的愉悦和满足，我们觉得思想感情上得到充实，我们得到了一股向上的力量。这就是我们对一幅绘画作品的审美。

又如，当我们听《黄河大合唱》时，我们耳边鸣响着的是一个个乐句连接起来的，由节奏、旋律组成的乐音的流淌。那有机组合起来的节奏、旋律，直接引导着我们情绪的节奏、旋律同它一起运动。逐渐地，我们所听到的似乎不是直接鼓动着我们耳膜的节奏、旋律，而是由呜咽、悲泣、咆哮、怒吼组成的黄河的节奏、旋律，我们的思想感情的河流似乎也变成了黄河巨流的一部分，随着它的奔腾而一起律动。我们感受到、体验到、领悟到、理解到的只是这些吗？不。从那音乐的节奏、旋律中，从那黄河的节奏、旋律中，我们看到了一个民族的形象——那在日寇铁蹄践踏下的中华民族，在屈辱中昂起了头，由悲泣而咆哮、怒吼！我们看到了悲与愤，我们看到了血与火，我们的民族举起了拳头，拿起了刀枪，我们反抗了，我们斗争了！我们认识了我们民族的性格，那蕴藏着无穷无尽的力量的、不可侮辱的、不可战胜的中华民族的性格。我们看到了站在高山之巅的巨人，我们看到了奔流在宇宙间的巨大河流，我们看到了腾飞而起的巨龙，我们听到了东方雄狮的怒吼，我们融入其中。最后，这一切似乎就是我们自己：我就是黄河，我就是巨龙，我就是雄狮，我就是受了伤、流着血，但跃起反抗、奋斗、前进的巨人……这是美的性格，崇高的性格。这就是我们对一部音乐作品的审美。

这就是艺术审美。这就是既赏心又悦目、既益智又怡神的艺术审美。

二、艺术审美的心理

（一）艺术审美的心理过程

我们知道，在对一件艺术品审美时，会产生一种特殊的心理活动，这种心理活动很复杂。一般认为，这种复杂的心理活动，包含着感知、想象、情感、理解等心理因素，艺术审美是通过各种心理因素的协调活动来完成的。这里，不对这些因素做逐一分析，仅就艺术审美的心理过程做粗略的说明。

艺术审美的心理过程，大约可以分为三个阶段。

第一阶段：凝神贯注，感知形象。

所谓“凝神贯注”，就是注意力高度集中。这是艺术审美要做到的第一步。艺术审美之初的注意力集中，一般称为审美注意。一座雕塑、一幅画、一曲音乐或一篇小说，引起我们的审美注意时，我们就立即中断了日常的意识活动，集中注意于艺术作品中的形象。没有审美注意就谈不上艺术审美。假如我们去参观画展，心不在焉地东看西看，这就不能算是审美注意。只有当某一幅画对你产生了强烈的吸引力，你似乎忘记了一切而专注于这一艺术形象时，这才是审美注意。如我们前文列举的驻足于巨幅国画《江山如此多娇》前，就属于这种情况。那么，是什么引起你的审美注意呢？引起审美注意的条件是什么呢？

从客体方面说，是艺术作品的新异性，不同于一般，也可以说是独特性。公式化、概念化的作品，模仿别人、人云亦云的作品，使人感觉麻痹，不能形成一种新鲜的刺激，因而也就引不起审美注意。从主体方面说，是艺术形象符合于个人审美趣味和审美期待。喜欢某种趣味，期待某种内容、某种形式的作品，当它出现时，就会引起兴奋和激动。当然这种审美趣味和期待的形成，是由生活经历、文化教养、思想境界、性格特点等决定的，它同时也是历史和时代的产物。

我们所说的审美注意是建立在感知的基础上的。所谓感知，包括感觉和知觉。感觉是对事物个别特征的反映，知觉则是对于事物特征、完整形象的整体把握。对于艺术审美来说，感知是指感知艺术作品的形象。例如听音乐，你如果只听到音响，那就只是感觉，如果你听出了音乐形象，那才是艺术的感知，审美的感知。当你在听乐曲《春江花月夜》时，你仿佛看到了一片江南春色，月光如水的夜晚，丝竹齐奏，你捕捉到了形象，这才进入艺术审美的领域。这种由听觉转化为视觉形象的心理活动，称为联觉或通感。音乐形象的产生，与通感的作用是分不开的。通感不仅对音乐，而且对各门艺术的审美都有重要的作用，它丰富和提高了我们的审美感受。你读一篇小说，不能只停留在字面的理解上，你必须通过语言的诱导，在头脑中出现人物和环境，你还要在静态的艺术，如绘画、雕塑中看出动态，在雕塑《掷铁饼者》身上感觉到力量的所在，在国画《悄悄话》中仿佛听到小女孩在给老公公说着什么。也就是说，在所有这些艺术作品中感知到活生生的、具有生命力的形象。只有这样，才可能进入艺术审美的境界。

第二阶段：情感体验，想象飞扬。

美学家王朝闻说到艺术审美时，用了一个比喻，他说就像看球赛，起初并不偏袒一方，渐渐地，产生了“派性”，总希望哪一方获胜。这就叫“进入角色”。“进入角色”是戏剧艺术的用语，就像演戏一样，你演屈原，就好像成了屈原，成了忧国忧民的楚国的左徒。我国古代的庄子写了一个“庄周梦蝶”的故事，故事说：庄周做了一个梦，他梦见自己变成了一只翩翩飞舞的蝴蝶，完全忘记了他是庄周。当他醒来时，他又成了庄周。可是这时他感到了怀疑：“不知周之梦为蝴蝶与？蝴蝶之梦为庄周与？”其实他所说的，正是美学家们常说的“物我两忘”“物我同一”的境界。审美主体与审美客体界限的消失，这正是情感体验的高潮，也是想象飞扬的高潮，因而这一阶段，就是审美心理活动的高潮阶段，也可以说是高峰体验的阶段。

《红楼梦》第二十三回有一段文字描写林黛玉听《牡丹亭》的情思，大体上描述了她的艺术审美的心理过程：

> 正欲回房，刚走到梨香院墙角处，只听见墙内笛韵悠扬，歌声婉转，黛玉便知是那十二个女孩子演习戏文。虽未留心专听，偶然两句吹到耳朵内，明明白白一字不落道："原来是姹紫嫣红开遍，似这般，都付与断井颓垣……"黛玉听了，倒也十分感慨缠绵，便止步侧耳细听，又唱道是："良辰美景奈何天，赏心乐事谁家院……"听了这两句，不觉点头自叹，心下自思："原来戏上也有好文章，可惜世人只知看戏，未必能领略其中的趣味。"想毕，又后悔不该胡想，耽误了听曲子。再听时，恰唱道："只为你如花美眷，似水流年……"黛玉听了这两句，不觉心动神摇。又听道："你在幽闺自怜……"等句，越发如醉如痴，站立不住，便一蹲身坐在一块山子石上，细嚼"如花美眷，似水流年"八个字的滋味。忽又想起前日见古人诗中，有"水流花谢两无情"之句；再词中又有"流水落花春去也，天上人间"之句；又兼方才所见《西厢记》中"花落水流红，闲愁万种"之句，都一时想起来，凑聚在一处。仔细忖度。不觉心痛神驰，眼中落泪。

这是《牡丹亭》的两句戏文（唱词）打动了林黛玉的情感，引起了她的审美注意，在继续审美的过程中她结合对戏文的理解，展开了想象并产生了深入的情感体验，同时唤起了种种联想，这里包括对她自己身世的联想（第一人生经验）和对过去读过的诗词曲中类似情景的联想（第二人生经验）。于是，情感体验越加深化，趋于白热化状态，达到了体验的高潮。

联想是想象的一种。常见的联想有类似联想（如林黛玉听《牡丹亭》想到自己与杜丽娘处境相似）、接近联想（如由红花想到绿叶）、关系联想（如由辛勤劳作想到丰收）、对比联想（如"朱门酒肉臭，路有冻死骨"）等。还有一种象征性的联想，如看电影《黄土地》，翠翠快要结婚，头上盖着盖头，一只大手的特写，见手不见人，这只大手屈起拇指，揭开了翠翠的盖头，翠翠惊惧后退。我们可以由手去想那个人，但这个没有出现的人物相貌是无关紧要的。如果我们再深入一步，就会想到这只大手是一种象征，象征一种愚昧、顽固、野蛮、摧残人的势力。这种联想可以大大提高我们的感受水平。

当我们面对着油画《父亲》而想到千千万万的父亲，想到我们辛劳、善良、老黄牛一样的中国劳动人民，是他们哺育了我们，是他们的血和汗换来了我们的中华人民共和国，我们对得起他们吗？当我们听着《义勇军进行曲》和《黄河大合唱》，想象着那炮火连天的岁月，仿佛有成千上万的保卫祖国的英勇战士，呼着口号，从我们的面前冲过去，我们想象着有更多的仁人志士，为了中国的独立、自由和富强，而前仆后继，壮烈牺牲。当我们因想到这些而激情迸发、不能自已时，就达到了高峰体验的阶段。

第三阶段：先入后出，全面把握。

如果说前两个阶段是“入”的话，那么，第三阶段则要能“出”。王国维说：“诗人对宇宙，须入乎其内，又须出乎其外。入乎其内，故能写之。出乎其外，故能观之。入乎其内，故有生气。出乎其外，故有高致。”（《人间词话》）这里说的是创作的道理。我们的理解是，作家既要深入生活，体验生活，又要能比现实站得更高，掌握全局，并洞见历史发展的方向。这个道理同样可用于艺术审美。艺术审美必须先有丰富的感受，有深入的情感体验，然后还应该超脱出来，纵观全局，对艺术作品做出理性判断，以达全面把握。苏东坡云：“横看成岭侧成峰，远近高低各不同。不识庐山真面目，只缘身在此山中。”如果只入不出，距离太近，审美者就会完全困入在审美局限中，不能对艺术作品做出全面的理性判断，那么艺术审美就没有最终完成。

德国大诗人、美学家歌德曾经指出，艺术审美有三种态度：一是不假思索地享受美；二是只做判断，不享受；三是在享受的同时做判断，在判断的同时进行享受。歌德认为，正是那些持最后一种审美态度的人才能再现作品的精髓。我们认为，第一种态度，虽然抓住了审美的基本特点，但是完全排斥了理性的参与，是不科学的。第二种态度否定了艺术审美的特征，实际上是取消了艺术审美。我们有时在文学作品的教学中，排斥情感和形象，变成干巴巴的理性说教，就属于这一类。我们认为，艺术审美确是一种享受，是一种高尚的精神享受，在享受中含有判断，这也是事实，但是，对整个作品做整体的、全局的判断，却必须在高峰体验以后。当然，这并不意味着体验的中止，艺术审美的理性判断，也不能脱离情感和形象。这种判断，实际上还是一个再体验、再认识的过程。

（二）艺术审美中的心理活动特点

上面我们初步把握了艺术审美的心理活动过程，在艺术审美的心理活动过程中，我们还要特别指出其中几种心理现象及其相互关系，来进一步说明审美中的心理活动特点，这就是审美中的共鸣与观赏及再创造。

1. 共鸣与观赏

共鸣与观赏，是艺术审美的心理过程中情感、意志与理智几种心理因素的特殊的活动状态。所谓共鸣，就是审美者在对审美对象的具体感受的基础上，进而深深地被审美对象所感动、所吸引，从而在审美主体与审美对象之间，达到了情感、意志到思想的契合一致。这时，观众、读者与创造艺术形象的艺术家，“同声相应，同气相求”，爱其所爱，憎其所憎，同悲欢，共休戚。例如，清代的陈其元在其《庸闲斋笔记》中讲过这样一个故事：某商人的女儿，貌美，会作诗，酷爱《红楼梦》，后来得了肺病。快死的时候，她父母把这部书烧了。她在床上大哭说：“奈何烧杀我宝玉！”这是一个有点极端的例子，但是它可以说明审美者与审美对象之间的契合一致能够达到怎样紧密的程度！共鸣中的情感、意志、思想状态可以达到怎样强烈的程度！共鸣的发生，需要在读者、观众与创造艺术形象的艺术家之间有相同或大体相近的思想感情和心理经验基础。如鲁迅所说："是弹琴人么，别人心上也须有弦索，才会出声，是发声器么，别人也须是发声器，才会共鸣。"① 在一定情况下，不同时代、不同阶级的作品与审美者之间，是可以发生某种程度的共鸣的。如当我们读《水浒传》《红楼梦》时，就常常有共鸣现象发生。这是因为这些作品本身有进步的积极的因素，而我们作为审美者又可以从自己的思想感情出发加以能动地感受和理解，加以再创造、再评价，因而可以达到某些方面、某种程度的契合一致。

审美者对审美对象进行感受和情感体验时，必须达到某种程度的共鸣状态，才能获得对审美对象的深入把握和领悟，真正受到它的感染。但是，审美者不能只是处于这种共鸣状态。他必须就如上文所说的既入乎其"内"，产生共鸣，又出乎其"外"，进入观赏的境界。所谓观赏，就是审美者与审美对象之间拉开一定的距离，加入更多的理智思考的成分，使审美者意识到自己与审美对象之间有一定的区分，从而把审美对象的丰富内涵，加以细细品尝和认识，更准确、更深刻地把握审美对象的性质，使它的艺术感染力量沿着正确的轨道扩展、深化。共鸣和观赏，都是情感、意志、理智之间的统一的交错的运动，不过，在共鸣中，更多的是情感活动；在观赏中，更多的是理智活动。艺术审美既不能没有共鸣，也不能没有观赏，而是必须达到共鸣与观赏的统一。只有这样，才能使艺术形象对审美者所发生的感染力量既准确又动人。

2. 再创造

艺术审美是人们对作品的把握，也是人们通过艺术形象去认识社会生活的一种认识活动。它和创作一样，是人类高级的、复杂的、特殊的精神活动，它既和审美对象的性质、特点相联系，又和审美者的生活经验、思想感情、审美能力相联系。因此，艺术审美也是一种再创造活动。

伴随着人类第一件艺术品的产生，艺术审美就同时产生了。那时的艺术审美者也就是作品的创造者。人类艺术发展从一开始就包含着艺术创作和艺术审美活动两个方面。一方面，艺术创作产生了艺术品，同时也产生了艺术品的审美者，并借助于审美活动而存在、延伸；另一方面，审美活动凭借着艺术创作的产品而创造性地展开，不仅使艺术品的价值得以实现，而且审美者的需求、趣味等也构成了推动艺术发展的力量。作品总是渗透着艺术家的思想和感情的，审美者对艺术品的认识是从艺术家对生活的认识为出发点的，受艺术形象的特点所制约。这种制约表现为艺术形象唤起了审美者思想中的一些感觉经验、记忆等，并无形中指导了审美者的情感、体验、理解等认识活动的基本趋向范围，进而向审美者展示艺术形象所包含的创作者的思想感情。

当艺术作品呈现在我们面前时，我们首先感受到的是艺术作品的表面的个别特征，

① 《鲁迅全集》（第1卷），人民文学出版社，1957年版，第423页。

如音乐中的节奏、舞蹈中的动作、绘画中的线条等；接着，我们就会把用外在物质手段所创造的形象与对它的感受而产生的主观表象结合起来，在头脑中产生联想，透过这个直观的审美对象获得另一个再创造的形象，或许与作品有差别，或许源于作品而高于作品，并且还会对艺术家反映过的和评价过的生活再做一次评价。就像小时候我们看了《白雪公主》以后，就把自己的小布娃娃或邻家的小姑娘像白雪公主那样打扮起来，并会感觉比作品中的人物更美，更纯洁善良；那恶毒的皇后，我们当然把她想象得更凶更丑，像只大灰狼。艺术家创造形象，只是为我们提供了艺术审美的直观条件，而审美者通过审美，再创造自己头脑中的形象并加以补充和丰富。西方有“有多少个观众就有多少个汉姆雷特”的说法，我国也有“有多少个读者，就有多少个林黛玉”的说法。大多数的老师和同学都看过《红楼梦》，但每个人心中的林黛玉都是不一样的。

当然，艺术审美中这种主观再造性是有差别的，这是由于人们的社会经历、思想意识、性格品质和艺术修养不同而产生的。因为每个审美者总是喜欢根据自己的爱好、经验去感受和理解，仁者见仁，智者见智。还有一些作品，审美者没有看懂或看不懂，无法产生共鸣，当然也就谈不上再创造了。这种情况，要么是作品本身的问题，要么是审美者自身的问题，这就给审美者提出了一个要求，就是要提高自己的素质。要懂得艺术审美同创作一样，是一个由浅入深、由感性到理性的过程，应该懂得艺术审美和其他学科的一些基本理论知识，学会透过现象看本质，学会在审美中丰富、提高自己的精神境界，提高自身的素质和水平。这对以后的学习、创作、工作等都大有益处。

三、艺术审美的分野

艺术作品固然有高下之分，但艺术审美的分野更为突出。艺术家在他的作品中要创造出一种“境界”，可是审美者能否自动地进入这种境界呢？事实上是不可能的。我们通常所说的文化程度、素质修养，其中也包括了对于艺术的理解和审美。一个人能否享受美，不是要不要的问题，而是能不能的问题，其关键在于是否在这方面进行了训练和培养。

对于艺术的修养，有与无当然存在着本质的区别，修养的高下也不可能都在一条水平线上。战国宋玉《对楚王问》中提道“客有歌于郢中者，其始曰《下里巴人》，国中属而和者数千人……其为《阳春白雪》，国中属而和者不过数十人”，晋代诗人张景阳据此说：“阳春无和者，巴人皆下节。”实际上这是历来都存在的一个文化背景的差距问题，即所谓“俗”与“雅”的问题。

进行艺术审美，必须了解艺术和认识艺术，包括产生艺术的条件和文化背景。试以音乐为例。千百年来艺术的实践经验证明了这样的一个事实：音乐是一门具有丰富表现力和受大众喜爱的艺术；同时也证明了，人们从音乐中所体验到的，绝不仅仅是纯粹音响的感受。因此，要训练出能鉴赏音乐的耳朵，从音乐中感受到美，需要了解其中的奥妙。对绘画等美术作品的审美，同样需要“形式美的眼睛”。

在艺术审美时，文化的程度和文化的背景固然重要，但是方法也是很重要的一个方面。譬如艺术的“形式美”，特别在造型艺术上，有一套完整的法则可循。诸如“均衡律”（对称、均衡、平衡、照应、适合）、“和谐律”（调和、对比、节奏、统觉、错觉）、“连续律”（反复、连缀）等。鲁迅说：“看画也要训练。19 世纪末的那些画派，不必说了。就是极平常的动植物画，我曾经给向来没有见过图画的村人看，他们也不懂。立体的东西变成平面，他们就万想不到会有这等事。”① 除此之外，还有一系列的艺术技艺处理。对应这些知识积累得越多，也就越能掌握开启艺术之门的钥匙，触摸到艺术的内蕴，在艺术的审美上做到知其然又知其所以然。

艺术的审美还有一个“文化圈”的问题。艺术不仅样式多，其层次也很复杂，并不是都在一个平面上。在社会上，人们一般是以群类而分的，有年龄的差别，性别的区分，文化修养的高低，以及各国与各民族文化背景的不同，个人爱好的不同，所以对于艺术的接受与审美，也不可能一样。这些区别，在一般情况下不存在是非、好坏和高下之分。虽说有雅俗之分，但在具体对待上却经常出现矛盾。曾有人将贝多芬的《命运》放给陕北的农民听，他们说像是出殡的音乐。这不奇怪，不能说是陕北农民的水平低，主要还是民族文化的背景不同，审美习惯的不同。同样，如果将陕北的“信天游”拿给西方的听众审美，恐怕也不会一下子被接受。所以说，每件艺术作品都必须放到一定的“文化圈”内，找到相应的审美者，才能发挥应有的作用。

四、大学生如何培养和提高艺术审美能力

面对纷繁复杂的世界，良莠不齐的艺术现象，作为涉世不深、阅历较浅、艺术素养不强的大学生，怎样增强自己的艺术审美能力，提高自己的审美素养呢？可从以下几方面入手。

（一）区分艺术界限，培养艺术美认知能力

所谓艺术，就是通过塑造形象具体地反映社会生活，表现作者思想感情的一种社会意识形态。艺术从属于一定的政治，又反转来给政治以巨大的影响。凡能称得上艺术美的艺术，都是从实际生活出发，塑造典型形象，反映一定的生活本质，具有认识社会生活和鼓舞、教育人民推动历史前进的作用，并多方面满足人民的审美需要。没落的反动的艺术，往往歪曲现实生活，散布消极颓废的思想情绪，追求低级趣味，起着阻碍社会进步的作用。正因如此，艺术不仅对于培养、提高大学生的审美素质极为重要，而且对于其政治、思想、文化、道德素质将产生一定的影响和作用。

艺术美是艺术作品所蕴藏和显现的美。艺术作品主要是指诗歌、散文、小说、电影、电视、戏剧、音乐、舞蹈、书法、绘画、雕塑、工艺等。但艺术作品并不都具有

---

① 鲁迅：《鲁迅选集（四）·致赖少麒》，人民出版社，2004 年版，第 537 页。

艺术美，只有反映真、符合善、表现美的艺术，才具有艺术美。艺术美是真、善、美在艺术作品中的统一。

艺术审美与艺术创作一样，都是人类高级的、复杂的、特殊的精神活动。它通过艺术创作意识，对自然现实进行直接的反映或间接的折射，使人类在一个不断发现艺术美和不断创造艺术美的精神活动中寻求自身的价值，并在肯定自身存在价值的过程中实现其本质力量。艺术审美活动，既包含着艺术家的审美创造，又包含着人们的审美欣赏。艺术审美相对于艺术创作来说，是既有联系又有区别，既有共性又有差异的，主要表现在艺术审美的创造性，以及艺术审美这种再创造程序和艺术创作本身的创造程序的双向可逆性方面。一般来说，艺术创作的总体程序是由艺术家对于自然和社会的审美观照而产生的艺术作品，而艺术审美主体的程序则是通过自身对艺术作品的审美观照转化成与艺术家的意向相重合又相移位的再创造性的心灵意象。这一审美过程的完成，必然带有一定的主观色彩，因而大家的感受各不相同。因此，这种主观对客观产生的差异，便产生出不同的艺术审美兴趣和个人偏爱。

大学生作为艺术审美主体，应努力提高自身的艺术审美趣味和欣赏水平，树立正确的艺术审美观。有了正确的艺术审美观，就不会颠倒艺术审美的美丑标准而去盲目地追求那些低级趣味的作品，更不会把自己的偏爱绝对化以至于发展成个人偏见。

（二）注意知识积累，了解艺术美审美规律

大学生艺术审美教育不同于艺术学科专业教育。专门培养艺术家或艺术人才的教育包括艺术创作教育、艺术欣赏教育、艺术知识教育和艺术技能训练。它们具有功利性，并看重培养艺术认识能力和创造艺术品的操作能力。这些针对方法、技巧的训练是很艰苦的，带有强制性的灌输，不带审美性质。如舞蹈专业学生的“练”，音乐专业学生的“吊嗓”，等等，这是艺术教育而不是艺术审美教育。大学生艺术审美教育主要是通过对艺术品的鉴赏和参与艺术审美活动进行的，所以这里所说的是“了解”艺术规律，初步掌握即可。其实作为一名非艺术专业的普通大学生，要求其熟练掌握甚至驾驭各门艺术的规律是难以做到的，即使是艺术专业的大学生，也只能说是掌握本专业艺术的知识和规律，其他也是难以做到的。

为什么要注意知识积累，了解艺术规律呢？因为大学生要真正提高艺术美的素养，关键还在于提高欣赏艺术美的能力，即提高其感受能力，积累知识、信息、经验并培养高雅的情趣。艺术美的感受能力，必须从最基本的方面做起。首先要认真学习有关艺术美的理论、常识，掌握各类艺术美的特征。如舞蹈中的舞蹈动作、舞蹈语言、舞蹈造型及其动作性、直观性、抒情性、写意性、概括性、虚拟性、综合性等特征；音乐中的旋律、节奏、节拍、速度、力度、音区、和声、复调、调式、调性等；绘画中色彩的冷暖、轻重、调和、对比等。与此同时，还要自觉地去接触艺术，欣赏各种各类的艺术美，并要留心观察、细细品味、认真感受。这样看得多了，听得多了，观察得细了，体会得深了，艺术感受能力也就提高了。

在此基础上，还要注意积累知识、信息、经验。因为美的艺术作品，必然要涉及大量的历史、文化甚至很多社会科学和自然科学知识，包括亲身感受的经验、教训及丰富的信息。这就要求大学生做到三个方面：读万卷书，行万里路，交天下友。而随着科学技术的飞速发展，掌握电脑的基本技能，从网络中获取知识、信息、资料、经验已经势在必行，并且成为必不可少的条件。与此同时，大学生还要注意培养高雅的情趣。而情趣又与欣赏的艺术作品密切相关。因此，艺术作品对欣赏者的影响和作用不可低估。选择内容健康、情趣高尚、艺术魅力强的艺术作品作为欣赏对象，就能提高审美情趣；反之，则会受到消极影响和毒害。因此，对于古今中外一些著名的艺术作品，一定要认真地去欣赏、品味、领会，并注意要取其精华，弃其糟粕。与此同时，要和一些审美情趣高尚、鉴赏能力强的人多接触，向他们多求教、多学习，这样才能很快地提高自己的艺术审美能力。

（三）积极投身实践，提高艺术美审美技能

作为艺术美的载体，艺术深深地根植于我们的日常生活。有史以来，艺术就与我们的生活息息相关。艺术的本质特性既是审美的、创造性的意识形态，也是审美的、创造性的生产形态。每当我们欣赏新石器时代的彩陶、先秦时期的青铜器时，心中就充满了对古代先人的无比崇敬之情和民族自豪感，并为他们非凡的艺术造诣和聪明才智深深折服。我们应该感谢，是艺术用各种不同的方式记录了我们民族和人类的历史，描述并升华了人类的精神体验；是艺术用一种审美的、创造性的方式为我们搭建了一座连接古今、连接世界的桥梁。艺术源于生活。艺术在我们的日常生活中无处不在，它是那么微妙，以至于我们往往忽视了它的存在。我们大多数人都不是艺术家，但这并不妨碍我们用艺术的眼光去鉴赏一幅画或一尊城市雕塑；我们大多数人也不可能成为音乐家，但这并不妨碍我们纵情歌唱；我们大多数人也不可能是服装设计师，但我们一样可以穿着得体，搭配优雅。艺术是生活不可或缺的一部分，它从各个方面改造着我们个人的、社会的、经济的和文化的环境——从居室的陈设到园林设计，从商场背景音乐到一幢建筑的样式。此外，艺术本身的巨大经济潜力也是不容忽视的。广告业、影视传媒、时装、建筑等这些与艺术相关的产业充分体现了艺术的经济价值。因此说，艺术是人类活动中不可分割的组成部分。艺术使人得以充实和完美，使人懂得珍惜艺术本身的价值，使人生活得更有意义。我们没有理由不认为，只有艺术才能使人类用心灵去观照世界整体。因此，对大学生加强艺术审美教育意义重大。

回顾历史，我国从晚清的新式学堂就开始了有别于传统师徒相授的新型艺术教育。1918 年设立的国立北京美术学校是中国专业艺术教育发展的标志。1988 年国家教委将美育作为综合文化素质的重要组成部分，纳入了文科教学内容。如今，艺术审美教育已经成为提高、优化青年人素质及对全民进行素质教育的重要举措之一。在国外，2000 年美国《教育法》通过立法程序，将艺术写进联邦法律，承认艺术是一门核心科学，在教育中与英语、数学、历史、政治、地理同样重要。当今，大学生正处于渴望得到更多、更新、更深的知识和经验的时期，艺术审美教育应凭借着艺术美的真实性、概括性、鲜明性、本质性来帮助大学生更深入地了解社会，培养他们的积极、健康、乐观的思想感情和共产主义思想。

大学生提高艺术美素养，不仅在于更好地欣赏艺术美、享受艺术美，促进政治、思想、道德、文化等素质的提高，更重要的在于大胆地投入实践，在实践中去发现艺术美。改革开放的深入发展，为大学生开展艺术审美提供了大好的机会和广阔的实践天地。不论是社会上还是校园内，在艺术领域，都摆着很多课题，急需大学生去探索。特别是对于一些古今中外的名著，哪些方面是需要我们去继承的，需要认真学习的；哪些方面是过时的、错误的，需要我们加以批判、抛弃的；哪些方面是我们原来所没有的，需要我们去填补的；等等。这些都是涉及很广很复杂的问题，都需要大学生认真地总结和探讨。我们只要抓住机遇，大胆实践，就能在实践中提高我们的审美技能，继承过去的优良传统，经受具有时代特征、现代风貌、高水平、高格调、高品位的美的艺术作品的洗礼，从而造就一大批既能欣赏艺术美、享受艺术美，又能集社会主义艺术美的真、善、美于一身的优秀人才。

（四）丰富自身情感，增强艺术美创造意识

大学生进行艺术审美和创造，其主要目的是体验其创造过程，感受其创作艰辛和情趣，丰富自身情感，提高艺术素养。

艺术美的创造需要创造意识的培养，需要创作者以丰富的情感投入，没有情感的投入，是无法创造出艺术美的。大学生要增强艺术美创造意识，要丰富自身的情感。一个没有情感的人，遇事漠然，处事木然，是不会受社会欢迎的。

情是体验的魂。对情的体验既有主体的，也有客体的；既有情感的渗入、放射与改变，又有对情感的判断、把握与思考。因此，对情感的体验始终贯穿在艺术审美的方方面面。积极参加艺术审美及其创造活动一直以来都是既快捷又方便的情感体验过程，因此在艺术审美和创作活动中，既要强化对那些主题明确、情感深沉、精神意识强烈的“经典”作品中情感与形象相结合的领略，又要借鉴自身生活的情感体验，进行有分析、有感受的评价，让自己的情感参与到每一次实践中。这样，才会对艺术审美的认识功能、教育功能有更好的认知。

雨果说：“没有艺术，人类生活便会黯然失色。”然而，没有人类对生活的体验，便难以产生艺术。同时，如果没有对艺术的再体验，艺术审美便无法产生更大的功能，也就有可能失掉艺术审美的意义。艺术是人类丰富的情感体验与创造的结晶，艺术创造实践的种类也应该是异彩纷呈的。大学生要积极探讨各种有益的创作实践的种类、形式与方法，使得自身在艺术的再创造过程中进行各种体验。这种体验可以是视觉的、听觉的、美感的、情感的、行动的、联想的、创新的等。体验的目的在于培养借鉴或运用创新的方法，使自身对人生与生命、美与丑、善与恶、创造与人格等方面有一种新的认识、新的思考，尤其是对艺术审美再创造这一特殊视角的体验，可能会使大学生的认知、情感有新的发展。虽然这种体验远不如经历过挫折与痛苦的人生体验强烈而深刻，但可以触动大学生对人类与社会关注的责任感与本能。这是我们这个社会所呼唤的，也是艺术审美教育存在的意义所在。人类的发展始于教育，人的素质发展更需要适宜的教育。教育的本质在于激发受教育者的情感，使教育者积极地参与各种实践和体验，从实践体验中发展人的认知、情感、创造等方面的素质。作为艺术审美教育，不但可以承担这个重任，而且在这方面对人的培养也是独特有效的。

艺术创造精神能激发人的生理层，并从那里启发生理感官的敏感性，将人的原始生命力在心里的潜意识领域激活，又在一次次艺术体验的冲击下激发出多维度、多层次的创造欲望、创造意识，这对培养创造性思维有不可估量的作用。它使人与大自然的对话、人与人的对话、人与历史的对话成为现实。创造的体验在于发现，既发现任何事物的积极改变与再生的成果，又可以发现主体自身所蕴藏的创造潜能与可以发展的“可能”。体验艺术美的目的，除了认识和掌握之外，更重要的还在于创造。创造要靠运用，运用才能发展。要使自身发展就要有创新意识，要不断否定自己、开拓自己。要在学习专业知识的同时，调整知识结构，开拓艺术视野，通过自己的知识与修养，感悟人生，提升精神境界，完善人格塑造。

艺术审美凭借着艺术的直观性、联系性，可帮助大学生在学习的过程中提高自己理解和欣赏周围世界的能力，在创造舞蹈、音乐、戏剧、美术等艺术作品的同时，学会用各种方式与人们进行思想和情感的交流，有力地增强自我表达的内涵，并学会借鉴、尊重其他人的思维方式。

艺术审美凭借着艺术的传统性、永恒性，可帮助大学生了解历史，了解民族，领悟悠久的文化传统和丰富多彩的民间艺术，加深对自己民族和社会的尊重，培养爱国主义情感。

艺术审美凭借着艺术的创造性、发展性，可帮助大学生启迪智慧，激发各种感知思维，在充满令人困惑的信息世界里，探索、理解、创造、接受主观性的事物，培养创新、勇敢、进取的精神。

艺术审美凭借着艺术的感染力、审美性，可帮助大学生强化情感，陶冶情操，在欣赏美、享受美、创造美的过程中，增强对美的感受力、辨别力；培养大学生正确的审美观和高尚的审美情趣、道德情操，使其在美的鉴赏、鉴别中，懂得什么是美、什么是丑，什么是高尚、什么是鄙陋，激发大学生们对美的热爱、对丑的厌恶的审美情感；使之具有表现美的强烈欲望和创造美的能力，开发艺术创造的潜能，在艺术中表现自己的才华。

艺术审美凭借着艺术的参与性、独特性，可帮助大学生养成优美的举止和正确的体态习惯，使其身体器官灵活敏锐，身心健康，均衡发展，在参与过程中，培养集体主义、团结友爱的精神。

四、艺术审美范例

（一）巴甫洛娃与《天鹅之死》

作曲：圣桑　编导：福金　1905 年由巴甫洛娃首演

在淡蓝色的月光下，一只雪白的天鹅静静地飘游在湖面上。她忧伤地低着头，轻轻挥动着翅膀，犹如在唱一首告别的歌曲。突然她展开双翅飞向天空，但已经体衰力竭，再也不能自由飞翔了。然而长空在召唤，生命在呼喊，她那鼓足全部力量、不屈不挠地立起脚尖的舞姿，好像要离开湖面。但在与死神搏斗中她已筋疲力尽，身体无力地倾向前方，然而她又慢慢地直起身体，开始原地旋转，似乎又产生了一线希望，表现出了天鹅对生命的热爱和渴望。但生命是有限的，天鹅终究没能摆脱死神的阴影，她跪下来渐渐地合上了双翅与世永别了。

——这就是《天鹅之死》，一部福金专门为巴甫洛娃创作的作品。在这个舞蹈中没有什么惊人的技巧，但短短的两分钟内，巴甫洛娃以其细腻的表演与超凡的舞蹈天才，淋漓尽致地刻画出死中求生的天鹅形象，使《天鹅之死》成为芭蕾史上流传最广的节目，而现代芭蕾舞女演员莫不以出演《天鹅之死》为荣。

据舞蹈设计者福金的回忆，这个舞蹈的编排总共不过几分钟。过程是这样的，一天，刚成为马林斯基剧院芭蕾舞演员的巴甫洛娃来找福金，请他为她创作一个单人舞，她要在皇家歌剧院合唱团的艺术家所举办的音乐会上表演。那时福金正迷上了曼驼林，他在朋友的钢琴伴奏下演奏圣桑的《天鹅》。听到巴甫洛娃的请求，他不假思索地问道："你看圣桑的《天鹅》怎么样？"她立刻意识到天鹅是她最合适的角色。"当我瞧着这瘦伶伶的巴甫洛娃，心想她好像天生就是扮演天鹅的。"于是马上动手编排，舞蹈动作很快就定型了。"那几乎是一个即兴之作。先是我在前面跳，她在后面学，然后是她跳，我在旁边摆弄她的手臂，纠正姿势的每一个细节。"

"像这样一个小品竟能风靡整个世界，可称得上一次芭蕾'革命'，它体现了旧式舞向新式舞的过渡，在这里我运用了传统的服装和古典舞技巧，因为高难度的技巧是必要的。但人终有一死，因而舞蹈的目的不仅仅在于表现技巧，而应该创造出一种在生活中坚持不懈、奋力抗争的形象。《天鹅之死》，仅用四肢是无法表现其深刻的含义的，它需要整个身心的投入，它不仅给人以视觉的享受，而且能够激励情感和丰富想象。"

巴甫洛娃是 20 世纪初芭蕾舞坛的一颗巨星，她为芭蕾做出了无法估价的贡献。她于 1881 年 1 月 31 日生于圣彼得堡一个贫民家庭。父亲是农民出身的士兵，母亲给别人洗衣服，生活十分贫苦。巴甫洛娃 10 岁时考进圣彼得堡舞蹈学校，经过九年的艰苦训练进入马林斯基剧院芭蕾舞团并迅速升为该团首席女演员。这时的俄国芭蕾一方面继承了 19 世纪彼季帕、伊万诺夫所奠定的伟大传统，另一方面以福金创作活动为标志，进入了在佳吉列夫“俄罗斯演出季”达到光辉巅峰的新的变革时期。而巴甫洛娃既牢牢扎根于古典芭蕾的沃土，又积极支持和参与了新芭蕾改革运动。正是这些因素造就了她的艺术特色和表演风格。巴甫洛娃表演过众多剧目：《天鹅湖》《睡美人》《胡桃夹子》《雷蒙达》《舞姬》《吉赛尔》《仙女》《埃及之夜》等。她的表演惟妙惟肖、栩栩如生；她的艺术作风严谨认真，一丝不苟。一位评论家曾这样分析她的成功秘诀：“她无时不在训练，无时不在彩排。她从不因获得荣誉而停步不前。”1909 年巴甫洛娃首次在巴黎的“俄罗斯演出季”中亮相便轰动了巴黎，轰动了世界。1910 年她组织了自己的小型芭蕾舞团开始在世界各地巡回演出。在长达二十年之久的旅行演出中，她到过中国、埃及、南非、乌拉圭、智利、加拿大、澳大利亚、瑞典等 44 个国家，行程 50 万英里，演出数千场，观众不计其数，她一年要穿坏 2 000 双足尖鞋。即使在交通工具发达的今天这也是难以想象的。

巴甫洛娃为在全球传播、普及芭蕾艺术做出了不可估量的贡献。她不仅推动了芭蕾在许多国家的诞生和发展，使一些国家濒于死亡的芭蕾焕发出生机，同时以其非凡的艺术魅力影响了许多人的命运。如英国著名舞蹈编导阿什顿就是 14 岁时在厄瓜多尔看到巴甫洛娃的演出，从此便立志要献身于这门崇高的艺术并成为闻名于世的芭蕾大师的。

巴甫洛娃把自己毕生的精力都献给了芭蕾舞艺术，最后因辛劳过度，于 1931 年 1 月在荷兰海牙准备演出时溘然逝去。当时英国皇家芭蕾舞团正在进行演出，得知这一不幸的消息后，乐队指挥宣布由安娜·巴甫洛娃表演《天鹅之死》——帷幕徐徐拉开，乐队奏起圣桑的乐曲，台上空无一人，只有一束追光在缓缓移动。巴甫洛娃虽然去了，但她像一只不朽的天鹅永远为人们所怀念。

用人体动作把一段语言文字所包含的内容，完全清楚明晰地表现出来，往往是令人难以办到的。这是人体动作的局限性。可是有些用语言文字难以表述的人的复杂的情感状态，用人体的动作却能予以充分的表达。所以，用人体动作的舞蹈语言来表现其他艺术语言难以表现和描绘的人的内在精神世界和丰富、复杂的情感，就成了舞蹈艺术一个非常重要的审美特征。被人们称作舞蹈动作诗篇的芭蕾舞名作《天鹅之死》，它所表现出“天鹅”如此丰富的情感和思想，它所给予观众深邃的审美感受，是很难用语言文字来表达的。天鹅在生命垂危的时刻，只要一息尚存，就要展翅飞翔，就要为重上天空而进行不屈不挠的奋斗的舞蹈形象，把她对生活的热爱、对生命的追求，不屈服于命运和死神的斗争精神，在舞蹈动作中完全表现了出来。舞蹈结尾，当她耗尽了自己全部力量，屈身倒在地上，就在她闭上眼睛的一刹那，她的手臂还微微地抬起颤动了一下。而这一微微颤动的动作，它所展示的思想感情又是多么的丰富！它可以引起观众十分广阔的联想。因此，我们说，这个舞蹈虽然表现的是一只天鹅的垂死，但它却是一首生命的颂歌。

（二）方寸之内，体百里之迥

——《清明上河图》评析① 王心棋

宋初以来，随着工商业的发展，出现了城市集镇的繁荣，逐渐形成了市民阶层。经济的发展，促使文艺产生相应的变革，迎合小生产者意趣的通俗文艺蓬勃兴起。在绘画领域，突出的标志是出现了以市俗生活为中心内容的风俗画，佳作层出，影响非凡。其中，最杰出、最具有代表性的作品，就是张择端的《清明上河图》。

《清明上河图》是一帧高 24. 8 厘米、横 528 厘米的绢本设色长卷。因为画中所描绘的是北宋都城汴梁（今开封）和汴河两岸清明时节的市俗人事，故名。画家张择端年轻时曾游学于汴京，对这里的风土人情深有所知，他习画后，又嗜作舟车、市桥和城廓之属，所以画中的人和物虽为数繁多，仍被他描写得意态生动，毫发无憾，不愧为稀世珍品。

《清明上河图》规模宏大，结构严谨。从总体来看，它可以分为郊野、汴河和街市三大段。首段描写城郊农村清明时节的田野景色：疏林薄雾掩映着农舍酒家，阡陌纵横，田亩井然，农民正耕作于田间；几匹驮炭的毛驴缓行于绿荫深处；村头大道上，一队人员肩挑背负，护拥着一骑马者和一乘轿者，轿顶上还插满了杨柳杂花，似名门豪富踏青扫墓归来，正匆匆地向城内进发。通过环境和人物的点染，对时间、地点和习俗，做了简明的交代，为全图展开了序幕。中段以拱桥为中心，描绘了汴河两岸繁华而又闲适的景象。这个临近京城的水陆码头，有一座巨大的拱桥横跨两岸。这座结构新颖，形式优美，“以巨木虚架，饰以丹雘，宛如飞虹的拱桥”，也有人称它为“虹桥”，成了本段画面的主体。此处，陆上车马喧阗，河中舳舻相接，人声鼎沸，热闹非凡，呈现出“最盛节日”里，“都城人出郊”“拜扫新坟”“四野如市”的盛况（宋孟元老《东京梦华录》）。而拱桥的南端，新柳吐絮，屋宇错落，临河的酒楼茶肆里，游客们或闲谈于席间，或凭眺于窗台，洋溢着一种闹中取静的闲暇意趣。无疑，这一段是全图的中心点。后段描写汴梁街市的实况，这个宋代政治、经济和文化的中心城市，官府之衙，市廛之居，商铺店坊，鳞次栉比，甚是可观。至于人马喧嚣、车轿穿梭的热闹场面，更得到了生动细致的表现，绘声绘色地跃然绢素。正是这番形形色色、熙熙攘攘、百货俱陈、百态俱备的情景，把北宋末期工商业发达的面貌，以及隐藏在这种繁华景象背后的那种有闲者酒楼欢宴、劳苦者辛勤操作的贫富差别，表现得淋漓尽致。《清明上河图》通过由上述三段内容所组成的统一画面，从商业、交通、漕运、建筑等几个具有代表性的角度，集中地再现了 12 世纪我国都市社会的生活面貌，反映了那个历史时期的政治、经济、文化和社会风俗习尚，从而构成了一件内容极为丰富、完整的艺术品，为后人研究宋代绘画，考据宋代社会，提供了一件具有综合性价值的形象化资料。

---

① 选自《中国美术名作欣赏》，上海人民出版社，1984 年 5 月出版。略有改动。

《清明上河图》作为古代现实主义的艺术杰作，在艺术技巧上所取得的成就是多方面的。全图从远郊河野一直写到城廓街市，场面虽然繁复，中心环节却很突出。情节连绵不断，有移步易景的清新境界，却无割裂纷乱的松散形迹。楼台树木横列于近处，河道原野延伸至天边，既可鸟瞰繁华热闹的街市，又能极目幽静广阔的乡间，成功地设置了“全方位”的立体布局。大则楼船人马，小则器皿花鸟，比划相准，轻重均衡。笔调朴素平实，无丝毫呆板滞硬。总之，整个画面人和物的远近、疏密、动静、繁简，都通过画家的传神之笔，被运筹得周密妥帖，准确别致，具有长而不冗，繁而不杂，紧凑严密，起伏有节的艺术节奏感，充满了“方寸之内，体百里之迥”的宏伟气派，显示了画家在运思立意过程中，概括生活和炼取素材的高度艺术才能，以及在章法和透视处理上，不受固定视点限制，充分运用“散点透视”的娴熟技艺。尤其是在人物刻画和景物描写方面，本图达到了神形毕肖、生动准确的艺术效果。全图共画了仕、农、商、医、卜、僧、道、胥史、妇女、篙师、缆夫等不同阶层的人物550余位，他们有赶集的，有买卖的，有闲逛的，有饮酒的，有聚谈的，有推舟的，有乘轿的，有骑马的，等等，神情各异，姿色不同。另外，还画了驴、马、牛、骡、骆驼等各类牧畜56匹，不同类型的车轿20余件，大小船只20余艘，楼屋农舍30余幢。无论是写人状物，都求一丝不苟于浩大篇幅之中，使每个人物、每个细节、每种物象都合乎生活规律。特别是对桥头闹市那种沸腾场面的描写，画家摒弃了一般的写生手法，以选取典型事例的概括描绘来实现。请看桥面上的那番情景：一位官员骑马从北端过桥，走到桥面的顶段，适巧和一顶由南端上桥的轿子相遇。这一意外的狭路相逢，迫使骑者的一位随从迅速勒住了缰绳，而另一随从急忙伸手招呼行人回避，那匹大马则被这一“急刹车”弄得进退两难，无所适从。轿夫们由于一时惊慌，虽奋力支撑，却乱了阵脚。这时，狭窄而又拥挤的桥面上，出现了“交通阻塞”。这种场面描写，不仅突出地表现了拱桥上下的热闹情景，而且丰富了画面的情节性意趣，令人爱看。画大场面如此生动，画小细节也不逊色。例如那位拉着车子从桥上下行的农民，由于下坡的惯性力作用，车子飞速下滑，这使他不得不用力把着车杆，弯腰弓背，叉开两腿，以保持独轮车的平衡。那头毛驴则无须着力了，它拖着松弛的绳套，扭头歪脑，漫不经心，似乎想趁机觅捡一草片叶的食物。可以想象，这种真实感人的场面和细节描写，倘若不是对生活现象观察得细致入微，理解得深入透彻，是难以奏效的。这正是这件艺术品历久不衰的基础。除此以外，本图在笔墨技法上，兼取了“画面”工致准确和“写意画”淋漓活泼的长处，以工带写，以写润工，使其具备典雅堂皇、神韵毕肖的特色，形成了与画坛大家王诜、郭熙、李唐等异样的风格，别成家数，自具面貌，也甚为时人所重。

最后，特别值得一提的是《清明上河图》和不少古代名画一样，有着辗转流传，幸免于难的命运。从画面上张著、杨准、刘汉、李祁、吴宽、陆完、李东阳、张公药、王磵、张世积、冯保等各家的题诗和跋，以及累累的鉴藏印来看，说明本图自宋以来，经历了不少公私鉴藏家之手。大约在清仁宗嘉庆四年（1799）流入清宫内府。1911年，溥仪将此图运到天津。伪满洲国成立后，这幅名画又被带到长春的伪宫。抗战胜利，溥仪想把这件珍品带走，因来不及，被弃之于机场，幸被我人民解放军所获。从此以后，这件历经沧桑的艺术珍宝才归于人民。现由故宫博物院珍藏，每岁陈列，既赐观者眼福，又供学者参研，发挥了它应有的作用。

（三）《兰亭序》书法艺术赏析

原文：

永和九年，岁在癸丑，暮春之初，会于会稽山阴之兰亭，修禊事也。群贤毕至，少长咸集。此地有崇山峻岭，茂林修竹；又有清流激湍，映带左右，引以为流觞曲水，列坐其次。虽无丝竹管弦之盛，一觞一咏，亦足以畅叙幽情。是日也，天朗气清，惠风和畅。仰观宇宙之大，俯察品类之盛，所以游目骋怀，足以极视听之娱，信可乐也。夫人之相与，俯仰一世，或取诸怀抱，晤言一室之内；或因寄所托，放浪形骸之外。虽取舍万殊，静躁不同，当其欣于所遇，暂得于己，快然自足，曾不知老之将至。及其所之既倦，情随事迁，感慨系之矣。向之所欣，俯仰之间，已为陈迹，犹不能不以之兴怀。况修短随化，终期于尽。古人云："死生亦大矣。"岂不痛哉！每览昔人兴感之由，若合一契，未尝不临文嗟悼，不能喻之于怀。固知一死生为虚诞，齐彭殇为妄作。后之视今，亦犹今之视昔，悲夫！故列叙时人，录其所述，虽世殊事异，所以兴怀，其致一也。后之览者，亦将有感于斯文。

赏析：

最卓越的艺术品，往往在极小的空间里蕴含着极丰裕的艺术美。《兰亭序》就是一座袖珍式的屹立于尺幅之中的辉煌的书艺殿堂。唐太宗赞叹它"点曳之工，裁成之妙"。黄庭坚称赞说："《兰亭序》草，王右军平生得意书也，反复观之，略无一字一笔，不可人意。"《兰亭序》道媚劲健的用笔美，流贯于每一细部。略剖其横画，则有露锋横、带锋横、垂头横、下挑横、上挑横、并列横等，随手应变。其竖画，则或悬针，或作玉筋，或坠露，或斜竖，或弧竖，或带钩，或曲头，或双杈出锋，或并列，各尽其妙。其点，有斜点、出锋点、曲头点、平点、长点、带钩点、左右点、上下点、两点水、三点水、横三点、带右点等。其撇，有斜撇、直撇、短撇、平撇、长曲撇、弧撇、回锋撇、带钩撇、曲头撇、并列撇等。其挑，或短或长。其折，有横折、竖折、斜折。其捺，有斜捺、平捺、回锋捺、带钩捺、长点捺、隼尾捺等。其钩，则有竖钩、竖弯钩、斜钩、横钩、右弯钩、圆曲钩、横折钩、左平钩、回锋减钩。无论横、竖、点、撇、钩、折、捺，真可说极尽用笔使锋之妙。《兰亭序》凡三百二十四字，每一字都被王羲之创造出一个生命的形象，有筋骨血肉完足的丰躯，且赋予各自的秉性、精神、风仪：或坐、或卧、或行、或走、或舞、或歌，虽尺幅之内，群贤毕至，众相毕现。王羲之智慧之富足，不仅表现在异字异构，而且更突出地表现在重字的别构上。序中有二十多个"之"字，无一雷同，各具独特的风韵。重字尚有"事""为""以"

“所”“欣”“仰”“其”“畅”“不”“今”“揽”“怀”“兴”“后”等，都别出心裁，自成妙构。

董其昌在《画禅室随笔》中写道：“右军《兰亭序》，章法为古今第一，其字皆映带而生，或小或大，随手所如，皆入法则，所以为神品也。”后世珍视其布白之美，临摹者虽难免渗入各自的笔性，但无人稍变其章法布白。正如解缙在《春雨杂述》中所说的那样：“右军之叙兰亭，字既尽美，尤善布置，所谓增一分太长，亏一分太短。”《兰亭序》的章法，仿佛如天生丽质，翩翩起舞，其舞姿之美是无与伦比的。

兰亭修禊，使王羲之触悟山水之美、宇宙之玄和人生的真谛，在物我两忘的境界中，一气呵成，挥写下千古杰作《兰亭序》，正因为他情深意厚，故能情注毫端而天趣自在；也因为他笔法精严，故能使笔底如行云流水而形神兼具；更因为他诸美皆备，故能使这篇文稿的挥写最终达到高华圆融的境界。在这件尽善尽美的作品面前，后世名家虽竭力临仿，却都未能得其全。南唐张泊云：“善法书者，各得右军之一体。若虞世南得其美韵而失其俊迈，欧阳询得其力而失其温秀，褚遂良得其意而失于变化，薛稷得其清而失于窘拘。”而王羲之本人也只写下这一杰构，其后他再度书写《兰亭序》，都不能及原作的神妙绝伦。沈尹默说“当时逸少本天全”，赞美了《兰亭序》的杰出有其不可重现的机缘，自然就非他人所能企及了。

宋代姜夔酷爱《兰亭序》，据说藏有《兰亭序》共四本，有黄庭坚、王晋之、葛次颜、单炳文题字，日日研习，常将所悟所得跋其上。有一跋云：“廿余年习《兰亭序》皆无入处，今夕灯下观之，颇有所悟。”历时二十多年才稍知入门，可见释读之难。一千六百多年来，无数书法家都孜孜不倦地释读过，何尝不想深入羲之的堂奥，但最终只能得其一体而已。因此，《兰亭序》可以说是由杰出的书法智慧所营造成的迷宫。

《兰亭序》在王羲之死后的270年间在民间珍藏，后唐太宗设法从民间赚进御府，旋又殉葬昭陵。传世本种类很多，或木石刻本，或为摹本，或为临本。著名者如《定武兰亭》，传为欧阳询临摹上石，因北宋时发现于河北定武而得名。《洛阳宫本兰亭序》传为褚遂良第十九次临摹本，此本为唐太宗赐给高上廉者。褚遂良所临又传有《神龙半印本兰亭序》《张金界奴本兰亭序》，因前者有“神龙”半印，后者有“张金界奴上进”字。又有唐太宗朝供奉拓书人直弘文馆冯承素钩摹本，称《神龙本兰亭》，此本墨色最活，被视为珍品。此外还有“薛稷本”“赐潘贵妃本”“颍上本”“落水本”，等等。

《兰亭序》真迹虽殉葬昭陵，但它的化身经过摹、刻流传，各种本子不下数百种。清乾隆年间赵魏首先质疑《兰亭序》真伪，云：“南北朝至初唐，碑刻之存于世者往往有隶书遗意，至开元以后始纯乎今体。右军虽变隶书，不应古法尽亡。今行世诸刻，若非唐人临本，则传摹失真也。”清光绪年间李文田认为《兰亭序》其文伪托，其书也为后人伪造。1965年掀起一场“兰亭真伪”的大辩论，郭沫若为主的一方认为“伪”，另一方高二适等起而反驳。1973 年文物出版社编纂《兰亭论辨》，收集有关论文十八篇。此后又有许多论著讨论《兰亭序》真伪。著名学者钱钟书虽未参加当时的论辩，但在 1979 年出版的《管锥编》中已反映出他对《兰亭序》论辨的思考及精辟见解。1988 年 5 月 24 日《人民日报》上刊出钱钟书一信中更明确地指出："阮文达'南帖北碑'之论，盖系未睹南朝碑版结体方正与北碑不异；郭沫若见南碑，遂谓世传右军《兰亭序》非晋宋书体，必后世伪托。其隅见而乖圆览，与文达各堕一边。"即认为各有所偏。此可以启发我们对这个学术课题的进一步探讨。

总之，我们认为对于《兰亭序》真伪的考辨，既要着眼于当时的文化背景，更要着眼于王羲之之所以成为一代"书圣"的创新动因和成就。当然，还有赖于更多的文物发掘，也许有朝一日会有科学的结论的。

（"赏析"部分转引自书画国际网）

复习思考题

1. 简述什么是艺术美。
2. 谈谈艺术美的本质。
3. 简述艺术美的特征。
4. 简论艺术美的功能。
5. 简述艺术审美的心理过程。
6. 谈谈大学生怎样增强自己的艺术审美能力，提高自己艺术审美素养。

参考文献

1. 黄高才 . 大学美育［M］. 北京：北京大学出版社，2018.
2. 曾繁仁 . 美育十五讲［M］. 北京：北京大学出版社，2011.
3. 王风雷 . 高校美育课程发展与演变研究［M］. 吉林：吉林大学出版社，2019.
4. 杜卫 . 美育论［M］. 北京：教育科学出版社，2000.